CARTULAIRE
DE
SAINT-VICTEUR
AU MANS
PRIEURÉ DE L'ABBAYE DU MONT-SAINT-MICHEL
(994-1400)

ORNÉ DE SIX FAC-SIMILE

COMPLÉTÉ AVEC DES DESSINS ET UNE TABLE

PAR

Paul de Farcy

PUBLIÉ

POUR LA SOCIÉTÉ D'AGRICULTURE, SCIENCES ET ARTS DE LA SARTHE

PAR

Bertrand de Broussillon

PARIS
LIBRAIRIE ALPHONSE PICARD ET FILS
82, RUE BONAPARTE, 82

—

1895

CARTULAIRE
DE
SAINT-VICTEUR
AU MANS

CARTULAIRE
DE
SAINT-VICTEUR
AU MANS
PRIEURÉ DE L'ABBAYE DU MONT-SAINT-MICHEL
(994-1400)

ORNÉ DE SIX FAC-SIMILE

COMPLÉTÉ AVEC DES DESSINS ET UNE TABLE

PAR

Paul de Farcy

PUBLIÉ

POUR LA SOCIÉTÉ D'AGRICULTURE, SCIENCES ET ARTS DE LA SARTHE

PAR

Bertrand de Broussillon

PARIS
LIBRAIRIE ALPHONSE PICARD ET FILS
82, RUE BONAPARTE, 82

1895

INTRODUCTION

Le prieuré de Saint-Victeur au Mans était situé sur la rive droite de la Sarthe, à cent cinquante mètres du Pont-Perrin, entre l'église Saint-Jean-de-la-Chèvrerie, qui en dépendait, au sud, et le monastère du Pré, limité d'un côté par la Sarthe et de l'autre par la rue, qui s'appelle encore aujourd'hui rue Saint-Victeur.

Son emplacement semble avoir été consacré à Dieu à peu près à l'époque où l'église du Mans fut constituée ; c'est là tout près que furent ensevelis les premiers martyrs du Mans, les premiers évêques de la cité ; là, tout à côté, que fut établie l'abbaye Saint-Julien où, jusqu'au 25 juillet 834, furent conservées les reliques insignes de l'église mancelle ; aussi, après avoir servi peut-être d'hôtellerie pour les pèlerins, ne tarda-t-il guère à être occupé lui aussi par un monastère, dont mention est faite dans plusieurs documents antérieurs aux invasions normandes (1).

Malheureusement, lorsque vinrent les barbares du Nord, les habitants du Mans ne se trouvèrent pas en état de défendre également les quartiers de la ville situés sur les deux rives de la

(1) Voir sur le monastère de Saint-Victeur du Mans : *Gallia*, XIV, 434 ; *dom Piolin*, I, 265, 326, 347, 395, 439 ; II, 31, 68, 88, 395, 404 ; *Pesche*, V, 640.

Sarthe ; dès les premières attaques des pirates normands, force leur fut d'abandonner ceux de la rive droite, pour concentrer toutes leurs forces sur la ville elle-même, placée sur la rive gauche. Les abbayes de Saint-Julien et de Saint-Victeur se trouvèrent ainsi pendant un siècle entier à la merci des barbares, qui n'y laissèrent pas pierre sur pierre. Il ne faut donc pas s'étonner de trouver, en 1040, l'emplacement du vieux Saint-Victeur tombé en des mains laïques et faisant partie du patrimoine d'une famille mancelle. On rencontre les mêmes faits dans le *Cartulaire de l'Abbayette*. La terre qu'Yves restitue à Saint-Michel en 997 avait déjà appartenu au Saint, et n'était tombée dans les mains des ayeux du donataire qu'à la suite des invasions normandes ; de même les terres, restituées, en 1116, par Robert de Saint-Denis, en 1118, par Guillaume de Goram, vers 1128, par Hugues de Montenay. Enfin, en 1190, Juhel de Mayenne, en cédant au Mont-Saint-Michel les bois de Villarenton, avait soin de procéder à une enquête préalable destinée à le convaincre que ce dont on lui demandait l'abandon avait réellement fait autrefois partie du domaine des moines du Mont (1).

Dans les documents de l'*Abbayette*, on voit les domaines retourner à l'établissement ou tout au moins au Saint, qui en avait eu la jouissance avant les invasions normandes (2).

Au Mans, pour Saint-Victeur, il n'en est pas de même : il est

---

(1) Ces faits si graves, ce passage des biens ecclésiastiques dans les mains laïques, cet oubli du nom même des anciens possesseurs, la destruction absolue des anciennes archives montrent à quel point furent désastreuses pour le pays les invasions normandes, lesquelles derrière elles ne laissèrent rien, absolument rien, que le sol.

(2) Selon dom Huynes, c'est en 965 ou 966 que fut établi Maynard, premier abbé du Mont-Saint-Michel, mais il raconte dans la vie de saint Aubert que celui-ci, vers l'an 708, avait établi au Mont des chanoines. C'est à eux sans doute qu'avaient appartenu les biens que nous voyons restituer.

certain que jusqu'aux invasions normandes l'emplacement avait été occupé par un monastère, mais si les documents sont suffisants pour établir la réalité de son existence, ils ne contiennent rien qui fasse savoir comment on y vivait? Quelle règle on y observait? Sous quelle dépendance on se trouvait? Et quels abbés ont figuré à sa tête? Avec les invasions normandes le monastère était mort, ne laissant aucun ayant droit, aucun titre, aucune tradition. Aussi, lorsqu'en 1040, les enfants de Dreux, renonçant à la propriété de Saint-Victeur au profit des moines du Mont-Saint-Michel, rappelèrent la vie monastique dans l'emplacement de l'ancien monastère, c'est une vie nouvelle qu'ils firent naître sur les ruines de l'antique établissement. Les nouveaux venus, du reste, y apportèrent une prospérité qui ne fut pas sans honneur car Saint-Victeur devint la tête des possessions de la riche abbaye dans le Haut-Maine.

Le prieuré de l'Abbayette possédait au Bas-Maine les églises de Levaré et de Saint-Berthevin-la-Tannière, avec la chapelle de ce nom et la moitié des bénéfices de son marché, et en outre des droits sur les églises de Saint-Denis-de-Gastines, sur Montenay et Villarenton ; du prieuré de Saint-Victeur devaient dépendre désormais l'église Saint-Jean-de-la-Chèvrerie au Mans, les églises d'Etival et de Domfront-en-Champagne (1).

En 1862, pour établir le quai de la rive droite, on fut obligé de détruire jusques dans ses fondements l'ancien établissement religieux converti, vers 1830, en une manufacture d'apprêts et de filature de lin et de chanvre.

Voici comment M. l'abbé Voisin décrivait les restes de la cha-

(1) Voir sous le numéro XXIV, la bulle de 1179, où le pape Alexandre III énumère les biens de l'abbaye du Mont.

pelle et ceux de l'église Saint-Jean, qu'il avait pu visiter alors que la pioche des démolisseurs s'efforçait d'en disperser les derniers vestiges (1).

« La nef de Saint-Victeur ..... reposait sur le sable de la rivière, qui longtemps même dût en baigner les murs. Elle formait un parallélogramme de onze mètres en dehors, orienté de l'est à l'ouest. Les murs des substructions présentent trois rangées de briques gallo-romaines, un mortier ordinaire épais de quatre centimètres, autant que la brique, sur un mètre de largeur et un demi mètre de hauteur. Au-dessus, s'élevait une muraille de cinq mètres, épaisse seulement de soixante-cinq centimètres et longue de trente-trois mètres au nord. Elle présentait un petit appareil régulier en dedans, en dehors sans cordon de briques, un mortier ordinaire, des joints avec mélange d'un assez gros gravier et dans l'ensemble un aspect de la plus belle ruine antique qui jamais se puisse voir.

« Les substructions de la muraille méridionale paraissent s'arrêter, au contraire, à la façade de l'église du XVIe siècle et dont les dimensions auraient été : treize mètres soixante sur six mètres soixante en dedans, sans compter l'abside de quatre mètres. Au devant de cette abside, en tête de la nef et jusqu'à cinq mètres environ, l'on rencontre un mur de substruction large de un mètre soixante, élevé de cinquante centimètres, composé de trois rangs de briques gallo-romaines et de trois rangs de cubes de roussart fortement léchés par le feu. Ce mur fut enduit à l'intérieur de l'église et peint en rouge d'ocre ; au-dessus régnait dans toute l'église une aire de ciment de briques d'un bel

---

(1) Voir au *Bulletin de la Société d'Agriculture de la Sarthe*, t. XVI, p. 911-918, le mémoire de M. l'abbé Voisin : *Saint-Victeur du Mans*.

effet et derrière ce mur étaient rangées les piles de pavés d'une sorte d'hypocauste. »

L'église Saint-Jean-de-la-Chevrerie « était construite en pierres de grès blanc sur les fossés du bourg en grande partie. Au chevet le massif épais de cinq mètres descendait profondément dans la rivière pour soutenir l'angle méridional et, dès le temps de Geoffroy Martel [lisez *Plantagenet*], on voit que ces fossés furent en partie comblés pour agrandir le monastère.

« Enfin le monastère de Saint-Victeur nous paraît digne d'un grand intérêt au point de vue de l'archéologie et de notre histoire locale : les substructions de l'ère gallo-romaine les plus anciennes que nous connaissions, les murailles d'appareil mérovingien les plus belles que nous ayons jamais vues, conservées sous verre pour ainsi dire, les sculptures grandioses de la Renaissance, si dignes d'être reproduites de nos jours même, la variété des styles dans les constructions la haute importance des pièces historiques fidèlement conservées, les souvenirs de la première et de la plus sainte nécropole du Mans, tout semblait nous faire un devoir de signaler à l'opinion publique le vétéran sacré de nos monuments qui périt à jamais. »

Les pierres elles-mêmes, on vient de le voir, témoignaient de l'antiquité des constructions de Saint-Victeur ; mais ces pierres ne sont plus en place, le sol a été nivelé et ce lieu, honoré par les pèlerinages d'une quarantaine de générations, n'est plus qu'une vulgaire voie publique (1).

Quant aux documents, il n'en existe aucun dans la Sarthe ; et

---

(1) Quelques maigres fragments des constructions du prieuré sont conservés au musée archéologique du Mans, sous les numéros 336 et 340, mais ils appartiennent au XVIe siècle.

c'est en vain même qu'on cherche à la table de l'*Inventaire sommaire des archives de la Sarthe* la mention de Saint-Victeur (1) ; aussi, profitant d'une gracieuse communication de M. Fr. Dolbet, croit-on faire œuvre utile en groupant en un corps unique ce qui est conservé aux *Archives de la Manche*, parmi les pièces ayant appartenu au trésor du Mont-Saint-Michel et en constituant ainsi le *Cartulaire de Saint-Victeur du Mans* (2). Bien qu'il soit d'usage en France de publier les textes du Moyen-Age d'un seul tenant, on croit néanmoins devoir couper ceux-ci en alinéas, qui ne les défigurent pas plus que la ponctuation, que tout le monde s'accorde à y ajouter, mais qui facilitent singulièrement leur dépouillement. Pour les lecteurs qui les trouveraient arbitrairement placés, rien de plus simple que de n'en tenir aucun compte.

Les actes émanés des anciens comtes du Maine sont rares au point qu'il n'en existe aucun original, soit dans la Sarthe, soit dans la Mayenne ; aussi, en publiant le *Cartulaire de l'Abbayette* (3), constitué lui aussi à l'aide des originaux des archives de la

---

(1) En effet les *Archives de la Sarthe* ne possèdent aucun des titres de Saint-Victeur. Quant au *fonds municipal du Mans*, déposé à ces mêmes archives de la Sarthe, mais dont il n'existe aucun inventaire imprimé, il possède un long rouleau original, qui sera mentionné sous le numéro CLV du *Cartulaire*. On y trouve aussi (B, 895) un registre de vingt-quatre folios, contenant des copies plus ou moins complètes des chartes de l'abbaye du Mont, relatives aux prieurés de l'Abbayette, de Saint-Victeur et de Créans.

(2) A Paris, nous avons eu sous les yeux le recueil des chartes du Mont-Saint-Michel établi pour Gaignières, manuscrit de la Bibliothèque *latin* 5430 a ; il nous a fourni quelques actes et nous a mis à même d'indiquer ceux qui avaient été copiés pour lui. Il nous a aussi fourni les dessins de deux sceaux, qui n'existent plus, les numéros 32 et 33.

(3) *Cartulaire de Saint-Michel de l'Abbayette*, prieuré *de l'abbaye du Mont-Saint-Michel* (997-1421), avec quatre fac-similé et douze dessins de sceaux, par Bertrand de Broussillon, 63 p. in-8° ; tiré à cent soixante-quinze exemplaires sur papier teinté.

Manche, n'avons-nous pas hésité à donner en fac-simile les deux pièces auxquelles la présence du comte Hugues I donne un intérêt tout spécial : la *charte d'Ives* et la *charte de Guy*, datées l'une et l'autre de 997. Dans *Saint-Victeur*, on trouvera le bas de la charte du comte Hugues I (955-1015), le bas d'un cirographe émané du même (1000-1015) ; nous y joignons en entier le diplôme de 1014 de Hugues I, en faveur de l'abbaye du Mont-Saint-Michel. C'est pour nous une singulière bonne fortune de mettre ainsi entre les mains des savants les fac-simile de ces cinq documents hors ligne, dont aucune copie ne saurait faire connaître tous les détails et toutes les particularités. Nous avons cru devoir y ajouter des reproductions de nos documents vi, xi et xx, lesquels, pour n'avoir pas une origine aussi élevée, n'en sont pas moins importants à des titres divers.

On nous excusera d'avoir eu recours pour tous ces fac-simile photographiques à une échelle un peu réduite, lorsqu'on aura constaté à quel point, en se servant d'une loupe, il est facile de restituer à toutes leurs parties les dimensions qu'elles ont sur les originaux.

Sans le concours de M. Fr. Dolbet nous n'eussions pas entrepris cette publication ; aussi, tenons-nous a le remercier de ses belles copies et du soin minutieux avec lequel il a collationné nos épreuves sur les originaux (1). Merci aussi à M. Paul de Farcy : en plaçant à côté de nos chartes ses excellents dessins des cires originales de Saint-Lô et en assumant la lourde tâche de confectionner la table des noms, il a doté notre œuvre des plus précieux compléments.

Avant de terminer, il nous faut dire quelques mots des sceaux de la planche VIII. On y trouvera réunis les dessins d'un certain

---

(1) Quelques-uns des documents n'ont pu être collationnés que sur les bonnes feuilles ; c'est ce qui nous oblige à donner les errata placés à la suite de la table des noms.

nombre de sceaux fournis par le fonds Saint-Victeur, mais qui, sauf les numéros 28 à 33, appartiennent à une époque postérieure aux documents groupés dans le présent volume. En attendant une publication qui nous permettrait de les rapprocher des textes auxquels ils sont attachés, il n'est pas sans intérêt de mettre au jour sans retard les dessins de M. de Farcy, sauf à ajouter ici la description sommaire qui présentera chacun d'eux aux lecteurs.

28-29. — 1324-1325, sceau et contre-sceau de la cour du Maine (numéro 1774 de *Normandie*), ce sceau a été décrit à la suite de l'acte CLXXVIII du *Cartulaire*.

Le *Bulletin de la Société d'Agriculture de la Sarthe* (XXII, 408) contient un dessin de ce monument, dû au crayon de M. Hucher. Celui-ci, trompé par la ressemblance qu'il présente avec les sceaux de Bourg-Nouvel de la même époque, l'a donné comme l'un d'eux. Il faut lui rendre sa place dans la série des sceaux des contrats du comté du Maine ; quant aux numéros 1, 2 et 3 de la planche de M. Hucher, ce sont des sceaux des contrats de la juridiction de Bourg-Nouvel, dont le nom figure du reste sur leurs légendes.

30-31. — 1370-1390, sceau et contre-sceau de la cour du Maine (1776, de *Normandie*), décrit à la suite de l'acte CXCI.

32. — 1129-1135, sceau de Geoffroy Plantagenet décrit à la suite de l'acte XVII.

33. — 1226, sceau de Guy de Broussin décrit à la suite de l'acte XCVI.

34. — 1408, sceau de l'abbaye de Beaulieu (2655 de *Normandie*). Au centre, debout sur un mur de grand appareil, orné de rosettes, la Vierge, tenant l'enfant Jésus, est accompagnée de chaque côté par trois clochetons dont le couronnement fait défaut ainsi que la

niche gothique centrale et par deux longues palmes droites. De la légende on ne lit plus que : .... SIGILLUM CA ... ASTII BE MARIE BELL.

35-36. — 1398-1439, sceau et contre-sceau de la cour de l'officialité du Mans à l'époque d'Adam Châtelain (2295 de *Normandie*). Sceau rond de 0,045 copié sur notre sceau 20-21, appartenant à l'époque de Gontier de Baigneux. M. Demay n'avait pas pu lire le blason placé au bas du sceau ; M. P. de Farcy a su y distinguer *les trois chevrons*, qui constituaient le blason d'Adam Châtelain, ainsi que l'a établi M. l'abbé Ledru, dans la *Province du Maine* (1894, 82, 91). De la légende, écrite en caractères du XIVe siècle, on lit : † SIGIL .... RIE EPI CENOMANESIS.

Le contre-sceau mesure 0,019 ; on y voit au centre une mitre placée de trois quarts, ornée de bandes à croisettes et de fleurs de lis. La légende, écrite en cursive gothique, est presque effacée ; on n'en distingue plus que ces lettres : .... IE CENOM.

37-38. — 1404-1457, sceau et contre-sceau de la cour du Maine (1777 de *Normandie*). Ce sceau est semblable aux numéros 16-17 et 30-31, seulement le fond en est lisse et bordé par un large cercle, garni intérieurement de croisettes et d'un rang d'engreslures. La légende, écrite en beaux caractères du XIVe siècle, est intacte : † SIGILLUM REGIS AD CAUSAS CURIE CENOMANCIS.

Le contre-sceau de 0,023 est en tout semblable au sceau, mais la fleur de lis n'est pas accompagnée d'étoiles et le champ n'est pas bordé par des engreslures. Sa légende est : † CONTRASIGILLUM CURIE CENOMANCIS.

Dans son *Musée du Mans* (numéro 481), M. Hucher a donné un dessin de ce sceau.

39. — 1410-1456, sceau des Ardents du Mans (3127 de *Nor-*

mandie). Ce sceau montre un personnage debout, nimbé, mitré, crossé de biais, bénissant, accosté d'une jambe et d'un bras suspendus en ex-voto sur un champ bordé d'étoiles, sous un dais d'architecture. La légende est : s domu dei ardencium cenomanni.

40. — 1456, sceau de Jean Fournier. Sceau rond de 0,03, à l'écu penché à la bande engreslée, accostée de deux étoiles sous un casque de profil, orné de lambrequins, ayant pour cimier une tête de chien dans un vol. La légende en cursive gothique est : jean fournier.

La famille Fournier habite encore l'Anjou.

41. — 1457, sceau d'Isabelle d'Auteville, abbesse du Pré. Sur ce fragment de sceau ogival on voit encore l'abbesse à genoux, mains jointes et tenant sa crosse aux pieds de saint Julien. En dessous un écu à *trois fasces et un sautoir*. De la légende, écrite en caractères gothiques, on ne lit plus que : .... auteville .... cu.

La Chesnaye-Desbois (II, 70), indique une famille d'Auteville de l'élection d'Avranches, qui portait : *d'argent, à trois fasces de sable, au sautoir de gueules brochant sur le tout, à la bordure de même*.

42. — 1471, sceau des Ardents du Mans (numéro 3128 de *Normandie*). Il ne reste de l'empreinte de ce sceau ogival de 0,06 sur 0,04 qu'un fragment, où on voit un buste d'évêque surmontant une jambe et une main placées en ex-voto et accompagnées d'étoiles ; en dessous un écusson absolument fruste. De la légende, écrite en caractères très longs et très minces, on ne lit que : s pitaciarie ar .... cen.

43. — 1489, sceau de l'abbaye de Beaulieu (2656 de *Normandie*). Ce sceau ogival de 0,033 sur 0,025 présente au centre, sur un fond ombré, un oiseau, à gauche, tenant au bec un rameau. De la légende on ne lit que : .... coventus .... bello lo ....

44. — 1489, sceau de Guy du Parc, abbé de Beaulieu (2744 de *Normandie*). C'est un sceau ogival de 0,05 sur 0,04, où figure au centre la Vierge tenant l'enfant Jésus et de la droite une tige de lis, dans une niche gothique, accostée de deux clochetons de chaque côté ; au-dessous un priant dans une arcature gothique ; de chaque côté un écu posé sur une croix abbatiale. Celui de gauche seul visible porte *un chevron accompagné de trois fleurs de lis*. De la légende, on ne lit plus que : S . . GUIDO . . . N DE BELLOLOCO.

45. — 1518, sceau de Nicole le Coq. C'est un sceau rond de 0,03, portant au centre un écu sur un fond rayé horizontalement, où figurent *trois coqs et une rose en cœur*. L'écu est surmonté d'un fleuron et entouré de la légende : SEEL . DE . NICOLE . LE . COQ.

CARTULAIRE
DU PRIEURÉ
DE
SAINT-VICTEUR
AU MANS

I. — Vers 994[1]. — ACTE PAR LEQUEL LE VICOMTE DU MAINE RAOUL, ÉPOUX DE GODÉHELT ET PÈRE DE RAOUL, DONNE A L'ABBAYE DU MONT-SAINT-MICHEL DES VIGNES SITUÉES DANS LE FAUBOURG DU MANS, APPELÉ VIEUX-PONT. *(Cartulaire du Mont*[2], fol. 48.)

In nomine Dei, Rodulfus, gratia Christi summi regis omnipotentis Cenomannus vicecomes. Quicumque res omnium fidelium matris sancte Dei Ecclesie augere conatur, bona sibi est voluntas et optimi operis cultus. Quod ego Rodulfus, gratia Dei Cenomannis vicecomes, vigili animo pertractans et sollicita mente

---

(1) M. l'abbé Gérault, à la page 135 de sa *Notice sur Evron*, a publié un acte de Hugues I, comte du Maine, où figure le vicomte Raoul et son fils, portant le même nom.

(2) Cet acte, dont l'original n'existe plus, et qui n'a pas été copié par Gaignières, ne nous est connu que par le *Cartulaire*. Il réfute M. Hucher, lequel dans ses *Monuments*..... *des vicomtes de Beaumont*, p. 9, donnant pour tige de cette maison le vicomte Roscelin (1030-1040), n'admet l'existence de Raoul I que vers 1040.

requirens, cepi memor esse mee salutis necnon et mee bone conjugis Godehelt et cuncte mee progeniei.

Ergo noverit omnium fidelium multitudo quoniam dum nuper Montem Sancti Michaelis, causa orationis, cum conjuge predicta et filio nomine Rodulfo, petierim, optuli et dedi sancto Michaeli et omnibus inibi Deo servientibus, tam presentibus quam futuris, clausum vinearum, pro salute anime mee et mee conjugis, nomine Godehelt, et filii Rodulfi et cuncte progeniei, tam vivorum quam defunctorum, necnon et futurorum. Est autem predictus clausus vinearum juxta civitatem in suburbio, in loco qui dicitur Vetus Pons.

Sed ut donatio, quam de hac re Sancto Michaeli supra ejus altare feci, firma in perpetuum haberetur, cartam meam firmatam exinde fieri jussi et eam firmandam domino meo, comiti Hugoni, optuli et firmare bono animo feci, ut jure perpetuo firma permaneat nullusque mei successor eam calumpniari presumat; et quicumque presumpserit, cum Juda, Christi Domini proditore, et Anna et Caipha, dampnationem accipiat.

Signum Hugonis comitis †.
Signum Radulphi vicecomitis †.
Signum Godehelt, uxoris ejus.

II. — 955-1015. — DIPLOME PAR LEQUEL HUGUES I, COMTE DU MAINE, FAIT DON A L'ABBAYE DU MONT, DE QUATRE ARPENTS DE VIGNES, SITUÉS A MONTFORT, A MONTCU ET A SAINT-VINCENT, ENTRE LES DEUX CHEMINS [1].

In nomine sanctæ et individuæ Trinitatis.

Antecessorum nostrorum constitutis atquæ decretis vere compertum habemus ut, quicumque Christi fidelium bonorum cupidus celestium quiddam suarum facultatum cuilibet loco sanctorum vel donaverit, pro animæ remedio, vel vendiderit, exinde litterale testamentum nobilium personarum corroborationibus assignatum faciat. Quatinus ab omni contradictione vel calumpniatione

(1) Cet acte, que nous donnons d'après l'original, avait été copié par Gaignières (B. N., latin 5430*, 134).

malorum ipsa donatio, vel venditio, firma et intemerata atque integra futuris permaneat temporibus.

Quapropter ego Hugo, comes Cenomanensium, cunctis Christianis, tam præsentibus quam absentibus, notum esse volo quod, meorum pro magnitudine peccatorum perpetuas metuens inferni penas et cælestis regni desiderio accensus, pro salute animæ meæ meorumque parentum, patris videlicet et matris, beati archangeli Michahelis loco ibique fratribus Deo regulariter tam servientibus quam servituris, quatuor vineæ aripennos, quorum duo sunt in Montefort, tercius vero in Montecuch, quartus autem inter duas vias ad Sanctum Vincentium, sine ulla contradictione vel parentum vel meorum successorum, perpetuo habendos tradidi et possidendos eo tenore quatinus, pro remedio animæ meæ et vivi et vituri perpetualiter cotidianis Deum præcibus deprecentur[1] ; nam plurimis divinarum scripturarum relationibus animarum purgamentum peccatorumque remissionem, elemosinarum largitionem rerumque mortalium distributionem, penitus credo ; unde mihi thesauros illic thesaurizare tota mente desudo, ubi quicquid Sanctorum ecclesiis Christique famulis divino erogatus amore redditur, centuplicatum.

De cetero, si quis, diabolica stimulatus invidia, his testamenti litteralis impedimentum quæsierit mearumque erogationibus elemosinarum vim aliquo modo inferre presumpserit, hic æterna dampnatus maledictione tormentis apud inferos subjaceat imis.

Quod ut verius firmiusque futuris permaneat temporibus, manu propria subterfirmare studuimus.

[*Première colonne :*] Hugonis comitis sig. Guillelmi Juvenis sig. Goslini sig. Huberti sig. Guatselini.

[*Seconde colonne :*] Alberici sig. Elinalu sig. Hugonis Dublelli sig. Hugonis Normalnni sig. Guarnerius clericus. Ingelardus clericus. Rotselinus clericus. Hubertus clericus. Constantinus clericus.

---

(1) C'est au milieu de ce mot que commence le fac simile, planche I, auquel nous demandons au lecteur de se reporter pour tout ce qui est relatif à la disposition de la fin de cet acte.

III. — 1000-1015. — CIROGRAPHE PAR LEQUEL HUGUES I, COMTE DU MAINE, FAIT DON A L'ABBAYE DU MONT DE TROIS MOULINS PLACÉS SUR LA SARTHE DANS LE FAUBOURG DU MANS.

In nomine sanctæ et individue Trinitatis, Patris et Filii et Spiritus Sancti.

Divina præcepta patenter ammonent terrenis bonis lucrari cælestia.

Quapropter ego Hugo, Cinomannensis comes, notum volo esse omnibus sanctæ Dei Æclesiæ fidelibus, tam presentibus quam futuris, et precipue successoribus meis, quoniam, sub hujus noticiæ testamento, tres molendinos Sancto Michaeli de Monte periculosi[1] maris, pro remedio animæ meæ et patris matrisque necnon filiorum, perpetualiter habendos trado, per assensum et voluntatem Hugonis, filii Herbrannis, qui eos de meo beneficio tenebat.

Sunt autem predicti molendini in suburbio Cinomannensis civitatis, super Sartam fluvium siti.

Ea tamen lege illos concedo ut annis singulis, in festivitate sancti Johannis Baptistæ, de illis census tres solidos solvatur.

Si quis autem contra hoc scriptum insurgere voluerit, cum Juda, traditore Domini, Datan et Abiron, Anna et Cahypha, dampnationem accipiant.

Ut autem hujus nostræ donacionis auctoritas verius credatur et diligentius conservetur per omnia, manu propria subterfirmavimus.

[*Première colonne :*] Herbertus frater comitis. Hugo. Albericus. Hugolinus.

[*Seconde colonne :*] Rotscelinus. Fulco Franciscus. Goslenus. Ernoldus.

[*Troisième colonne :*] Hugo decanus. Hubertus clericus. Fulcuinus cancelarius. Mainardus cantor. Rainaldus.

[*Quatrième colonne :*] Rainaldus. Turstinus. Goscelinus. Mainardus.

---

(1) Ici commence le fac simile, planche II. L'acte entier avait été copié par Gaignières (B. N., latin 5430², 133).

IV. — 1014. — DIPLOME PAR LEQUEL HUGUES I, COMTE DU MAINE, FAIT DON A L'ABBAYE DU MONT, DE LA TERRE DE « VEDOBRIS [1] ».

In nomine Patris et Filii et Spiritus Sancti [2]. Amen.

Ego Hugo, Cenomannensis comes, hoc scriptum ad perpetuum testimonium fieri jussi et confirmatione propriæ subscriptionis roboravi. Notum erg otam presentibus quam eciam nos secuturis fidelibus esse volumus qua de causa id fieri statuimus :

Adiit sepe nostram presentiam Heldebertus, abbas Montis Sancti Michahelis archangeli de periculo maris, et iqui sub eo degentes monachi petentes ut, in vicino earum rerum, quas in pago Cenomannico tam a nobis quam eciam ab aliis possident, aliquam bene utilem terram, vel precio quanto dignum esset eis venderem, vel sancto Michaheli, pro remedio animæ meæ, perenniter possidendam donarem. Propterea vero id tantopere flagitabant, quatinus inde haberent unde tam ipsi quam eciam eorum equi alerentur, quando aliqui eorum mitterentur ad supradictas res previdendas, quia quicquid ex earundem rerum redditibus capiebant, pene totum in eundo redeundoque dispendebant.

Nostrorum itaque fidelium in hac causa usus consilio atque instinctu pulsatus divino, potius elemosine fructum salutemque animæ æternam quam transitorium pecunie questum propter hoc a Deo volui recipere, quandamque nostri juris terram, que Vedobris dicitur, Deo et sancto Michaheli disposui donare. Videbatur

---

[1] Il ne faut pas, à l'exemple de dom Piolin (III, 46), lire ici *Vodebris*, au lieu de *Vedobris*, puis traduire ce nom par Vouvray-sur-Huisne, quitte à dire que l'établissement des moines du Mont à Vouvray « n'eut qu'une durée éphémère ». En effet, c'est la proximité qui existait entre *Vedobris* et l'une des propriétés de l'abbaye qui décida Hugues I à s'en dessaisir au profit des moines — l'acte de 1014 le dit expressément. — Or Vouvray n'était proche d'aucune des possessions des religieux du Mont-Saint-Michel.

[2] Voir la planche III, où se trouve un fac simile complet de cet acte, qui avait été copié par Gaignières (B. N., latin 5430ᵃ, 139).

Il faut noter que les scribes ont jusqu'au numéro XXII employé l'é cédillé de préférence à l'æ.

autem ipsa terra satis nobis utilis et pernecesseria, sed idcirco terrena et transitoria gratanter Deo dare debemus, ut ab eo celestia et eterna recipere mereamur.

Quadam igitur vice, ad predictum sancti Archangeli locum veniens, memorato abbate cum suis monachis et quibusdam nostris fidelibus coram positis, donum de predicta terra per unum cultellum super altare sancti Michahelis posui. Tradidi itaque illi loco deinceps perpetualiter absque aliqua calumnia libere possidendam supramemoratam terram, que dicitur Vedobris, sicut eam saltus undique circuncludit, cum omnibus que in ea sunt, id est ecclesia, molendino, pratis, vivariis, ea ratione ut ipsi monachi, pro nostra salute et pro totius regni conservatione, semper proprias orationes ante Deum et sanctum Michahelem faciant.

Si quis vero huic nostro dono contradictor et violantor esse presumpserit, ante Deum in tremendo judicio cum sancto Michahele de hac re contendere habeat, et si non emendaverit, eternam dampnationem cum Diabolo recipiat.

Ut ergo hoc donum inconvulsum futuris temporibus conservetur, hoc scriptum ad testimonium fieri jussum nostra subscriptione firmavi, nostrorumque fidelium nominibus signari feci.

[*Première colonne :*] Signum Roscelini vicecomitis[1]. Signum Hameli de Leido Castello[2]. Signum Haymonis de Medano[3]. Signum Herberti fratris comitis[4]. Signum Droci filii Milonis. Signum Odilarii Drudi.

[*Seconde colonne :*] Signum Avesgaudi episcopi. Signum Huberti clerici. Signum Rainaldi capellani. Signum Hugonis Brecci.

Firmata Cenomannis anno ab incarnatione Domini millesimo XIIII.

(1) Roscelin, vicomte du Maine.
(2) Hamelin de Château-du-Loir.
(3) Haimon de Mayenne, père de Geoffroy, premier seigneur de Mayenne. Voir la charte 245 du *Cartulaire de Saint-Vincent* et notre *Maison de Laval*, p. 5.
(4) Herbert Baccon lequel survécut à son frère Hugues I († 1015) et, lors du décès de son neveu le comte Herbert I, le 13 février 1036, fut bail de son petit-neveu, Hugues II.

V. — 1033-1040. — NOTICE DANS LAQUELLE ON CONSTATE QUE EUDES, HABITANT DU MANS, ET HERSENDE, SON ÉPOUSE, ONT FAIT DON A L'ABBAYE DU MONT-SAINT-MICHEL DE CINQ ARPENTS DE VIGNES.

Notum sit omnibus veram Sancte Trinitatis fidem colentibus Odonem, quendam virum Cenomannensem, cum propria uxore, quondam sancti Michaelis adisse limina ac fratribus ejusdem sanctæ ecclesiæ sedule Deo famulantibus quandam obtulisse donationem.

Deliberatione namque habita, quinque vinearum aripenna, presente Suppone[1] ejusdem loci abbate cum ceteris monachis prædictæ ecclesiæ, jam dictus vir, cum uxore propria, pro suorum peccaminum solutione ac spirituum requie, mente devota contulit.

Hoc quoque decrevit ea fieri conditione ut fratrum ibidem famulantium Deo in orationibus utrique facti participes, quandiu adviverent, terciam partem suarum omnium vinearum Sancti Michaelis monachis per unumquemque mitterent annum. Dum autem eorum alter vitæ presentis sortitus occasum fuerit, qui superstes extiterit juxta sponsionem suam predictis fratribus totius vini medietatem committet. At vero postquam uterque defunctus fuerit, in jus Sancti Michaelis ad usus fratrum eidem Archangelo servientium, omnes prefatæ vineæ sorte pariter cedent.

Hanc igitur donationem predictus vir, Odo scilicet, cum uxore sua Hersendis nomine, super aram sancti Archangeli scriptam deposuit, ipsius loci abbate Suppone presente cum ceteris monachis, eamque manu sua per hoc † crucis signum firmavit.

Hanc igitur oblationem sancto huic loco devote traditam, si quis substrahendo aliquatenus violare presumpserit, a celesti patria seclusus et a sanctorum omnium collegio perpetim segre-

(1) Suppo fut le septième abbé du Mont. Il en prit la direction en 1033, au moment où Théoderic, abbé de Jumièges, cessa ses fonctions au Mont. Il y resta jusqu'en 1048 seulement, date où il se retira en Lombardie, où il mourut le 4 novembre 1061.

gatus, Diabolo ejusque sociis commissus in perpetuis gehenne mittatur ignibus, ubi per infinita tempora crucietur. Amen.

VI. — 1040, Mars. — CHARTE PAR LAQUELLE RENAUD, CHEVALIER, FILS DE DREUX, ABANDONNE A L'ABBAYE DU MONT LA PROPRIÉTÉ DU MONASTÈRE DE SAINT-VICTEUR AU FAUBOURG DU MANS.

In nomine Domini [1].

Ego Raginaldus, miles, cum matre mea, nomine Hersinde, notum esse volumus omnibus Sancte Dei Æcclesiæ fidelibus quoniam pater meus Drogo, dum viveret, monasterio Sancti Michaelis archangeli destinavit dare Sancti Victurii monasterium, *quod est situm in suburbio Cenomannice urbis*, ad supplementum victus servorum Dei ibi degentium.

Quod quia, preveniente morte, complere nequiit, ego Raginaldus meaque mater prenominata, pro remedio anime ejus et nostrarum animarum salute, sicut ipse pater meus disposuit, presente venerabili abbate ipsius loci Suppone, sancto Michaeli

(1) Ayant la bonne fortune d'avoir sous les yeux les originaux des actes que nous publions, c'est un devoir pour nous de faire connaître aux diplomatistes tout ce qui peut les intéresser dans les pièces ainsi mises au jour. Notre numéro VI doit leur être signalé à ce titre. Il en existe trois versions présentant les mêmes caractères d'authenticité et écrites toutes les trois, semble-t-il, à l'époque même de la donation de Saint Victeur. Sous le numéro VI, nous donnons la plus développée, en y joignant, dans la planche IV, un fac simile comprenant tout le bas de la pièce (onze lignes sur vingt-six). Nous ferons remarquer que l'encre, qui a servi à l'écrire, est la même pour l'acte entier et que les croix ne semblent pas autographes. Sous le numéro VII, nous donnons la seconde rédaction, laquelle fournit deux renseignements que ne contient pas le numéro VI : d'abord une date plus précise indiquant que l'acte est du mois de mars, puis l'indication du nom du chancelier ayant écrit l'acte. La pièce est écrite en quinze lignes, sur un parchemin de 0,30 sur 0,21 ; l'encre est la même pour toute la pièce et, bien que la croix de Renaud soit une croix de Saint-André, celle du clerc Durand une croix latine pattée, les croix semblent émaner de la même main que l'acte. De cette version il existe un vidimus du 20 mars 1125 (v. s.), donné par Guillaume Paynel, chevalier, garde des sceaux de la vicomté d'Avranches.

Quant au troisième original, il est privé de tous ses *signa*, et prend fin au mot *publice*. Il est écrit sur une bande étroite de parchemin de 0,44 sur 0,15.

archangelo predictum sancti Victurii monasterium et res hic subternotatas concedimus : videlicet burgum, quem in dominio nostro ab omni consuetudine liberum et quietum tenemus, omni quidem ebdomada, et quicquid habemus cis Sartam flumen, sive in terris censivis, sive in illis que in fedo tenentur, nichil nobis retinentes, cum vicaria et cum aliis omnibus consuetudinibus prefatis terris pertinentibus, et furnum nostrum proprium, quem tali jure possidemus ut nemo super illum in parrochia illius loci alterum possit facere, preter unum qui ex eodem fedo est, — huic autem furno nostro pertinet tota coctio istius tocius fedi nostri, et decimas panis et vini et omnium rerum que pertinent ad ipsum locum, — et octo arpennos vinearum in monte Balgeio, et censum quem de jure Sancti Gervasii in beneficio tenemus, et ad mansum novum terram ad duas carrucas, et pratos, qui sunt ad rivum Aldonis et in Sarta fluvio, exclusam de Marciaco et totam terram de villa que dicitur Frauxinus, sicut Sarta eam claudit usque ad rivulum, qui Ruillus ab incolis appellatur, et abhinc usque ad viam que Lugdunensis vocatur [1].

Concedimus quoque terram et vineas, quas Durandus clericus noster in Monte Rotundo tenet de nobis, ex ejus consensu.

Hec omnia prefata æcclesie Sancti Archangeli Michaelis de periculo maris sic in elemosina damus, ut habeant et absque calumnia in perpetuo possideant, et ut in predicto monasterio Sancti Victurii monachi habitent et maneant, qui mente devota Deo omnium creatori pervigiles deserviant.

Ut autem hec donationis nostre carta in perpetuum firma et stabilis permaneat, manibus nostris eam subterfirmavimus, et fidelibus nostris firmandam tradidimus.

Signum Raginaldi, qui hanc donationem fecit, †. Signum Hersendis matris ejus, †. Signum Grodulfi, qui est testis, †. Signum Gosberti, †. Signum Goscelini, †. Signum Goffredi, †. Signum Arnaldi, †. Signum Durandi clerici, †.

Actum monasterio Sancti Michaelis archangeli publice, re-

(1) Ici commence le fac simile, voir planche IV.

gnante Henrico rege Francorum anno tercio decimo [1], Avisgaudo pontifice æcclesie Beati Juliani Cenomannensis presidente, qui hoc ælemosine donum salutifere crucis munimine subsignavit. Signum Avisgaudi episcopi, †. Signum Huberti clerici, †. Signum Raginaldi capellani, †. Signum Hugonis Brecci, †.

VII. — 1040, Mars. — SECONDE RÉDACTION DE LA CHARTE PAR LAQUELLE RENAUD, FILS DE DREUX, ABANDONNE A L'ABBAYE DU MONT LA PROPRIÉTÉ DU MONASTÈRE DE SAINT-VICTEUR, AU FAUBOURG DU MANS.

In nomine Domini.

Ego Rainaldus, miles, cum matre mea Hersinde, notum esse volumus omnibus sanctæ Dei Æcclesiæ fidelibus quoniam Drogo, pater meus, dum viveret, monasterio Sancti Michaelis archangeli destinavit donandum monasterium Sancti Victoris, quod est situm in suburbio Cinomannicæ urbis, ad supplementum victus servorum Dei ibi degentium.

Quod quia, preveniente morte, complere non potuit, ego Rainoldus et prenominata mater mea, pro remedio anime ejus et nostrarum animarum redemptione, concedimus, sicut ipse pater meus disposuit, presente venerabili abbate ipsius loci Suppone, sancto Michaeli archangelo prenominatum Sancti Victoris monasterium, cum rebus subternotatis, id est burgum quod est circa ipsum monasterium cis Sartam flumen cum omnibus consuetudinibus que ad nos pertinent, et decimas vini et panis et omnium rerum que pertinent ad ipsum locum, et octo arpennos vinearum in monte Balgeio et censum quem de jure Sancti Gervasii in beneficio tenemus, et ad mansum novum terram quantum sufficit ad duas carrucas, et totam terram de villa quæ dicitur Fraxinus, et pratos qui sunt ad rivum Aldonis, et in Sarta fluvio exclusam de Marciaco.

(1) On verra sous le numéro VII que l'acte est du mois de mars. Or, Henri I ayant été sacré le 14 mai 1027, le mois de mars de sa treizième année appartient à 1040 et non à 1039, comme le dit le *Gallia* (XI, *instrumenta* 106) ou 1043, comme le veut dom Huynes (*Histoire du Mont-Saint-Michel*, II, 19).

Concedimus quoque terram et vineas quas fidelis noster Durandus clericus in Monte Rotundo tenet de nobis, ex ejus consensu.

Hæc omnia concedimus sancto Michaeli archangelo, ad supplementum victus monachorum sibi servientium, et in perpetuum concessa esse volumus, pro remedio anime prenominati patris mei et nostrarum animarum, ut habeant, teneant et possideant in perpetuo absque ulla calomnia, et ipsum monasterium sicut placuerit abbati et monachis, disponant et ordinent, et quidquid eis placuerit ex ipso faciant.

Ut autem hæc nostræ donationis carta in perpetuum firma et stabilis permaneat, manibus nostris eam subterfirmavimus et fidelibus nostris firmandam tradidimus.

Actum monasterio Sancti Michaelis publice.

Signum Rainoldi, qui hanc donationem fecit, †. Signum Grodulfi qui testis est, †. Signum Gosberti, †. Signum Goscelini, †. Signum Goffredi, †. Signum Hersendis femine, qui hanc donationem fecit, †. Signum Arnaldi, †. Signum Durandi clerici, †.

Data mense martio, regnante Henrico rege anno XIII.

Hilduinus cancellarius scripsit.

VIII. — Vers 1050. — TABLEAU DE CENS DUS A SAINT-VICTEUR SUR LES BIENS DU FAUBOURG DU MANS, QUE LE PRIEURÉ TENAIT DE DREUX ET DE SON ÉPOUSE [1].

Hic est census domorum suburbii, quod Drogo et uxor ipsius, Hersendis nomine, jure perpetuo possidendum, Sancto archangelo Michaeli et ejusdem monachis tradiderunt et quam quæque domus consuetudinem redderet, quantum quoque census ex

---

(1) Ce tableau et le suivant, que nous croyons pouvoir y rattacher, prouvent que les libéralités de Dreux et de Hersende envers l'abbaye du Mont ne furent pas limitées aux vignes, faisant l'objet de notre numéro V. Les autres actes ont malheureusement disparu.

Il faut remarquer aussi que Dreux et Hersende sont évidemment les père et mère du chevalier Renaud, que l'on voit en 1040, se dépouiller de Saint-Victeur, au profit de l'abbaye du Mont-Saint-Michel.

unaquaque domo exiret, ipsis presentibus, oblivionis abolandæ gratia, describi fecerunt :

Ex domo Lamberti, dantur quatuor denarii.
Ex domo Morini et Belini, quatuor denarii.
Ex domo Ingelberti porcarii, sex denarii.
Ex domo Eremborga, quatuor denarii.
Ex domo Luardæ, quatuor denarii.
Ex domo Heldemani, quatuor denarii.
Ex domo Wandelberti, quatuor denarii.
Ex domo Hunaldi, quatuor denarii.
Ex domo Petri, octo denarii.
Ex domo Gausberti villici, sex denarii.
Ex domo Constantiæ tres denarii.
Ex domo Frotgerii, duodecim denarii.
Ex domo Hugonis, quatuor denarii.
Ex domo Morini, octo denarii.
Ex domo Hernaldi clerici, quatuor denarii.
Ex domo Hodelini et Johannis, quatuor denarii.
Ex domo Hernulfi, quatuor denarii.
Ex domo Widonis, quatuor denarii.
Ex domo Walterii, duo denarii.
Ex domo Hervei, quatuor denarii.
Ex domo Maingoi, duo denarii.
Ex domo Ratdulfi, sex denarii.
Ex domo Ansaldi, quatuor denarii ; Geraldi, octo denarii.
Ex domo Ingelberti, monetarii, quatuordecim denarii.
Ex domo Hamelini duo solidi et quatuor denarii.
Ex domo Rainannis, denarii duodecim.
Ex domo Ingelberti fabri, sexdecim denarii.
Ex domo Rainaldi clerici, sexdecim denarii.
Ex domo Rotberti Parrati, tres solidi et quatuor denarii.
Ex terra Auvranni, duo solidi et octo denarii.
Albertus Mala Clavava, octo denarii [1]

(1) Les mots en italiques ont été ajoutés après coup.

IX. — Vers 1050. — TABLEAU DES CENS DUS ANNUELLEMENT A SAINT-VICTEUR PAR DES POSSESSEURS DE VIGNES.

Isti sunt viri qui census vinearum suarum loco Sancti Victurii, singulis annis, persolvunt :
Ernaldus, denarios octo.
Ricardus, quatuor solidos.
Geraldus, sex denarios.
Ingelbertus, sexdecim denarios.
Alius Ingelbertus, octo denarios.
Amelinus, duos solidos.
Albericus, duodecim denarios.
Balduinus, duodecim denarios.
Raimundus, octo denarios.
Ingelbertus, duodecim denarios.
Rainaldus clericus, viginti denarios.
Rotbertus, sexdecim denarios.
Ratdulfus, duodecim denarios.
Wido, octo denarios.
Ingelerius, duos solidos.
Ratdulfus, octo denarios.
Aurannus *ex vinea Morini, duodecim denarios* [1].
Quintinus, duos solidos.
Herbertus de Belver, sexdecim denarios.
Morellus, duodecim denarios.
Monachi Sanctæ Mariæ, duos denarios.
Autbertus Barbou.........
Amelinus, octo denarios.

X. — Vers 1060. — CHARTE PAR LAQUELLE GEOFFROY DE SEVILLÉ FAIT DIVERS DONS A SAINT-VICTEUR.

In nomine Patris et Filii et Spiritus Sancti. Amen.
Ab antecessoribus nostris statutum est ut, si quid aliquis Deo

---

(1) Les mots en italiques ont été ajoutés après coup.

et Sanctæ Æcclesiæ et sibi servientibus dederit aut vendiderit, pro remissione peccatorum suorum, inde autentica scriptura fiat ut stabilis et firma omni evo permaneat. Unde ego Gaufridus de Sevillei, Paganus cognomine vocatus, do quandam decimam quam habeo in parroechia de Danfront, in loco qui dicitur Ruignei, Deo et Sancto Michaheli et monachis Sancti Victurii, pro Dei amore et peccatorum meorum remissione.

Monachi vero mihi concedunt totius boni quod faciunt participationem et uxori mee ac infantibus meis parentibus quoque.

Monachi autem de Monte concedent mihi similiter fraternitatem suam in cunctis bonis que faciunt, quando ibo ad Montem Sancti Michaelis.

Concedo eis etiam quandam terram quam tenuit de me et de antecessoribus meis Vitalis, presbyter de Danfront, quam etiam terram dedit eis ipse in fine vite sue, quando effectus est monachus.

Prefati vero monachi, scilicet Radulfus prior et alii qui cum eo erant, Guillelmus de Boilon, Radulfus de Genicio et Hubertus, dederunt mihi decem et septem solidos Cenomanensium.

Concessit hoc donum uxor mea, nomine Eremburgis, et filii mei, Fulcoius et Hugo, atque Ermengardis, filia, et unusquisque ipsorum infantium accepit tunc unum denarium. Et sciendum quod nec adjutorium, nec auxilium aliquod nec servitium alicui facient ipsi monachi pro eadem terra nec pro decima, nisi forte aliquod auxilium commune ex parte domini ipsius Pagani in eadem terra colligatur. Et si quis aliquam decimam de meo feodo ipsis monachis dare et vendere voluerit, ego Paganus concedo. Et ut hec donatio firma omni tempore permaneat, cruces nostras supposuimus.

Si quis igitur huic donationi aliquam calumpniam inferre voluerit aut eam minuerit, sit maledictus cum Juda, traditore Domini, et æterno supplicio dampnatus.

Karitatem de pane et vino isdem Paganus ad Montem una vice in anno si perrexerit, ab ipsis monachis percipiet. Si vero pro aliqua re tunc eam habere non potuerit a monachis Sancti Victurii ei reddetur. Apud Sanctum Victurium vero eam habebit duabus vicibus in anno, scilicet ad Pentecosten et ad festivitatem Omnium Sanctorum.

Hujus rei sunt testes : Bernardus faber, Hamelinus, Herbertus, Emma mater Pagani, Guillelmus, Guarnaldus, Ivo, Fulco, Fulcoius de Danfront, Johannes vicarius monachorum.

Signum Gaufredi qui Paganus vocatur, †. Signum Fulcoii, filii ejus, †. Signum Eremburgis, uxoris ejus, †. Signum Hugonis filii ejus, †. Signum Emme, filie ejus, †.

XI. — Vers 1060. — CHARTE, EN FORME DE DIPLOME, PAR LAQUELLE BÉATRIX, ÉPOUSE DE HUGUES « COCTI », D'ACCORD AVEC SES ENFANTS ET MATHIEU DE SORDUN, SON GENDRE, FAIT DON AU PRIEURÉ DE SAINT-VICTEUR DE LA DIME DES MOULINS QU'ELLE POSSÈDE SUR LA SARTHE PRÈS DE L'ÉGLISE SAINT-JEAN.

In nomine Patris et Filii et Spiritus Sancti. Amen [1].

Ego Beatrix, uxor Hugonis Cocti, pro remedio anime meæ maritique mei necnon filiorum meorum, Herberti, Amalguin et Guillelmi, omniumque parentum meorum defunctorum, et pro salute vivorum, concedo sancto Michaeli archangelo sibique servientibus monachis apud Sanctum Victurium, decimam de molendinis quos habeo super fluvium Sarte, prope æcclesiam Sancti Johannis Baptiste, ut in perpetuo possideant et habeant istam donationem, confirmante et corroborante Matheus (sic) de Sordum, qui est heres terre maritusque supradicte Beatricis filie, nomine Basilia Dangerosa quæ istam donationem concessit, dueque sorores ejus, Dionisia et Heldeburgis. Ipse que Matheus posuit istud donum, per unum cultellum, super altare Sancti Victuril, qui cultellus statim fuit repositus cum reliquiis ecclesie, ibique concesserunt sibi et omnibus parentibus suis partem et societatem totius beneficii monachorum Sancti Michaelis.

Ista donatio facta est, quando Drogo monachus morabatur apud Sanctum Victurium, et Radulfus Bonus Scriptor, qui tunc erat infirmus, necnon Walterius Juvenis atque Raginaldus, qui fuit

(1) Voir planche V un fac simile complet de cet acte, qui a été copié par Gaignières (B. N., latin 5430*, 120).

Jerosolimis, qui etiam interfuit ad obitum Beatricis apud Castrum Balaun.

Quam donationem si quis, instigante diabolo, auferre voluerit, cum Dathan et Abiron, Zebee et Sisara, Holoferno et Herode, Caipha et Pilato, Simone mago et Juda, habeat partem in inferno cruciandus.

Hi sunt qui fecerunt signa ex parte Mathei de Sordum : S. † Mathei de Sordum, S. † Heliæ de Curtalart, S. † Gualteri Limegnes, S. † Stephani filii Hernaldi, S. † Picardi Sutor, S. † Algeri Le Draper, S. † Gualteri Passegaret armigeri, S. † Roberti Coci archiepiscopi, S. † Pilochini et Garinus de Baptismo, S. † Anseisi filii Radulfi, S. † Guillelmi presbiteri de Balaon.

Et isti sunt testes ex parte monachorum : Andreas presbiter, Odo filius Orri, Vivianus, Radulfus Le Parcheminer, Drogo filius Rensandis, Gualterius Le Cornel, Johannes de Ardevone, Constantius Carpentarius, Rogerius de Ardevone, Giroldus nepos Radulfi monachi, Guillelmus filius Roberti Jochart, Guillelmus Grifer, Herveus Grifer, Guillelmus de Alseis, Ranerus de Alvers, Robertus Parhex.

XII. — Vers 1060. — CHARTE PAR LAQUELLE GAULTIER DE MIMANS ABANDONNE UNE DIME AU PRIEURÉ DE SAINT-VICTEUR.

In nomine Patris et Filii et Spiritus Sancti. Amen [1].

Ego Galterius de Medio Cenomanni [2], concedente uxore mea Hodierna et filia mea Adelea, pro anima patris mei et matris meæ omniu .sque parentibus meis, dono, concedo decimam illius telluris, que conjungitur telluri Guillelmi Guarrelli, quam vendidi Alberico Frahaudi, ipso eodem Alberico concedente, donum illud Deo et Sancto Michaeli et Sancto Victorio et omnibus monachis ejus.

Et propter hujusmodi concessionem prior Sancti Victurii, Godefridus videlicet, et cellerarius, Drogo, sub nomine caritatis in nova scutella viginti solidos, quos cum eadem scutella in domum meam detuli, michi impenderunt.

(1) Cet acte a été copié par Gaignières (B. N., latin 5430b, 136).
(2) Voir Cartulaire de la Couture, p. 37*.

Hujus concessionis est intersignum quod ego manu mea et similiter uxor mea, cum ramo lauri illam prefatam decimam super altare Sancti Victurii obtulimus, et ipsi beneficium Sancti Michaelis et Sancti Victurii michi et uxori mee et omnibus parentibus meis concesserunt.

Et totius istius rei habentur in testimonio, ex parte mea : Albericus Frabaudi, Herbertus de Marceio pater mee uxoris, Guillelmus Guarrel, Bernardus Minterius.

Ex parte vero illorum : Radulfus de Roillun, Drogo filius Rainsendis, Odo filius Orrici, Vivianus Villicus, Radulfus Painfetiz, Flaaldus et ejus filius Rainaldus, Andreas Marmium et filius ejus Rainaldus, Gualterus Peison, Guarnerius de Fresneio, Guillelmus canonicus, Gualterius Cornarius, Godefredus famulus monachorum, Guillelmus de Langle, Guillelmus clericus nepos donni Drogonis, Robertus Jansegelin.

XIII. — 1087. — NOTICE PAR LAQUELLE IL EST ÉTABLI QUE GUILLAUME, FILS DE HUGUES DE SILLÉ ET D'OLDEBURGE, A ABANDONNÉ AUX MOINES DU MONT-SAINT-MICHEL TOUTES LES COUTUMES DUES PAR LEURS TERRES DANS SON FIEF. (*Cartulaire du Mont-Saint-Michel*, fol. 74.)

Notum sit omnibus viventibus atque victuris Guillelmum, filium Hugonis de Silliaco, gratia Dei atque Sancti Michaelis archangeli, hoc impetrante ob omnium suorum remissionem delictorum suorumque predecessorum omnium atque successorum, Guillelmi regis Anglorum tempore antistitisque Cenomannensis Hoelli, necnon vicecomitis Huberti, atque Goffridi de Maheno, ob fraternitatem et orationes Sancti Michaelis suorumque servorum monachorum necnon et honesti munera equi, omnes consuetudines sue terre de eorum dominio monachorum illis Sancti Michaelis monachis proprie et tranquille concessisse Radulfo monacho atque Andrea hujus doni acceptoribus cum spine viride ramo, Oldeburga, hoc idem loco suorum aliorum filiorum concedente et ad eorum opus benefacta accipiente, testimonio.

Guillelmi de Vesniaco et Hamelini forestarii et Berardi de

Silliaco, Gaurini, filii Rogerii, Radulfi de Dolieta, Heberti de Orta, Thebaldi capellani, Droconis de Sancto Christo foro, Fulconis, Droardi, Fulconis de Plassiaco, Roberti Cognardi, Radulfi filii Goscelini de Monte Savonerio, Fulconis Amelis, Gauterii filii Constantini, Gauterii de Curtelleriis multorumque aliorum suorum militum.

Atque ex parte monachorum testimonio Gosfridi de Hispania, Roberti de Sancto Medardo, Johannis famuli eorumdem.

Et quicumque hoc auferre vel conatus contradicere fuerit, cum Juda, Domini traditore, Dathan et Abiron, in ignem perpetuum, sine fine tradetur.

XIV. — 1100[1], novembre. — NOTICE DE LA FONDATION DU PRIEURÉ D'AVÉZÉ AU PROFIT DE L'ABBAYE SAINT-AUBIN D'ANGERS ET DE L'APPROBATION DONNÉE PAR L'ÉVÊQUE HILDEBERT (*Piolin*, III, 687).

. . . .

Eodem anno (1100), apud ecclesiam Sancti Victoris, concessit hoc donum monachis Sancti Albini Ildebertus, Cenomannorum episcopus, presente Fulcrado, cantore, et Pagano, archidiacono, et Jarnogonio atque Johanne, monachis Sancti Albini. . . . .

XV. — Vers 1100. — CHARTE PAR LAQUELLE HUGUES DE ROSSET ABANDONNE A SAINT-VICTEUR LES CENS QU'IL AVAIT SUR DOMFRONT. (B. N., *latin* 5430², fol. 123.)

. . . .

Ego Hugo de Rosset concedo et Sancto Michaeli et Sancto Victurio et omnibus monachis Sancti Michaelis de periculo maris censum quod habeo in villa Sancti Frontonis, scilicet v solidos et vii denarios, in festivitate ejusdem supradicti sancti, ob fraternitatem et orationes monachorum predicti archangeli et propter x solidos et i sextarium fromenti et alium sextarium sigli. Et hoc omnia concessit ipse et uxor ejus et Paganus, filius ejus, super

---

(1) L'acte de cette approbation, donnée l'an 1100, a été publié en partie par dom Piolin (III, 689) ; mais la mention de Saint-Victeur ne figure pas dans les *fragments* de cet acte donnés par lui.

altare Sancti Victurii et face a debuit concedere duobus suis fratribus et domino suo Berardo de ...feio, cujus hoc censum tenebat.

Et acceptores hujus doni fuerunt Rotbertus monachus Cadomensis et Hugo de Montenay et Radulfus Boot et Radulfus Calvus.

Testes autem rei hujus sunt : Herbertus de Setusa et Robertus Calamus, et Gumbertus Tanator, et Garinus Asinator, Adelinus filius Walberti, Robertus famulus monachis Sancti Victurii et Johannis famulus et Ivo famulus et Durandus carpentarius et Hamelinus forbator.

Qui hec aufere, vel contradicere ausus fuerit, cum Juda, traditore Domini, maledictus sit.

XVI. — 1111-1123. — NOTICE DANS LAQUELLE LES MOINES DU MONT-SAINT-MICHEL RELATENT LA CONCESSION VIAGÈRE DE LEURS VIGNES DE SILLÉ A GOSLENUS, DOYEN DE SILLÉ.

Notum sit omnibus hoc scriptum legentibus seu audientibus quod Goslenus, decanus de Silleio, accepit ab abbate Rogero et monachis de Monte Sancti Michaelis vineas quas Sanctus Michael habet apud Silleium, ea conditione ut eas quam melius potuerit ædificet et construat et in pertica levet.

Predicto autem Goslino vinearum fructus ideo totus conceditur ut, sicut jam prefatum est, vineas optime fieri studeat, annisque singulis, pro eis recognitionis causa, solidos quinque reddat, donnoque abbati sive monachis, si forte item incubuerit, fraterno affectu humanitatis obsequium exhibeat, easque, quamdiu in hac vita superstes fuerit, pacto tamen servato, libere possideat, et dum vitæ terminum subierit, in Sancti Michaelis dominio cum omni ædificio atque structura, omni calumpnia procul posita, sicut modo sunt, remaneant.

Nullus igitur amicorum vel parentum Goslini in his vineis, quæ de dominio sancti sunt, quicquam clamet, quia Goslino soli in vita sua solummodo concedimus.

Hujus rei testes sunt : Gaufridus archiepiscopus Rothomagensis, Fulbertus archidiaconus Rothomagensis, Ricardus archidiaconus Rothomagensis, Fulcheredus precentor Cenomannensis et plures alii.

XVII. — 1129-1135. — CHARTE PAR LAQUELLE GEOFFROY PLANTAGENET CONCÈDE AU PRIEURÉ DE SAINT-VICTEUR LA PARTIE DU FOSSÉ DE LA VILLE DU MANS QUI LUI EST CONTIGUE, AFIN QUE LES MOINES Y ÉTABLISSENT LEUR CELLIER.

Notum sit omnibus tam posteris quam presentibus quia ego Gofridus, comes Andegavorum, filius Fulconis regis Jerusalem [1], dono et concedo in perpetuum habendum monachis Sancti Victurii, qui sunt in suburbio Cenomannis, fossatum ad faciendas domos quod est prope monasterium eorum, ita quod monachi habeant cellarium suum in predicto fossato totum quietum omni tempore et die ab omni consduma et consuetudine, et de ceteris domibus habeat comes dimidium censum et dimidiam cosdumam, sic tamen quod homines respondeant monachis et monachi comiti respondeant.

Teste Guidone episcopo Cenomannensi et Guillelmo Salomonis priore, Michaele monacho, Galvano de Camilliaco, Pipino preposito Andegavensi, Roberto Raginaldi, Guidone filio Hugonis et Buterio pincerna, Guillelmo cognomine Valor et Durando Griferio, Bernardo coquo, Petro cognomine Calopino, Aufredo Ortolano.

(1) Gaignières, dans le latin 5430*, de la Bibliothèque nationale, fol. 138, a accompagné la copie de cet acte du dessin du sceau de Geoffroy Plantagenet : SIGILLUM GOFFRIDI MARTELLI ANDEGAVORUM COMITIS.
Nous ne reproduisons pas son médiocre dessin, lequel représente un sceau rond de 0,075, au centre duquel figure un cavalier, sur un cheval au pas, tenant de la main gauche un bouclier vu par dessous, et de la droite un gonfanon à trois flammes, dont la hampe descend le long de la selle jusqu'au cercle, en passant entre les pieds de devant et ceux de derrière du cheval.
Dans la Sigillographie des Seigneurs de Laval, p. 10, on trouvera un dessin du sceau et du contre-sceau de Geoffroy Plantagenet postérieur à celui-ci et qui pourra être complété par le dessin de Gaignières d'une empreinte de 1143. (Voir B. N., latin, 17126, folio 153.)

XVIII. — 1135. — CIROGRAPHE PORTANT ACCORD ENTRE HUGUES DU TRONCHET ET LE PRIEURÉ DE SAINT-VICTEUR AU SUJET DES DROITS DU PRIEURÉ SUR LES POSSESSIONS D'HUGUES DANS LA PAROISSE DE SAINT-JEAN [1].

Notum sit omnibus tam futuris quam presentibus quod in tempore domni Bernardi abbatis, Hugo de Truncheto, Dei consilio et amicorum suorum, recognovit quicquid ipse Hugo in parrochia Sancti Johannis Sanctique Victurii tenet de fisco sense, ab ecclesia Sancti Michaelis esse tenendum, et inde quampluribus, videntibus et audientibus, æcclesie et abbati fecit hominium, salva fidelitate comitis de fisco, quem primitus concedere noluerat.

Abbas autem in predicto fisco monachis Sancti Victurii ipsique Hugoni quemdam furnum fieri permisit, tali pacto talique tenore ut, ipsi monachi in furno et in furnario et in omnibus furni consuetudinibus, et etiam in viaria furni, terciam partem finetenus capiant, et ipse duas partes ; et si aliquis in furno, vel in rebus furno pertinentibus, forifecerit, ipse Hugo in curia Sancti Victurii de forifacto placitabit, et de foritactura duas partes habebit monachique terciam.

Consideratum est etiam et concessum ab ipso Hugone ut, si Hugo furnum vel aliquid de fisco, quod in predicta parrochia habeat, vendere, vel invadiare, vel in elemosinam largiri, voluerit, abbati de Monte priorique Sancti Victurii primitus offerat ipsisque concedatur, si tantum sibi facient quantum et alii facere voluerint.

Et ad furnum veniendum facit ipse vias quas hominibus Sancti Victurii, ut suis, concedit esse communes, puteumque communem, et quandam plateam communem donec hospitetur.

Concedit etiam monachis juxta furnum suum duas plateas, pro duobus denariis, tenere per annum et unum prati arpennum apud Mileciam.

Hoc pactum ab abbate et a Hugone concessum, in abbatis presentia totiusque capituli multorumque laicorum, super altaro Sancti Michaelis posuit et super altare et super Sancta Evangelia

(1) Gaignières a copié cet acte. (B. N., *latin* 5430[a], 138.)

in fide Christiana tenere promisit, suisque heredibus et successoribus firmiter et indubitanter tenere promisit.

Hoc autem factum est anno ab incarnatione Domini M C XXX V, regnante Ludovico rege Francorum piissimo, et in Cenomannica urbe presidente, Dei dono, Guidone prœsule, et Gaufrido cognomine Martello, comite, vigente.

His testibus : Rogero camerario, Haiscolto de Maidreio, Ruallono Caucebof, Willelmo de Belveer, Hamone Rufo, Rainaldo Jansel. Hi sunt ex parte abbatis.

Hi ex parte Hugonis : Willelmus Valor, Herbertus Soleir, Guarinus Pistor, Willelmus clericus.

XIX. — 1135-1143. — CHARTE DANS LAQUELLE L'ÉVÊQUE DU MANS, HUGUES PAYEN, RELATE L'ACCORD ÉTABLI ENTRE SAINT-VICTEUR ET PAYEN, FILS D'HILDEBERT, AU SUJET DES DIMES DE DOMFRONT [1].

Quoniam generatio preterit et generatio advenit, ego Hugo, Dei gratia Cenomannensis episcopus, tam presencium quam futurorum scribo noticie, quod ecclesie Sancti Victurii prosit memoriter retinere. Contigit enim sub tempore et prioratu Guillelmi Salomonis, super tractu terciarie decime de Donfront, inter Paganum Hildeberti et monachos Sancti Victurii ortam fuisse querelam. Causa siquidem hujus querele hec erat : Monachi vero adversus Paganum dicebant quod triginta annis et eo amplius tractum hujus decime obtinuerant, et hoc comprobare legitimis testibus parati erant, quod et Paganus non solum negabat, verum etiam tractum illius decime tercio anno antecessorem suum Gebertum archidiaconum habuisse affirmabat.

Unde auditis utriusque partis rationibus, judicio curie domini nostri Hugonis, Turonensis archiepiscopi et nostro, dijudicatum est predictos monachos tractum illum tricennali possessione veracium testium inductione se obtinuisse comprobare, et sic deinceps sepedictum tractum quiete et absque calumpnia obti-

(1) Gaignières avait copié cet acte. (B. N., *latin* 5430ᵇ, 117.)

nere. Quam comprobacionem ab ipsis monachis in capella nostra, multis videntibus et audientibus, facta fuisse constat.

Quorum nomina hec sunt, de clericis : Petrus archipresbiter, Petrus de Vallequarta, Bulgericus filius, Gaufridi de Evron, Petrus Calopinus, Guillelmus Salomonis Sancti Victurii prior, Petrus monachus, Richardus monachus, Radulfus monachus.

Cum Pagano videntes et audientes affuerunt : Johannes Perio, Paganus Ernaudi fabri filius. De laicis : Guido Hugonis filius, Boterius miles, Guillelmus Valor, Richardus de Donfront, Vivianus monachorum famulus et juramenti assertor, et plures alii.

Ut autem hec diffinitio nostra concorditer et inviolabiliter futuris temporibus subsistat, sigilli nostri munimine confirmavimus.

XX. — 1132-1149. — NOTICE DANS LAQUELLE LES MOINES DU MONT-SAINT-MICHEL RELATENT L'ENGAGEMENT PRIS PAR SIMON DE BAILLEUL DE RENDRE A SAINT-VICTEUR TOUS LES DROITS USURPÉS PAR FORCE SUR LEURS PAROISSIENS DE VIEUVILLE.

In nomine Patris et Filii et Spiritus Sancti. Amen [1].

Simon de Ballolio, parrochianos de Veteri villa, quos injuste aliquociens per vim a Sancto Victurio substraxerat, se nunquam ulterius id facturum super altare Sancti Michaelis per brachium Sancti Autberti confirmavit. Et quoniam tam antecessores sui quam ipse deliquerant, petita absolutione, pariter ab abbate Bernardo [2] et a monachis absoluti sunt.

Signum Simonis de Ballulio hujus carte confirmatoris †. Hi sunt testes : Signum Guillelmi fratris ejus †. Signum Hamonis de Desertinis †. Signum Oliveri de Desertinis †. Signum Gaugueeni filii Andree de Haia. Signum Engelbaldi.

(1) Voir planche VI un fac similé complet de cet acte, qui, bien que rédigé sous forme de notice, porte les *signa* autographes de l'auteur du don, ainsi que de son frère et de deux des témoins. Il avait été copié par Gaignières. (Voir B. N., *latin* 5430ᵉ, 131.)

(2) C'est la présence de cet abbé qui permet de dater l'acte.

XXI. — Milieu du XIIe siècle. — CHARTE PAR LAQUELLE GAUTIER DE MONT-SAINT-JEAN, DIT LE RICHE, ABANDONNE A L'ABBAYE DU MONT-SAINT-MICHEL PAR LA MAIN DE MARTIN SON SERVITEUR, QUATRE ARPENTS DE VIGNES, SITUÉS A SILLÉ. (*Cartulaire du Mont-Saint-Michel*, fol. 56.)

In nomine Sancte et individue Trinitatis, Patris et Filii et Spiritus Sancti. Amen.

Ego Gauterius de Monte Sancti Johannis, qui et Dives vocitor, superni Conditoris respectu compunctus, ob innumerabiles criminum meorum actus, limina apostolorum Petri et Pauli Rome adire volui, quod et Deo juvante, complevi. Sed cum regredirer, apud Cheremalem [*sic*], incidi in egritudine valida, et cum valde affligerer et jamjam quoniam ad extrema me propinquare viderem, amico admoneor ut de meo jure Deo ac Sancto Michaeli Archangelo in monte qui Tumba vocatur ac suis monachis, pro salvatione mee anime, aliquod largirer.

Denique, perscrutatis omnibus meis rebus, nil tam de omni meo justum repperi quam quasdam meas vineas, quas apud Sillei propria manu ac sumptu edificaveram. Has igitur perpetim Sancto Michaeli possidendas, absque cujusquam qualibet justa calumpnia, trado, et hic, heu miser ! lecto decubans, per Martinum servitorem meum fidelem, donationem hanc super altare ejusdem archangeli ponendam trado.

Continentur he vinee de quatuor arpentis.

Signum Gauterii †. S. Martini †.

XXII. — 1164-1170. — CHARTE DANS LAQUELLE GUILLAUME DE PASSAVANT RELATE LES CONDITIONS DE L'ACCORD ÉTABLI ENTRE SAINT-VICTEUR ET LES CHANOINES DE BEAULIEU AU SUJET DU PRESBYTÈRE DE DOMFRONT [1].

Ego Guillelmus, Dei gratia Cenomannensis episcopus, universitati legentium notifico, controversiam, que inter monachos

(1) Gaignières avait copié cet acte. (Voir B. N., *latin* 5430*, 129.)

Sancti Michaelis de Monte et canonicos Beate Marie de Bello Loco vertebatur super presbiteratu ecclesie de Danfront, quam, de precepto Domini pape Alexandri ad quem appellatum fuerat, canonice terminandam acceperam, utriusque partis assensu, ita esse sopitam : quod concessis duabus partibus primitiarum in feodo Garini Maltot monachis quas immunes et proprias canonici habebant, ipsi quidem perpetuo presbiteratum, monachi vero cunctaque in prefata ecclesia hactenus habuerant : duas videlicet partes decimarum et primitiarum tractumque earum et cimiterium, duas quoque oblacionum in Natali Domini, in Epiphania, in cunctis Beate Marie festivitatibus, in Pascha, in Rogationibus solummodo panum, in festo Sancti Frontonis, in solennitate Omnium Sanctorum immunia habeant.

Que autem a predicta ecclesia quoquomodo alienata sunt, communi instantia, revocare utrique curabunt, tantum in id negocii expendentes quantum proprietatis in eadem quique sibi vendicant. Quod si his vel illis aliqua in elemosina data fuerint, non communicabuntur. Si empta, dato precio, neutra ab altera pars excludetur. Si nova inter eos questio emerserit, juramento et veredicto decem parrochianorum terminabitur.

Verum ne, succedente tempore, incuria litis pabulum germinaret, se i sua singulis jura inconcussa maneant, dignum duximus presentes apices nostri sigilli caractere et inscriptis testibus firmare.

Philippo decano, Burgerico precentore, Eustachio archidiacono[1], Mauricio archidiacono, Ivone magistro scolarum, Esgaredo capellano.

XXIII. — 1170. — NOTE DE ROBERT DE TORIGNI SUR L'INCENDIE DU MANS (*Chronique*, II, 23).

Urbs Cenomannensis flagravit incendio. Cella etiam Sancti Victurii combusta est, sed, Deo adjuvante, in melius est restaurata.

(1) C'est la présence de cet archidiacre qui permet de dater la pièce entre 1164 et 1170.

XXIV. — 1178, v. s., 27 janvier, Tusculum. — BULLE DU PAPE ALEXANDRE III ADRESSÉE A ROBERT DE TORIGNI ET CONFIRMANT A L'ABBAYE DU MONT SES POSSESSIONS DANS LES DIVERS DIOCÈSES. (*In extenso* dans Delisle, *Chronique de Robert de Torigni*, II, 313.)

. . . . In episcopatu Cenomanensi, ecclesiam Sancti Victurii, cum ecclesia Sancti Johannis, capellis et aliis pertinentiis suis; burgum Sancti Victurii, cum vineis, molendinis, rationabilibus consuetudinibus et aliis pertinentiis suis; ecclesiam de Estival, cum pertinentiis suis; ecclesiam de Danfront[1]; ecclesiam de Livare; ecclesiam Sancti Bertevini et capellam de Taoneria, cum earum pertinentiis; dimidium mercatum de Taonaria, cum pasnagio quod habetis in silvis Gillonis de Go..ra; quicquid juris habetis in ecclesia Sancti Dionisii; Montenai, cum pertinentiis suis; Villarentoniam, cum molendinis, silvis et pertinentiis suis
. . . .

XXV. — 1184. — CHARTE PAR LAQUELLE ROBERT DE TORIGNI, ABBÉ DU MONT, RATIFIE L'ACCORD PASSÉ PAR GUIGMUNDUS, PRIEUR DE SAINT-VICTEUR AVEC RICHARD, ABBÉ DE LA COUTURE, AU SUJET D'UN CENS DU PAR CELUI-CI SUR LE PONCEAU DE LA RUE MONTOISE. (*Chronique de Robert de Torigni*, II, 328; et *Cartulaire de la Couture*, n° CXLII.)

Robertus abbas et conventus Montis Sancti Michaelis de periculo maris, omnibus ad quos presentes littere pervenerint, salutem.

Sciatis nos concedere et in presenti scripto et sigillo nostro firmare pacem et compositionem quam frater noster Guigmundus, prior Sancti Victurii Cenomannis, fecit cum Ricardo abbate et monachis de Cultura, que quidem pax et compositio sic se habet :

Predictus abbas et monachi de Cultura tenebant de feodo nostro

(1) Ce qui précède constituait le prieuré de Saint-Victeur; ce qui suit, celui de Saint-Michel de l'Abbayette.

juxta Ponticellum vici Montensis, unde nobis sex Cenomannenses census annui persolvebant ; capiebant autem in eadem re supercensum et consuetudines et vendas ; et hec cum justicia ejusdem rei annis aliquot habuerant.

Prior vero Sancti Victurii dicens ad nos magis hec pertinere, ut pote qui principalem censum habemus, nitebatur hec judicio sive seculari sive ecclesiastico revocare. Pars autem altera magno se consilio et longo detentionis [tempore] tuebatur.

Cumque fuisset diucius litigatum, tandem finis negocii positus est in consilio domni Gaufridi Mali Canis, tunc senescauli, et domni Marcelli, tunc prepositi, et domni Johannis de Melna et aliorum prudentum et fidelium virorum ; qui, rem deliberatione diutina pensantes, in hanc pacis formam devenerunt, quam pars utraque promisit irrefragabiliter observare : sex Cenomanenses nostri annui census sine contradictione nobis reddentur, et illis suus similiter quem habuerant supercensus. Cetera vero omnia, id est justicia, vende, consuetudines, per medium communicabuntur, hoc tamen observato quod justicia in ipso feodo communiter tenebitur, et famulus communiter ponetur, qui utrique parti fideliter respondebit.

Hanc nostre confirmationis cartam eis tradimus, consimilem ab eis accipientes.

Actum Cenomannis, in curia domiui regis Henrici, filii Mathildis imperatricis, anno Domini M C LXXX IIII.

Testibus : Ham[elino], Laur[encio], Willelmo, monachis ; Gervasio, Johanne Mengui et multis aliis.

XXVI. — Vers 1184. — CHARTE DANS LAQUELLE ROBERT DE TORIGNI RELATE L'ACCORD ÉTABLI ENTRE L'ABBAYE DU MONT ET CELLE DE MARMOUTIERS, D'OU RÉSULTE POUR CHACUNE DES DITES ABBAYES LE DROIT DE POSSÈDER DES VIGNES SITUÉES DANS LE FIEF DE L'AUTRE. (*Chronique de Robert de Torigni*, II, 326.)

Robertus abbas et conventus Montis Sancti Michaelis de periculo maris omnibus ad quos presens scriptum pervenerit salutem in Domino.

Sciatis nos, religionis et dilectionis causa, concessisse ecclesie Sancti Martini Majoris Monasterii, et fratribus in ea Domino servientibus, ut vineam quam dedit eis Durandus Burel, que erat Cenomannis in feudo nostro, habeant liberam et quietam a censu et decima et omni jure quod ad nos pertinere solebat, et sit de feudo eorum, sicut antea erat de nostro.

Ipsi vero, simili caritatis et fraternitatis intuitu, concesserunt nobis vineas quas habebamus Turonis in feudo eorum, in loco qui dicitur Morterdun, liberas a censu et omni jure quod ad eos antea pertinebat, et sint de feudo nostro, sicut fuerant de feudo eorum.

Capient autem annuatim in eisdem vineis tres summas et dimidiam vini, ad mensuram prisonum ejusdem ecclesie. Et si hii qui easdem vineas tenebunt reddere distulerint, per easdem vineas distringentur.

Concessimus insuper ut teneant in manu sua quandiu voluerint plateam quam dedit eis Stephanus filius Bernardi Luvel, monachus eorum, salvo manente nobis in eadem platea censu nostro et alio jure.

Testibus: Roberto priore, Jordano cantore, Guillelmo subpriore, Guimundo priore Sancti Victurii.

XXVII. — 1189, Le Mortier. — LETTRES PAR LESQUELLES SAVARY D'ANTHENAISE, SUIVANT L'EXEMPLE DE SON PÈRE ET DE SON FRÈRE, DISPENSE DU PAIEMENT DE TOUTE ESPÈCE DE COUTUME L'ABBAYE DU MONT, POUR CE QU'ELLE POSSÉDAIT AU MORTIER ET A TOUCHE-RONDE [1].

Savaricus de Antenose, dominus Morterii, omnibus ad quos presens scriptum advenerit salutem.

Universitati vestre notifico quod ego do et concedo Deo et Sancto Micaeli et monachis Sancti Victurii omnia que habent in dominico meo de Mortier, que dedit eis Moysaant, et in feodis hominum meorum, in puram et perpetuam elemosinam tenenda,

---

(1) Gaignières avait copié cet acte. (Voir B. N., latin, 5430ª, 140.)

ita quiete et pacifice sicut tenuerunt in tempore patris mei, necnon et fratris, libera ab omni consuetudine et exactione in his que ad me et successores meos pertinent, et omnia que habent in feodo de Tosche Roonde, tam in bosco quam in plano, in pratis et pascuis, in terra aribili et non arabili et omnia que juste adquirent in feodo meo, vel in feodo hominum meorum, concedo eis; et, presenti carta sigillo meo munita confirmo.

Testibus his Gaufredo Monacho, milite, cognomine Monacho, Guillelmo Bissoel, Fulcone Dohin, Radulfo Normant, Guillelmo Longo, Ogerio Mansel, Fulcone de Bois, Drocone sacerdote, Johanne villico monacorum et multis aliis.

Actum publice, apud Mortier, anno Dominice incarnationis m. c. octogesimo. nono.

XXVIII. — 1196. — CIROGRAPHE DANS LEQUEL SONT RELATÉES LES CONDITIONS D'UN ACCORD ÉTABLI ENTRE LE PRIEUR DE SAINT-VICTEUR ET GERVAIS DE CORDOUAN, AU SUJET DES DROITS SUR LES MOULINS D'AU-DELA SAINT-JEAN [1].

Jordanus abbas et conventus Sancti Michaelis de periculo maris omnibus ad quos iste pervenerint salutem in Domino.

Ventilata diu controversia inter dilectum fratrem nostrum A., priorem Sancti Victurii, ex una parte, et Gervasium Cordoan. et matrem ejus, ex altera, tandem compositum fuit inter eos, sicut plenius continetur in litteris venerabilium virorum W. et Pagani, archidiaconorum Cenomannensis ecclesie, et W., archipresbiteri de Lavalle, et Garini de Dusagiis, quarum continentia talis est :

W. et Paganus, archidiaconi Cenomannensis ecclesie, et archipresbiter de Lavalle, et Garinus de Dusagiis omnibus ad quos littere iste pervenerint salutem.

Notum fieri volumus quod inter priorem Sancti Victurii et monachos de Monte Sancti Michaelis, ex una parte, et Gervasium Cordoan et matrem ejus, ex altera, causa fuit aliquandiu agitata.

(1) Gaignières n'avait fait copier cet acte qu'en partie. (Voir B. N., latin, 5430 a, 137.)

super venditionibus molendinorum de post Sanctum Johannem, que fuerant W. Fenitoris, quas dictus prior a prefato G. qui molendina emerat, requirebat occasione trium solidorum censualium, quos de molendinis a prefato W. Fenitore se annuatim recepisse dicebat, et super hoc cartam comitis Hugonis in medium exhibebat.

Preterea requirebat idem prior decimam et de portionibus molendinorum que fuerant W. Fenitoris et de portionibus illis quas dictus G. in molendinis illis habuerat ab antiquo.

E contra, excipiebat idem G. quod illi tres solidi non reddebantur de molendinis, sed de quadam plancha molendinorum, que supra terram prioris sedebat. Adjiciebat etiam idem G. quod sibi de molendinis illis semper reddiderat W. Fenitor tres solidos et dimidium censuales.

Inficiabatur etiam decimam deberi, et unquam redditam fuisse de molendinis predictis.

Tandem, post multas disceptationes, in hunc modum compositionis devenerunt, veritate hinc inde recognita: quod prior daret prenominato G. nonaginta libras Cenomannensium pro illis portionibus que fuerant W. Fenitoris, et insuper redderet ei annuatim tres solidos et dimidium, quos W. Fenitor eidem G. semper reddiderat, et ita porciones illas et quicquid juris ibi habuerat W. Fenitor, cum omni integritate haberet, et quicquid W. Fenitor inde solebat percipere et mittere, idem per omnia perciperet prior et mitteret.

Memorato vero G. remanserunt quiete et libere, quantum ad prioratum illum, porciones ille quas ab antiquo possederat, ita quod prior nec decimam nec aliquod servicium inde requiret et quod idem G. inde percipere et mittere solebat, idem, sine omni contradictione, mittet et capiet.

Si vero molendina venderentur, vendiciones essent communes, quia neutra parcium in parte alterius, neque occasione predictorum denariorum, neque aliqua alia occasione, aliquid dominii de cetero habebit.

Hii sunt fidejussores ex parte prioris: Gilo de Campania, Garinus Silvestri, Hugo de Argenton: W. Hurtelu, Hugo de Chevilleio.

Fidejussores sunt ex parte Gervasii : Gilo de Campania, Symon Torpin, Petrus de Sabolio, Garinus de Bres.

Testes autem sunt : W. Auveredi, Radulfus de Molendinis, Johannes villicus, Petrus et Johannes servientes, W. archidiaconus. Hanc autem pactionem concesserunt mater Gervasii et Paganus frater ejus. Huic concessioni interfuerunt : Garinus Silvestri, Robertus de Sancto Cyro, Guido de Sabolio, Robinus Valor, W. Auveridi et multi alii.

Nos autem, ad majorem utriusque partis cautelam, hoc totum fecimus sigillorum nostrorum munimine roborari.

Actum publice anno gratie M° C° nonagesimo sexto.

Nos autem compositionem istam ratam et firmam habentes, ne inde possit in posterum questio suboriri, eam fecimus cyrographo conscribi et sigilli nostri munimine confirmari.

XXIX. — 1198. — CIROGRAPHE CONTENANT : 1° SENTENCE RENDUE PAR PIERRE, ABBÉ DE BEAULIEU, P., GRAND CHANTRE DU MANS, ET LE PRIEUR DE SAINT-VICTEUR, DÉLÉGUÉS DE CÉLESTIN III, POUR JUGER LE DIFFÉREND ENTRE JULIENNE, ABBESSE D'ETIVAL, ET LE CURÉ D'ORQUES ; 2° RATIFICATION DE CETTE SENTENCE PAR HAMELIN, ÉVÊQUE DU MANS. (*Archives de la Sarthe*, H, 1373.)

XXX. — 1200, n. s., 16 Mars. — CHARTE DANS LAQUELLE SONT RELATÉES LES CONDITIONS D'UN ACCORD ENTRE SAINT-VICTEUR ET SAINT-JULIEN DU PRÉ.

Petrus, Beate Marie de Belloloco humilis abbas, et Garinus de Dusagiis, domini Hamelini Cenomanensis pontificis officialis et Beati Juliani canonicus, universis ad quos scriptum presens pervenerit, salutem [1].

Noverit universitas vestra quod, cum inter monachos Sancti Victurii Cenomanensis et sanctimoniales Beati Juliani de Prato, super quibusdam decimis et primiciis, controversia verteretur et monachi litteras domini pape Innocentii super hoc ad dominum

(1) Cet acte avait été copié en partie pour Gaignières (B. N., *latin*, 5430*, 162.)

Petrum episcopum et dominos P. et P., archidiaconos Maclovienses, inpetrassent, ante diem cognitioni cause prefixum partes in nostrum arbitrium consenserunt.

Nos igitur bona fide curam et sollicitudinem adhibuimus, ut tam monachis quam sanctimonialibus justa porcio proveniret et quod diu fuerat inter eos litigium sopiretur. Venimus igitur quadam die, cum Raginaldo priore Sancti Victurii et sociis ejus, et domina Hadoisa abbatissa et quibusdam de sororibus, et multis aliis, tam clericis quam laicis, super ipsas terras et vineas et domos, de quarum permixtione et confusione lis oriebatur, et, cum assensu parcium, omnem decimationem bladi et vini et primiciarum prius confusam, in duas partes divisimus, quarum una tota monachis, altera tota sanctimonialibus proveniret.

Divisio vero prout melius potuimus est notata. Incipit enim inferius ex parte Cenomanensi a cruce Grifferi tendens per viam Ciconie usque ad oscam Garini de Fai, que est ante torcular, quod fuit magistri Abraham, et ibi, flectens ad sinistram, tendit per semitam usque ad rivulum, qui fluit post torcular Raginaldi Berart de Pane perdito et illud, in dextra parte relinquens, tendit, per ipsum rivulum, ad pressorium Raginaldi Berart, quod fuit Theobaudi de Puteo, et, illo ad sinistram relicto, vadit sursum directe per veterem venellam usque ad Talavaceriam, qua dimissa ad sinistram, pervenit usque ad feodum Fulconis Ribole, versus Paneceriam.

Hec itaque divisio descripta quicquid a cruce predicta a qua incipit usque superius ad feodum predicti Fulconis Ribole, intra terminos predicte decimationis, comprehendit in sinistra parte decimarum bladi et vini et primiciarum, monachis Sancti Victurii in perpetuum pacifice permanebit.

Similiter quicquid decimarum bladi et vini et primiciarum habet ad dextram infra limites predicto decimationis sanctimonialibus perpetuo permanebit.

A predicta vero cruce Grifferi, via tendens ad crucem Erraudi et ibi jungens se vie que tendit ad capellam Sancti Albini, intra ipsam viam et divisionem sinistre partis monachorum, totam dextram partem sanctimonialium comprehendit.

In ipsa vero parte sanctimonialium vinee monachorum de Ciconia, quas ibi habent nunc, unam tantum summam vini sanctimonialibus debent.

Due etiam domus, que ibi sunt, quarum una fuit Durandi Burel, altera Gaignardi Coterel, ad monachos, propter parrochiam Sancti Johannis, pertinent ; et parrochialia preter decimas et primicias inde percipient.

Similiter autem in sinistra parte, que monachorum est, sanctimoniales habent pacifice census suos et pensiones et elemosinas et parrochialia omnia, preter omnes decimas et primicias.

Quicquid igitur extra terminos descriptos in qualibet parte ad monachos vel ad sanctimoniales partitiens continetur, illud de cetero, sicut prius habuerant, possidebunt.

Hec itaque compositio concessa est et confirmata coram nobis a domina H. abbatissa et tota parte ejus et pro ipsis Robertus presbiter de Cultura et Johannes Malchien et Gaufredus Porcarius, fide corporaliter prestita, firmaverunt.

Similiter prior Sancti Victurii et monachi firmiter concesserunt et fecerunt pro se Johannem Doisnel et Johannem vicarium et Petrum de Richedoit de tenenda pace compositionis corporaliter fidem dare.

Nos vero totum negocium istud descriptum nostrorum munivimus testimonio sigillorum [1].

Litteras autem concessionis sigillatas [2] capitulum Beati Michaelis et Beati Juliani capitulum invicem sibi dabunt.

Actum est hoc anno Dominice incarnationis M° CC° septimo, decimo kalendas aprilis, quinta feria ante dominicam qua canta-

---

(1) Cet acte possède encore le sceau de Garin d'Usages officiai de l'évêque, figure 6 de notre planche VIe. C'est sur cette empreinte qu'a été moulé le numéro 208 de *Normandie*. Il consiste en un sceau ogival de 0,04 sur 0,032, où figure au centre l'official, tête nue, vêtu d'une chasuble ornée autour du cou de trois galons ; il tient de la droite un livre, la gauche est levée. Dans le champ, on voit à droite un croissant et à gauche une étoile et une croisette rayonnante, la légende est : S. GUARINI DE USAGIIS.

(2) Voir sous le numéro XXXI les lettres de l'abbesse du Pré.

tur Letare Jerusalem[1], presentibus nobis et omnibus qui suprascripti sunt presentibus nobiscum, et testibus veritatis. His videlicet ex parte sanctimonialium : donna Hadoisa, abbatissa, donna Beatrice, priorissa, donna Argentia, Garino Silvestri, Roberto de Cultura, sacerdote, Johanne Malchien, Gaufredo Porcario, Johanne Magno, Hamelino Auriga, Ernaudo, Hugone Forestario, Gaufredo Pistore, Willelmo Botun.

Ex parte vero monachorum : donno Raginaldo, priore Sancti Victurii, donno Guimundo, donno Roberto de Collevilla, monachis, Johanne Doisnel, presbitero, Johanne vicario, Petro de Richedoit, Theobaudo Proteise, Joscione famulo et multis aliis hinc et inde.

XXXI. — Vers 1200, n. s., 16 Mars. — LETTRES PAR LESQUELLES L'ABBESSE DU PRÉ DONNE SON ADHÉSION A LA LIMITATION DE SON FIEF ET DE CELUI DE SAINT-VICTEUR, TELLE QU'ELLE EST ÉTABLIE PAR LE NUMÉRO XXX.

Hadvisa, Dei permissione Beati Juliani de Prato humilis abbatissa, et conventus ejusdem loci omnibus ad quos littere presentes pervenerint in Domino salutem.

Noverit universitas vestra nos concessisse et ratam habere pacem quam donnus Petrus, abbas ecclesie Beate Marie Belliloci Cenomannensis, et donnus Garinus de Dusagiis, officialis domini Hamelini Cenomanensis episcopi, fecerunt inter nos et donnum Raginaldum, priorem tunc Sancti Victurii, et monachos ejusdem loci, perpetuo tenendam inter domum nostram et domum Sancti Victurii, super decimis bladi et vini et primiciis, de quibus inter nos et ipsos sepe contentio vertebatur.

Predicti siquidem viri litem omnem dirimentes pacis continen-

(1) C'est en l'année 1200 du nouveau style que le 16 mars est tombé le jeudi avant le quatrième dimanche de carême. Cette constatation est importante à faire, car elle permet de lever l'hésitation qui existe dans la lecture de la date : 1200, XVII des kalendes, ou 1207, X des kalendes. C'est à cette dernière lecture que s'était arrêté M. Demay qui, dans son *Inventaire des Sceaux de Normandie*, sous le numéro 2303, a daté de 1207 le sceau de Garin d'Usages.

tiam descripserunt sigillorum suorum munimen, pro testimonio litteris adponentes.

Nos vero sicut ab ipsis actum est et scriptum, concedimus et sigillo nostri capituli confirmamus.

XXXII. — 1200. — LETTRES PAR LESQUELLES SAVARY D'ANTHE-NAISE FAIT DON A L'ABBAYE DU MONT DE CINQ SOUS DE RENTE, PROVISOIREMENT ASSIS SUR LE MORTIER, ET DISPENSE LE PRIEURÉ DE SAINT-VICTEUR DE TOUTE REDEVANCE POUR SES POSSESSIONS DANS CE FIEF [1].

Sciant tam presentes quam futuri quod ego Savaricus, dominus de Antenoise, volens pergere ad Sanctum Jacobum, dedi in liberam et quietam et perpetuam elemosinam ecclesie Montis Sancti Michalis de periculo maris quinque solidos Andegavensium, percipiendos annuatim in censibus meis de Mortier, donec redditus mei de Cenomannis sint in manu mea. Tunc enim ponam eis hoc meum donum in redditibus meis Cenomannorum.

Sciendum tamen quod, in his quinque solidis Andegavensium, sunt duodecim denarios Andegavensium quos mihi debebant monachi Sancti Victurii de censu apud Mortier.

Concessi etiam ecclesie Sancti Victurii quicquid habuerat in dominico meo de Mortier et in feodis hominum meorum ,tenendum quiete et pacifice et ab omni consuetudine et exactione liberum, et hanc meam donationem et concessionem describi feci et sigilli mei munimine roboravi.

Actum publice Cenomannis, anno Dominice incarnationis millesimo cc°.

Testibus : Symone de Antenoise, Gaufredo Monacho, Radulfo Normant, Johanne Doisnel, Hugone de Argentuem, Hugone de Cheville, Fulcone Mansel, Fulcone Borgoin et multis aliis.

(1) Cet acte n'a été copié qu'en partie par Gaignières. (Voir B. N., latin 5430¹, 143.)

XXXIII. — 1191-1212. — CIROGRAPHE PAR LEQUEL L'ABBÉ JOURDAIN CONSTATE LA MISE EN MAINFERME LIMITÉE A DEUX GÉNÉRATIONS DES VIGNES ET DU PRESSOIR QUE L'ABBAYE DU MONT POSSÉDAIT A SILLÉ-LE-GUILLAUME [1].

Omnibus Christi fidelibus ad quos presens scriptum pervenerit Jordanus, abbas, et conventus Sancti Michaelis de periculo maris salutem.

Noverit universitas vestra quod nos tradidimus Fulqueio Coqo et Odeline, uxori sue, omnes vineas, quas habemus apud Siliacum Willelmi, cum torculari tenendas, quandiu vixerint et habendas ita eciam quod, defuncto alterutro illorum duorum, ille qui superstes extiterit predictas vineas cum torculari, quamdiu vixerit, tenebit. Post decessum vero utriusque, tam Fulqueii, quam Odeline, filii vel filie de utriusque carne progeniti, singuli secundum ordinem primogenitare, ad tempus vite sue memoratas vineas successive tenebunt, donec illum qui diucius vixerit decedere contigerit, tali condicione quod prememorati Fulqueius et Odelina et filii vel filie eorum, qui predictas vineas tenebunt, singuli a primo usque ad ultimum priori Sancti Victurii Cenomannensis singulis annis decem solidos Cenomannensium annue firme reddent ad festum omnium sanctorum, et sepedictas vineas cum torculari et bonum statum mittent et tenebunt et monachis nostris et famulis, quociens apud Siliacum voluerint hospitari, culcitas et linthearnia et ignem et candelam bovinam et stratum equis competenter ministrabunt.

Defunctis autem sepedictis Fulqueio et Odelina et omnibus filiis et filiabus eorum, sepedicte vinee, cum omni emendatione adhibita, ad nos sine contradicione revertentur.

Si vero, quod absit, sepedicti Fulquo, vel filii, vel eorum qui predictas vineas cum torquulari tenebunt ad tantam insufficienciciam devenerint, quod eas in bono statu tenere nequiverint, nos easdem vineas cum torquulari, sine contradicione, quietas

(1) Cet acte n'est connu que par un vidimus du 18 juillet 1210 dont la formule sera reproduite sous cette date.

recipiemus et retinebimus, quia nulli eorum licebit eas vel invadiare vel aliquo modo alienare.

Quod ne valeat oblivione deleri scripto commendari et sigilli nostri fecimus impressione roborari et, ad majorem cautelam, alteram partem cyrographi penes nos reservantes.

Teste capitulo.

XXXIV. — 1190-1214. — CERTIFICAT PAR LEQUEL L'ÉVÊQUE DU MANS, HAMELIN, RECONNAIT QUE LA PRÉSENTATION A L'ÉGLISE D'ETIVAL APPARTIENT AUX MOINES DU MONT-SAINT-MICHEL.

Hamelinus, Dei gratia Cenomannensis episcopus, omnibus ad quos presentes littere pervenerint salutem in Domino.

Noverit universitas vestra quod ecclesia Sancte Marie d'Estival, (sicut ex testimonio P. cantoris et W. archidiaconi Cenomannensis et F. decani Sancti Petri de Curia et aliorum bonorum virorum accepimus) est de donatione monachorum Sancti Michaelis de periculo maris.

Noveritis preterea quod Gervasius de Noevriis, persona illius ecclesie, coram nobis recognovit se esse clericum et juratum predictorum monachorum de ecclesia illa.

XXXV. — 1190-1214. — CHARTE PAR LAQUELLE GUILLAUME BARISTAUT, ARCHIDIACRE DU MANS, RECONNAIT QUE C'EST SANS DROIT QU'IL EXIGEAIT CERTAINES « BOTAS » DES MOINES DE SAINT-VICTEUR [1].

Guillelmus Baristaut, archidiaconus Cenomannensis, omnibus ad quos scriptum presens pervenerit salutem.

Noveritis universi qui litteras istas videritis quod ego, scrutans aliquando conscientiam meam, sensi me peccare graviter in hoc quod a monachis Sancti Michaelis apud Sanctum Victurium Cenomannensem manentibus quasdam botas annuas exigebam.

(1) Il existe une copie de cet acte faite pour Gaignières (B. N., latin 5430 ², 143.)

Penituit igitur me multum erroris et peccati mei et metuens periculum anime mee, remisi exactionem illam in perpetuum, deprecans dominum meum Hamelinum, Cenomannensem episcopum, et canonicos, fratres meos, ut ipsi mee dimissioni liberaliter consentirent. Ex mea vero parte feci quod meum erat, id est scripsi votum meum hoc et sigilli mei munimine roboravi.

Testibus : donno Guarino de Dusagiis, domno Michaele de Sableil, magistro Guarino Silvestri, Johanne Doisnel et multis aliis.

XXXVI. — 1203. — ACCORD ENTRE SAINT-VICTEUR ET UN GRAND NOMBRE DE BOURGEOIS DU MANS FIXANT A LA REMISE ANNUELLE D'UNE SOMME DE VIN PAR ARPENT LES DROITS DE DIMES DU PRIEURÉ SUR LES VIGNES [1].

Herveus, Dei permissione, Rothonensis et Mauricius Sancti Gildasii de Bosco abbates, et Johannes, prior Rothonensis, universitati fidelium ad quos litere iste pervenerint in salutis Auctore salutem.

Auctoritate summi pontificis, Innocentii tercii, cum ejus ad nos super hoc pervenisset mandatum, pluries et peremptorie legitimis citationibus evocavimus quosdam religiosos et quosdam clericos et burgenses Cenomannenses nominatim in sequentibus exprimendos, Raginaldo, tunc temporis priori, et monachis Sancti Victurii Cenomannensis super decimis vini, in nostra presentia, responsuros : scilicet Petrum abbatem et canonicos de Belloloco, Julianam abbatissam et moniales Beati Juliani de Prato, Bartholomeum magistrum et fratres hospitalis, Johannem de Roorta magistrum et pauperes domus Ardentium, Drogonem magistrum et pauperes domus Sancti Lazari, Johannem magistrum et pauperes domus Sancti Sepulcri, et hos clericos : Petrum de Plesseiz, Gervasium de Carnoto, Raginaldum de Savigneio, Bartholomeum Danihelis, et hos laicos : Hugonem de Argentoen, Johannem Gomer, Johannem Jarril et uxorem ejus, Stephanum

[1] Il existe une copie de cet acte faite pour Gaignières. (Voir B.-N., *latin* 5430*a*, 144.)

Pomaz, Robinum Pichun, Raginaldum de Sancta Gemma, Novellam, Fromundum Magnum, Johannem Parvum, Petrum de Roca, Durandum Le Forbeor, Paganum de Roca, Herbertum de Marce, Bernardum Fraaut, Michaelem Cultellanum, Robinum Rogedos, Gilonem Bochede, Guillelmum de Roe, Guarinum Rannulfi, Joscionem de Fonte, Robertum Tinctorem, Guarinum Beilet, Margaritam Cerariam, Radulfum Haimes, Guidonem de Sabolio, Hugonem de Cheville, Stephanum Thome, Raginaldum Berart, Johannem Berart, Philippum de Asnebec, Nicholaum de Bres, Hamelinum Feupier, Johannem Le Portier et uxorem ejus, Petrum de Sabolio, Radulfum medicum, Bernardum Loqueri, Robinum de Silleio, Robinum Valor, Willelmum de Bec, Nicholaum Bruslon, Willelmum Canem, Guidonem Le Gras, Gaufredum Molendinarium, Hamelinum Le Vereor, Aissailliam uxorem Roberti de Borrevel, Philippum Foqueline, Stephanum Genis, Adam Le Blanc, Albericum Tinctorem, Thecelinum de Marce, Andream de Marce, Odonem de Foresta, Hugonem Forestarium, Johannem Morant, Gaufredum Chapin, Herveum Acunaut, Andream de Capella, Bartholomeum Forrel, Hersendem uxorem Odonis Gesmer, Aiem Cosoart, Julianum Ferrum et uxorem ejus, Symonem Mignum et uxorem ejus que fuit uxor Odonis Semesel, Robinum Billart, Radulfum de Asnebec canonicum de Belloloco, Vivianum de Fort, Gervasium de Conlie, Odonem Tinctorem, Michaelem Daguenet, Poelinum Botier, Gaufredum de Campania, Robinum Besillart, Andream Caprarium, Radulfum Riol, Guillelmum Seant, Willelmum Meinart, Ricardum Teterel, Clementem Laguillier, Herbertum Fabri, Petrum Le Boef, Johannem Le Boef, Radulfum Garot, Stephanum Cervele, Julianum Beregarium et Hildeardem uxorem ejus, Beneventam uxorem Mathei Le Paumier.

Isti omnes nominati, pro laboris et expensarum graviminibus evitandis, coram viris venerabilibus Petro cantore, Guillelmo archidiacono et Matheo archipresbitero de Monteforti Cenomannensi, quibus super hoc scripseramus, cum prefatis priore et monachis convenerunt et contentionem super decimis vini inter se et eosdem priorem et monachos suscitatam, jam dictis venerabilibus viris mediantibus, sicut ipsi suis nobis testificati sunt litteris, in hac forma compositione amicabili sopierunt : scilicet quod ipsi de singulis arpennis vinearum, quos in decimationibus predictorum monachorum habebant vel sunt in posterum, donatione vel emptione vel quocunque modo alio, habituri, annuatim eis unam summam vini puri, sine aqua, non de extorto, sed de gutta, pro decima, vindemiarum tempore exolvent, etiam si vineas ipsas non propriis sumptibus excolant, sed aliis eas tradiderint, vel ab aliis acceperint excolendas. Si quam vero vinee peciam minorem arpenno in eorum decimationibus habuerint, pro mensura quantitatis vinee, juxta quod de arpennis dictum est, de ea monachis annuatim decimam exsolvent, ita quod si sterilitate vel alio casu contingeret aliquo anno quod in aliqua vinearum ipsorum vinum monachis debitum repperiri non posset, ipsi aliunde de vino legali quale supradiximus mensuram debitam monachis supplerent. Et si aliqua vinearum ipsorum vinea esse desinens, in terra redacta fuerit, ipsi de fructibus quibuscunque qui in ea nascentur decimas monachis annuatim sine diminutione aliqua reddent.

Omnes autem clerici et laici supradicti, sicut prefati viri venerabiles judicarunt, nobis suarum testimonio litterarum coram ipsis juramento prestito, firmaverunt se compositionem istam firmiter et fideliter servaturos.

Quam siquidem compositionem presenti cartula exaratam, ut perpetuam obtineat firmitatem, sigillorum nostrorum patrocinio auctoritate apostolica duximus confirmandam, omnes tam futuros quam presentes qui contra eam ausu temerario venire presumpserint excommunicationis vinculo innodantes.

Actum anno Dominice incarnationis millesimo ducentesimo tercio.

XXXVII. — 1203, Le Mans. — ACTE OU SONT RELATÉES LES CONDITIONS DE L'ACCORD INTERVENU ENTRE LE PRIEUR DE CHATEAUX ET CELUI DE SAINT-VICTEUR. (B. N., latin 5430 a, fol. 125.)

Alcherius prior et conventus de Castellis universis fidelibus Christi presentes litteras inspecturis salutem in Domino.

Cum authentice litterarum a Sede Apostolica obtentarum Raginaldus de Cancavria, prior Sancti Victurii Cenomanensis, et monasterium ejusdem loci a judicibus delegatis Rothonensi scilicet et Sancti Gildasii de Bosco abbatibus et priore Rothonensi, nos super decimis vini sibi responsuros citari fecissent tandem amicabiliter composuimus et compromisimus in providos viros Petrum cantorem, Willelmum archidiaconum et Matheum, archipresbyterum de Monteforti, ... qui statuendum duxerunt quod nos de singulis arpennis vinearum, quos in decimis predictorum monachorum habebamus, vel sumus quocumque modo habituri, annuatim eis unam summam vini puri, sine aqua, non de extorto, sed de gutta, pro decima, vindemiarum tempore exsolvimus, etiam si vineas ipsas non propriis sumptibus excolamus et aliis eas tradiderimus, ita quod si aliquo anno sterilitatis vinum eis debitum ex uno arpenno colligi non posset, nos aliunde de vino legali quale supradiximus mensuram sibi debitam supplemus, et si vinea aliqua desinat esse vinea, nos de fructibus terre decimas solvemus.

Actum Cenomannis, anno Dominice incarnationis 1203.

XXXVIII. — 1203. — ACCORD ENTRE LE PRIEURÉ DE SAINT-VICTEUR ET LA MAISON DES ARDENTS DU MANS RÉGLANT A UNE SOMME DE VIN PAR ARPENT LES DROITS DE DIMES DU PRIEURÉ SUR LES VIGNES.

Universitati fidelium ad quos littere iste pervenerint Petrus, cantor, et Willelmus, archidiaconus Cenomannensis, in salutis Auctore salutem.

Cum auctoritate litterarum a sede apostolica obtentarum Raginaldus de Cancavria, tunc temporis prior Sancti Victurii Cenomannensis, et monachi ejusdem loci, a judicibus delegatis, Rothonensi scilicet et Sancti Gildasii de Bosco abbatibus et priore Rothonensi, pauperes domus Ardentium beatissimi Juliani Cenomannensis, Gervasium de Carnoto et Raginaldum de Savigneio, presbiteros Cenomannenses, super decimis vini sibi responsuros citari fecissent ; quoniam honestius est religiosos inter se amicabiliter componere, quam dubium diffinitionis calculum expectare, partes coram nobis quibus super hoc scripserant predicti a sede apostolica judices delegati, super contentione illa in hac forma amicabili compositione sopierunt : scilicet quod predicti pauperes et sacerdotes de singulis arpennis vinearum, quos in decimationibus predictorum monachorum habebant, vel sunt in posterum donatione, vel emptione, vel quocunque modo alio habituri, annuatim eis unam summam vini puri, sine aqua, non de extorto, sed de gutta, pro decima vindemiarum tempore exsolvent. etiam si vineas ipsas non propriis sumptibus excolant, sed aliis eas tradiderint vel ab aliis acceperint excolendas.

Si quam vero vinee peciam minorem arpenno in eorum decimationibus habuerint, pro mensura quantitatis vinee, juxta quod de arpennis dictum est, de ea monachis annuatim decimam exsolvent ; ita quod si sterilitate, vel alio casu, contingeret aliquo anno, quod in aliqua vinearum predictorum pauperum et sacerdotum vinum monachis debitum repperiri non posset, ipsi aliunde de vino legali quale supra diximus mensuram debitam monachis supplerent.

Et si aliqua vinearum pauperum et sacerdotum vinea esse desinens in terram redacta fuerit, sepedicti pauperes et sacerdotes de fructibus quibuscunque qui in ea nascentur, decimas monachis annuatim sine diminutione aliqua persolvent.

Hanc itaque formam pacis clerici fraternitatis beatissimi Juliani, ad quos vinee ille spectabant quas tunc temporis memorati sacerdotes Gervasius et Raginaldus in prescripta decimatione habebant, pretatis priore et monachis presentibus, coram nobis in capitulo suo concorditer concesserunt : scilicet magister Bernardus, tunc temporis prepositus fraternitatis ipsius, Robertus de Sable, magister Thomas, Fulco de Sillcio, Robertus Abraham, Ricardus de Lazai, Hugot et omnes alii clerici ipsius fraternitatis.

Cui siquidem compositioni ad majorem firmitatem sigilla nostra duximus apponenda.

Actum Cenomannis, anno Dominice incarnationis millesimo ducentesimo tercio, presentibus magistro Johanne de Roorta, tunc temporis magistro domus Ardentium, Michaele de Sabolio, canonicis : magistro Guarino Silvestri, Roberto de Cultura, Johanno Doisnel et multis aliis.

XXXIX. — 1203. — ACCORD ENTRE SAINT-VICTEUR ET L'ABBESSE DU PRÉ FIXANT A LA REMISE D'UNE SOMME DE VIN PAR CHAQUE ARPENT LA REDEVANCE ANNUELLE DUE A SAINT-VICTEUR POUR LA DIME DES VIGNES.

Universis presentes litteras inspecturis Juliana abbatissa et conventus ecclesie Beati Juliani de Prato Cenomannensis salutem in Domino.

Cum auctoritate litterarum a Sede Apostolica obtentarum Raginaldus de Cancavria, tunc temporis prior Sancti Victurii Cenomannensis, et monachi ejusdem loci a judicibus delegatis Rothonensi scilicet et Sancti Gildasii de Bosco abbatibus et priore Rothonensi, nos super decimis vini responsuras citari fecissent, quoniam honestius est viros religiosos inter se amicabiliter componere quam dubium diffinitionis calculum expectare, tam nos quam ipsi in viros providos et discretos Petrum cantorem, Guillelmum archidiaconum et Matheum archipresbiterum Cenomannensem, super contentione illa compromissimus concedentes nos eorum inde arbitrium firmiter et irrefragabiliter servaturas. Predicti autem providi et prudentes viri, pro bono pacis, statuendum duxerunt : quod nos, de singulis arpennis vinearum quos in eorum decimationibus habebamus vel sumus in posterum donatione, vel emptione, vel quocunque modo alio habiture, annuatim eis unam summam vini puri, sine aqua, non de extorto, sed de gutta, pro decima, vindemiarum tempore, exsolvemus ; etiam si vineas ipsas non propriis sumptibus excolamus, sed aliis eas tradiderimus, vel acceperimus excolendas. Si quam vero vinee peciam minorem arpenno in eorum decimationibus habuerimus, pro mensura quantitatis vinee juxta quod de arpennis dictum est de ea ispsis decimam exsolvemus, ita quod si, sterilitate, vel alio casu, contingeret aliquo anno quod in aliqua vinearum nostrarum vinum eis debitum repperiri non posset, nos aliunde de vino legali quale supradiximus mensuratn sibi debitam suppleremus. Et si aliqua vinearum nostrarum vinea esse desinens in terram redacta fuerit, nos de fructibus qui in ea nascentur decimas ipsis annuatim, sine diminutione, reddemus.

Hanc autem compositionem ne forte aliqua posterorum perverteretur malitia, sigilli nostri appositione et presentis scripti testimonio duximus roborandam.

Actum publice Cenomannis anno Dominice incarnationis millesimo ducentesimo tercio :

Coram Petro tunc cantore, W. archidiacono, Matheo archipresbitero Cenomannensi, magistro Guarino Silvestri, Roberto de Cultura, Johanne Doisnel et multis aliis.

XL. — 1203. — ACCORD ENTRE SAINT-VICTEUR ET LES LÉPREUX DU MANS FIXANT A LA REMISE D'UNE SOMME DE VIN PAR ARPENT LA REDEVANCE ANNUELLE DUE A SAINT-VICTEUR POUR LA DIME DES VIGNES.

Universis presentes litteras inspecturis Guillelmus, prior Beati Lazari Cenomannensis, et Drogo, tunc temporis preceptor ejusdem domus, et pauperes ejusdem loci salutem in Domino.

Cum super decimis vini contra nos, pauperes domus Sancti Lazari Cenomannensis, Raginaldus de Cancavria, tunc temporis prior Sancti Victurii Cenomannensis, a Sede Apostolica judices impetrasset Rothonensem et Sancti Gildasii de Bosco abbates et priorem Rothonensem et nos pauperes ab ipsis judicibus aliquotiens apostolica auctoritate citati potius elegissemus amicabiliter cum jam dicto priore componere quam diffinitionis calculum expectare ; partes, in presentiam venerabilium virorum Petri, tunc cantoris, Willelmi, archidiaconi, et Mathei, archipresbiteri Cenomannensis, in hanc formam pacis concorditer convenerunt.

Nos quidem pauperes, duos arpennos vinearum tunc temporis in decimatione prioratus illius habentes, de utroque arpennorum illorum unam summam vini puri, sine aqua, non de extorto, sed de gutta, nos domui illi Sancti Victurii concessimus singulis annis, vindemiarum tempore, in perpetuum reddituros. Et de singulis arpennis vinearum quos in ipsa decimatione ejusdem prioratus, donatione vel emptione, vel modis aliis, poterimus adipisci, et si etiam aliquas vineas in eadem decimatione ad terminum, vel ad firmam acceperimus, vel aliquibus tradiderimus excolendas, de illis similiter concessimus nos facturos ita quod de singulis arpennis singulas summas, de dimidio arpenno unum costeretum et de quarterio dimidium costeretum talis vini quale superius dictum est jam dicte domui in posterum reddere tenebimur. Quod si vineas illas minus sufficienter fructificare contingeret, aliunde quesitum simile vinum sepedicte domui Sancti Victurii, juxta formam predictam reddere tenebimur. Si autem vineas illas inde extirpari contingeret vel deleri, de fructibus quibuscunque inde provenientibus decimas cum integritate sine diminutione aliqua persolveremus priori predictam domum Sancti Victurii gubernanti.

Hanc autem compositionem ne forte aliqua posterorum perverteretur malitia, sigilli nostri appositione et presentis scripti testimonio duximus roborandam.

Actum publice Cenomannis anno Dominice incarnationis millesimo ducentesimo tercio.

Coram Petro, tunc cantore, Willelmo, archidiacono, Matheo, archipresbitero *Cenomannensi*, *magistro* Johanne de Roorta, magistro Guarino Silvestri, Roberto de Cultura, Johanne Doisnel et multis aliis.

XLI. — 1203. — ACCORD ENTRE SAINT-VICTEUR ET BEAULIEU FIXANT A LA REMISE D'UNE SOMME DE VIN PAR ARPENT LA REDEVANCE ANNUELLE DUE A SAINT-VICTEUR POUR LA DIME DES VIGNES.

P. abbas totusque conventus Sancte Marie de Belloloco Cenomannensi universis fidelibus presentes litteras inspecturis salutem in Domino.

Cum auctoritate litterarum a Sede Apostolica obtentarum Raginaldus de Cancavria, prior Sancti Victurii Cenomannensis, et monachi ejusdem loci a judicibus delegatis Rothonensi scilicet et Sancti Gildasii abbatibus et priore Rothonensi nos super decimis vini sibi responsuros citari fecissent ; quoniam honestius est viros religiosos inter se amicabiliter compositione quam dubium diffinitionis calculum expectare tam nos quam ipsi in viros providos et discretos Petrum Cantorem, Willermum archidiaconum et Matheum archipresbiterum Cenomannensem super contentione illa compromissimus concedentes nos eorum inde arbitrum firmiter et irrefragabiliter servaturos.

Predicti autem providi et prudentes viri pro bono pacis statuendum duxerunt quod nos de singulis arpennis vinearum quos in eorum decimationibus habebamus, vel sumus in posterum donatione, vel emptione, vel quocunque modo alio, habituri, annuatim eis unam summam vini puri, sine aqua, non de extorto, sed de gutta, pro decima, vindemiarum tempore, exsolvemus etiam si vineas ipsas non propriis sumptibus excolamus, sed aliis eas tradidimus vel accepimus excolendas. Si quam vero peçiam minorem arpenno in eorum decimationibus habuerimus pro mensura quantitatis vinee juxta quod de arpennis dictum est de ea ipsis decimam exsolvemus ita quod si, sterilitate vel alio casu, contingeret aliquo anno quod in aliqua vinearum nostrarum vinum eis debitum reperiri non posset nos aliunde de vino legali, quale supradiximus mensuram sibi debitam suppleremus. Et si aliqua vinearum nostrarum vinea esse desinens in terram redacta fuerit, nos de fructibus qui in ea nascentur decimas ipsis annuatim sine diminutione reddemus.

Hanc autem compositionem ne forte aliqua posterorum perverteretur malicia sigilli nostri appositione et presentis scripti testimonio duximus roborandam.

Actum Cenomannis, anno Dominice incarnationis M CC III.

Coram Petro tunc cantore, Willelmo archidiacono, et Matheo archipresbitero Cenomannensi, magistro Garino Silvestri, Roberto de Cultura, Johanne Doinel et multis aliis.

XLII. — 1203. — ACCORD ENTRE SAINT-VICTEUR ET LA MAISON DES ARDENTS DU MANS FIXANT A LA REMISE D'UNE SOMME DE VIN PAR ARPENT LA REDEVANCE ANNUELLE DUE A SAINT-VICTEUR POUR LA DIME DES VIGNES.

Omnibus fidelibus ad quorum noticiam presens carta pervenerit

Johannes de Roorta, canonicus Cenomannensis ecclesie magister domus Ardentium beatissimi Juliani Cenomannensis, et monachi ejusdem loci a judicibus delegatis Rothonensi scilicet et Sancti Gildasii de Bosco abbatibus et priore Rothonensi pauperes domus Ardentium beatissimi Juliani Cenomannensis super decimis vini responsuros citari fecissent; quoniam honestius est religiosos inter se amicabiliter componere quam dubium diffinitionis calculum expectare, partes coram viris providis et discretis, Petro scilicet cantore, Guillelmo archidiacono et Matheo archipresbitero de Monteforti Cenomanensi quibus super hoc scripserant predicti a Sede Apostolica judices delegati, super contentione illa in hanc formam pacis amicabiliter devenerunt: scilicet quod predicti pauperes de singulis arpennis vinearum, quos in decimationibus predictorum monachorum habebant, vel sunt in posterum, donatione, vel emptione, vel quocumque modo alio habituri, annuatim eis unam summam vini puri, sine aqua, non de extorto, sed de gutta, pro decima, vindemiarum tempore, exsolvent, etiam si vineas ipsas non propriis sumptibus excolant, sed aliis eas tradiderint, vel ab aliis acceperint excolendas. Si quam vero vinee peciam minorem arpenno in eorum decimationibus habuerint, pro mensura quantitatis vinee, juxta quod de arpennis dictum est, de ea monachis annuatim decimam exsolvent, ita quod si sterilitate vel alio casu contingeret aliquo anno quod in aliqua vinearum predictorum pauperum vinum monachis debitum repperiri non posset, pauperes aliunde de vino legali, quale supra diximus mensuram monachis debitam, supplerent. Et si aliqua vinearum pauperum vinea esse desinens in terram redacta fuerit, sepedicti pauperes de fructibus qui in ea nascentur decimas monachis annuatim sine diminutione aliqua reddent.

Nos vero predicto domus tunc temporis curam gerentes et pretaxatam compositionem a fratribus ejusdem domus factam et concessam approbantes, ratam habuimus et firmam, et sigillo nostro duximus roborandam.

Acta est compositio ista publice Cenomannis anno, Dominice incarnationis millesimo ducentesimo tercio.

Hiis presentibus: Michaele de Sabolio canonico, magistro

Guarino Silvestri, Roberto de Cultura, Johanne Doisnel, Roberto de Collevilla et multis aliis.

XLIII. — Vers 1203. — ACCORD ENTRE SAINT-VICTEUR ET RICHARD, FILS D'ANJORRAND DE DOMFRONT, AU SUJET DES DIMES [1].

Willelmus, abbas Beati Vincentii, Petrus, cantor, Benedictus, archidiaconus Cenomannensis ecclesie, et Herbertus, dominus de Tuisseio et etiam feodi Enjorrandi de Danfront, universis Christi fidelibus ad quorum noticiam presens scriptum pervenerit in Domino salutem.

Noverit universitas vestra quod dilecti nostri in Christo Raginaldus de Cancavria, prior, et fratres Sancti Victurii Cenomannensis, ex una parte, et Ricardus, filius Enjorrandi de Danfront ex alia, in nostra presentia, apud Cenomannum, constituti confessi sunt coram nobis quod cum abbas et conventus Montis Sancti Michaelis de periculo maris super tractu decime sue de Danfront, et super decima et primitiis de toto feodo Enjorrandi de Danfront, quod habebat in parrochia de Danfront et super tractu ejusdem decime coram judicibus delegatis a summo pontifice memoratum Enjorrandum traxissent in causam, idem Enjorrandus, sano usus consilio, supradictis abbati et conventui illius decime sue tractum dimisit et in ecclesia Sancti Michaelis de periculo maris ipsam ecclesiam, inde libro super altare posito, investivit et eundem tractum, manu propria, abjuravit.

Qui etiam Enjorrandus decimam et primitias de toto feodo suo de parrochia de Danfront, cum tractu ejusdem decime, nomine elemosine ecclesie Sancti Michaelis de periculo maris in perpetuum possidendas concessit.

Abbas vero et conventus ejusdem loci predicte decime sue de Danfront tractum et paleas eidem Enjorrando et filio ejus Ricardo, quandiu vixerint, et eorum supervenienti, hac conditione inter-

(1) Il existe une copie de cet acte faite pour Gaignières. (B. N., latin 5430 ¹, 118.)

posita, concesserunt quod decima ipsa ab ipsis Enjorrando et Ricardo filio ejus trahetur in villa de Danfront in quocunque loco ipse abbas et conventus duxerint eligendum.

Qui siquidem abbas et conventus decimam et primitias de toto feodo Enjorrandi cum tractu et paleis ipsius decime retinuerunt in manu sua, ad penitus voluntatem suam faciendam.

Dederunt etiam et concesserunt eisdem Enjorrando et Ricardo, filio ejus, quandiu vixerint et eorum supervenienti duos modios bladi tripartici annuatim percipiendos apud Danfront per manum prioris Sancti Victurii Cenomannensis, vel ejus famuli, de tali blado quale de predicta decima colligetur, scilicet : octo sextaria frumenti, octo sextaria ordei, octo sextaria avene, ita tamen quod heredes eorundem Enjorrandi et Ricardi filii ejus in decimis supradictis, vel in tractibus earum et paleis, vel in duobus modiis memoratis, post decessum eorum nichil poterunt reclamare.

Interpositum etiam fuit quod si abbas et conventus ex decima de toto feodo Enjorrandi eis in perpetuam elemosinam ab ipso Enjorrando concessa unum modium bladi non possent percipere annuatim, quantum deesset de uno modio, tantum retinerent de illis duobus modiis supradictis ad perficiendam unius modii quantitatem. Postmodum autem ipse Enjorrandus et filius ejus Ricardus, factum patris concedens, in ecclesia Sancti Victurii Cenomannensis omnia predicta ecclesie beati Michaelis de periculo maris pariter dimiserunt et possidenda in perpetuum concesserunt et inde, cum libro super altare Sancti Victurii posito, ecclesiam investientes, ea penitus objurarunt.

Demum etiam apud Danfront in ecclesia Ricardus filius Enjorrandi et filie, scilicet Beatrix et Osanna, viris suis concedentibus et presentibus, Raginaldum priorem Sancti Victurii Cenomannensis de omnibus supradictis investierunt cum missali ecclesie, tota parrochia coram posita et vidente.

Viri autem filiarum Enjorrandi, Ernulfus scilicet et Robinus Malart, cum uxoribus suis, B. et O., factum istud ratum et firmum habentes, fide corporaliter prestita, firmaverunt quod de cetero in predictis rebus nichil penitus reclamarent.

Predicti autem abbas et conventus sepedicto Ricardo filio

Enjorrandi caritative dederunt sex libras Andegavensium ad redimendam decimam ecclesie beati Michaelis de periculo maris ab ipso Ricardo et a patre suo Enjorrando in elemosinam assignatam, que tunc temporis erat pignori obligata.

Memoratus etiam Ricardus filius Enjorrandi ecclesie Sancti Michaelis de periculo maris et prioratui Sancti Victurii Cenomannensis omnes contentiones quas pater suus Enjorrandus et ipse Ricardus, post obitum patris sui, adversus predictos abbatem et conventum et priorem Sancti Victurii super premissis articulis suscitaverant, absolute dimisit et omnino quietas clamavit.

Cum igitur hujus nobis rei series declarata fuisset, tam per continentiam litterarum abbatis et conventus Montis Sancti Michaelis de periculo maris, quam per confessionem prioris Sancti Victurii et prefatorum Ricardi scilicet et Ernulfi et Robini Malart, ad instantia meorundem, prioris scilicet et Ricardi, Ernulfi et Robini Malart, id presenti pagina annotatum, sigillorum nostrorum munimine duximus confirmandum.

XLIV. — Vers 1203. — LETTRES DE L'OFFICIAL DU MANS RELATANT EN TERMES IDENTIQUES L'ACCORD CONTENU AU NUMÉRO XLIII.

XLV. — 1204. — LETTRES DANS LESQUELLES L'OFFICIAL DU MANS RELATE L'OBLIGATION PRISE PAR HERBERT BENJAMIN DE PAYER A SAINT-VICTEUR TOUTES LES DIMES DE SES PROPRIÉTÉS DE DOMFRONT. (B. N., *latin* 5430ᵃ, fol. 130.)

Philippus de Ebriaco, officialis domini Hamelini Cenomanensis episcopi, universis presentes litteras inspecturis salutem in Domino.

.... Herbertum Benjamin tenetur solvere decimas, tam de feodo suo, quam de acquisitiis in parrochia de Domfront in blado, vino et primiciis.

Illi autem prior Sancti Victurii dedit dicem libras Andegavensium et dimidiam.

Actum anno Dominice incarnationis 1204.

XLVI. — 1204. — ACCORD ENTRE L'ABBAYE DE LA COUTURE ET SAINT-VICTEUR AU SUJET DE LA FÉODALITÉ DE LA RUE MONTOISE [1].

Omnibus fidelibus ad quos presens scriptum pervenerit Robertus abbas et conventus Sancti Petri de Cultura salutem in Domino.

Noverit tam modernorum universitas quam posteritas secutura quod inter nos et Raginaldum de Cancavria, priorem Sancti Victurii, quondam contentio vertebatur, super quibusdam venditionibus quas acceperamus de quodam feodo de vico Montensi, quod ad nos dicebamus pertinere.

Predictus vero prior idem feodum pertinere ad prioratum Sancti Victurii asserebat.

Tandem concorditer hinc inde concessimus nos ratum habituros et firmum et inviolabiliter perpetuis temporibus servaturos quidquid inde Johannes, villicus Sancti Victurii, prestito auderet asserere juramento.

Idem vero Johannes, juramento astrictus, asseruit quod quidquid tenebamus in vico Montensi erat de feodo Sancti Victurii et quod prior Sancti Victurii ibi habebat plenitudinem dominii scilicet leges et districta, venditiones, cirotecas, justiciam et costumas, et quod nos tenemus feodum illud a priore et monachis Sancti Victurii, ad sex denarios de capitali censu.

Huic rei interfuerunt isti ex parte nostra : Gaufredus de Seoneis, tunc temporis prior Culture, Guarinus rusticus prepositus, H. de Milon, Walterus de Pontleve, Johannes de Fontenai, monachi.

Isti interfuerunt ex parte prioris : Robertus de Collevilla monachus, Johannes Doisnel, Johannes villicus, Radulfus Haimes et plures alii.

Quod ad majorem firmitatem ego Robertus abbas, bipartito cirographo annotato sigillo nostro feci communiri.

Actum est hoc anno Dominice incarnationis millesimo ducentesimo quarto.

(1) Il existe une copie de cet acte faite pour Gaignières. (Voir B. N., latin 5430*, 195.) Il ne figure pas au *Cartulaire de la Couture*.

XLVII. — 1204. — CHARTE DANS LAQUELLE HERBERT DE TUCÉ RELATE L'ACCORD ÉTABLI ENTRE LUI ET SAINT-VICTEUR AU SUJET DE LA REDEVANCE DUE PAR LUI POUR LES VIGNES DE GRIGNÉ.

Universis fidelibus tam presentibus quam futuris ad quorum noticiam presens carta pervenerit Herbertus de Tuisseio salutem. Cum, actoritate litterarum a sede apostolica obtentarum, Raginaldus tunc temporis prior Sancti Victurii Cenomannensis et monachi ejusdem loci a judicibus delegatis Rothonensi scilicet et Sancti Gildasii de Bosco abbatibus et priore Rothonensi me super decimis vini responsurum citari fecissent; quoniam honestius est amicos et vicinos inter se amicabiliter componere quam dubium diffinitionis calculum expectare : tam ego quam ipsi in viros providos et discretos Willelmum Cenomannensem archidiaconum et Gaufredum Malchien super contentione illa compromisimus concedentes inde eorum consilium firmiter et irrefragabiliter servaturos. Predicti autem providi et prudentes viri, pro bono pacis, statuendum duxerunt quod ego de vineis meis, quas tunc temporis habebam apud Grigne, tres summas vini puri, sine aqua, non de excorto, sed de gutta, pro decima, vindemiarumt empore, exsolverem; et de singulis arpennis vinearum quos in decimationibus predictorum monachorum apud Grigne, vel alibi essem in posterum donacione vel emptione, vel quocunque modo alio habiturus annuatim eis unam summam vini puri, sine aqua, nec de extorto, sed de gutta, pro decima, vindemiarum tempore, exsolverem; etiam si ipsas, non propriis sumptibus excolerem vineas sed aliis eas traderem, vel ab aliis acciperem, excolendas. Si quam vero vinee peciam minorem arpenno in eorum decimationibus habuerim pro mensura quantitatis vinee juxta, quod de arpennis dictum est, de ea monachis annuatim decimam exsolverem, ita quod si, sterilitate, vel alio casu, contingeret aliquo anno quod in aliqua mearum, et precipue in vineis meis de Grigne, vinum monachis debitum repperiri non posset ego aliunde de vino legali, quale supradictum est, mensuram monachis debitam annuatim, vindemiarum tempore, supplerem. Et si aliqua vinearum mearum vinea esse desinens, in terram redacta fuerit, ego de fructibus quibuscunque, qui in ea nascentur, decimas monachis annuatim, sine diminutione aliqua, reddam. Hanc itaque pacis formam, ne forte aliqua posterorum perverteretur malitia, sigilli mei munimine roboravi.

Actum anno Dominice incarnationis M CC IIII.

XLVIII. — 1204. — CHARTE DANS LAQUELLE GUILLAUME, ARCHIDIACRE DU MANS ET GEOFFROY MAUCHIEN RELATENT DANS LES MÊMES TERMES L'ACCORD QUI FIGURE SOUS LE NUMÉRO XLVII.

XLIX. — 1205. — LETTRES DANS LESQUELLES EST RELATÉ L'ACCORD ÉTABLI ENTRE SAINT-VICTEUR, D'UNE PART, ERRAULT CARREL ET OLIVIER DE BRUIEL, DE L'AUTRE, FIXANT LA REDEVANCE DUE A SAINT-VICTEUR POUR LA DIME DES VIGNES.

Matheus, archipresbiter de Monteforti, a judicibus domini pape, scilicet Rothonensi et Sancti Gildasii de Bosco abbatibus et priore Rothonensi, delegatus et Gaufredus de Bruiel, miles, universis Christi fidelibus ad quorum noticiam presens carta pervenerit salutem.

Noverit universitas vestra quod Raginaldus de Cancavria, tunc temporis prior et monachi Sancti Victurii Cenomannensis, ex una parte, et Ernaudus Quarrel et Oliverius de Bruiel, ex alia, in nostra presentia apud Cenomannum constituti, contentionem super decimis vini in hac forma sopierunt : scilicet quod jam dicti, Ernaudus miles et Oliverius, de singulis arpennis vinearum, quos in decimationibus predictorum monachorum tunc temporis habebant, vel essent in posterum donatione, vel emptione, vel quocunque modo alio habituri, annuatim eis unam summam vini puri, sine aqua non de excorto, sed de gutta, pro decima, vindemiarum tempore, exsolverent ; etiam si vineas ipsas in propriis sumptibus excolerent, sed aliis eas traderent, vel ab aliis acciperent excolendas. Si quam vero vinee peciam minorem arpenno in eorum decimationibus habuerunt, pro mensura quantitatis vinee juxta quod de arpennis dictum est, de ea monachis annuatim decimam exsolverent, ita quod si sterilitate, vel alio casu contingeret aliquo anno quod in aliqua vel in qualibus vinearum jam dictorum Ernaudi et Oliverii vinum monachis debitum repperiri non posset, sepedicti Ernaudus et Oliverius aliunde de vino legali, quale supra dictum est, monachis annuatim mensuram debitam supplerent. Et si aliqua vinearum eorumdem Ernaudi et Oliverii vinea esse desinens in terram redacta fuerit ipsi de fructibus quibuscumque qui in ea nascentur decimas monachis annuatim sine diminutione aliqua reddent.

Hanc autem pacis compositionem ne forte aliqua posterorum perverteretur malitia, ad peticionem eorundem sigillorum nostrorum appositione duximus roborandam.

Actum hoc anno Domini millesimo ducentesimo quinto.

L. — 1207, n. s., 9 avril, Le Mans. — ACCORD ENTRE SAINT-VICTEUR, D'UNE PART, FOULQUES CORDEL ET JEAN DE MELÉE, DE L'AUTRE, AU SUJET DES DIMES DES BIENS QUE CES DERNIERS POSSÈDAIENT A DOMFRONT.

Universis fidelibus ad quos littere presentes pervenerint Garinus Silvestri, officialis domini Hamelini Cenomannensis episcopi, salutem in Domino.

Contentio erat inter Raginaldum de Cancavria, priorem Sancti Victurii Cenomannensis, ex una parte, et Fulconem Cordel et Johannem de Meleio, ex alia, super decima omnium terrarum et vinearum, quas prenominati ejusdem prioris adversarii possidebant in parrochia de Donno Frontone, in feodo Engerrandi defuncti.

Contentio autem illa coram nobis taliter est sopita : Idem vero prior Sancti Victurii decimam illam eisdem concessit tenendam quamdiu viverint, pro dimidia mina bone avene ei, vel mandato ejus, annuatim reddenda apud Donfront infra nativitatem Beate Marie.

Ipsi vero prioratui Sancti Victurii Cenomannensis in perpetuum, post decessum suum habendam illam decimam, nomine elemosine concesserunt ; et quicquid juris reclamabant in eadem decima, vel habebant et coram nobis, juramento corporaliter prestito, firmaverunt se nichil unquam facturos, vel per se, vel per alios, per quod prioratus ille posset amittere decimam supradictam ; et si quis inde priorem ejusdem loci quoquo modo presumeret molestare ipsi, ex toto posse suo, molestationem illam avertere niterentur.

Quod autem ad majorem firmitatem, ad peticionem utriusque partis, litteris fecimus annotari et sigillo Cenomannensis curie communiri.

Actum Cenomannis, in aula pontificali, v° idus aprilis, anno incarnationis Domini millesimo ducentesimo septimo [1].

LI. — 1207. — LETTRES PAR LESQUELLES JEAN DE SOUVRÉ DÉCLARE QUE RICHARD DE SAINT-MARTIN, AYANT FAIT DON A SAINT-VICTEUR DE CE QU'IL POSSÉDAIT PRÈS LA FONTAINE DE SOUVRÉ, IL NE S'EST RÉSERVÉ QU'UNE REDEVANCE DE SIX DENIERS POUR TOUTES LES REDEVANCES DUES PAR LES TERRES EN QUESTION [2].

Omnibus Christi fidelibus presentes litteras inspecturis Johannes de Sovreio salutem in Domino.

Noverit universitas vestra quod Ricardus de Sancto Martino totum clausum suum, quod habebat juxta fontem de Sovreio, videlicet domum, pratum, vineam et vivarium et quatuor terre jugera, que habebat in campo Frumentoso, prioratui Sancti Victurii Cenomannensis, coram me, in perpetuam assignavit elemosinam et concessit.

Ego vero, de cujus feodo res erant predicte, elemosinam illam prioratui memorato, divini amoris contemplatione, concessi habendam in perpetuum et tenendam, liberam et inmunem ab omni tallia, costuma et molta et ab omnibus serviciis et exactionibus, exceptis solummodo sex denariis de servicio, quos prior et monachi supradicti loci inde mihi et heredibus meis annuatim

---

(1) C'est à 1207 seulement que cette date peut convenir ; l'année 1208, commencée le 22 avril, prit fin le 6 avril 1209, sans avoir possédé de 9 avril.
(2) Cet acte avait été copié en partie pour Gaignières. (B. N., latin 5330ᵃ, 117.)

reddere tenebuntur, in nativitate beati Johannis Baptiste, cum fuerint requisiti.

Quod si prior et fratres ejusdem loci aliquem hominem in predicta elemosina sua manentem habuerint, propter terram illam et vineam excolendas et ceteras res suas custodiendas, illi homini suo similiter concessi in perpetuum hujus modi libertatis integritate gaudere, scilicet ut ab omni tallia, costuma et molta et ab omni exactione liber sit in perpetuum et inmunis.

Quod ut perpetue robur obtineat firmitatis, presenti cartula exarari et sigilli mei testimonio feci roborari.

Actum publice in curia Cenomannensis episcopi, anno Domini millesimo ducentesimo septimo.

LII. — 1207. — LETTRES DANS LESQUELLES L'OFFICIAL DE L'ÉVÊQUE HAMELIN RELATE DANS LES MÊMES TERMES LES DONS FAISANT L'OBJET DU NUMÉRO LI.

LIII. — 1207. — ACCORD ENTRE SAINT-VICTEUR ET LE CURÉ DE SAINT-JULIEN-EN-CHAMPAGNE ; CE DERNIER POUR VINGT-CINQ SOUS, UNE FOIS DONNÉS, RENONCE A TOUTES LES DIMES QU'IL RÉCLAMAIT SUR LA COLLINE DE MONTFORT, AUPRÈS DE ROUILLON, ET SUR LA PAROISSE DE SAINT-JEAN.

Universis sancte matris Ecclesie filiis presentes litteras inspecturis magister cantor archidiaconus officialis domini Hamelini Cenomannensis episcopi salutem in Domino.

Aliquandiu agitata controversia coram nobis inter Galienum, priorem Sancti Victurii Cenomannensis, et Gervasium, personam ecclesie Sancti Juliani de Campania, super quibusdam decimis et primiciis, quas idem Gervasius in colle Montisfortis et apud Roillon, et circa et infra fines parrochie Sancti Johannis, nomine predicte ecclesie, vendicabat.

Post multas disceptationes, cum etiam predictus prior ad probationem assertionis sue plures testes idoneos deposuisset juratos, tali tandem facta in nostra presentia compositione, quievit.

Predictus siquidem prior dedit et coram nobis persolvit viginti quinque solidos Turonensium ecclesie Sancti Juliani de Campania, in utilitatem ipsius ecclesie expendendos, et ita persona ecclesie memorate omnes decimas et primicias, quas in predictis locis ejusdem ecclesie sue nomine vendicabat, prioratui Sancti Victurii Cenomannensis in pace dimisit et jure perpetuo possidendas concessit. Et si quis illorum a quibus ille decime vel primicie persolvende sunt, eas reddere contradiceret prioratui supradicto idem Gervasius, pro possibilitate sua, eos induceret ad solvendum.

Actum publice Cenomannis, in presentia nostra, anno gratie m° ducentesimo septimo.

Quod ne posset in dubium revocari, presenti cartula exaratum, sigillo Cenomannensis curie fecimus roborari [1].

LIV. — 1208, Le Mans. — CHARTE PAR LAQUELLE JEAN DE SOUVRÉ, D'ACCORD AVEC ALIX, SON ÉPOUSE, ET MATHIEU, SON FILS, FAIT DON A SAINT-VICTEUR DE TROIS ARPENTS DE TERRE PROCHES DE CEUX DONNÉS AUTREFOIS PAR RICHARD ET ROBIN DE SAINT-MARTIN. IL REÇOIT DU PRIEUR GALLIEN SOIXANTE SOUS ET SE RÉSERVE SIX DENIERS DE CENS [2].

Noverint presentes et futuri quod ego Johannes de Sovré, concedentibus uxore mea, Aeliz, et filio meo, Matheo, intuitu

---

(1) De ce sceau de la cour de l'évêque du Mans il ne reste qu'un fragment indistinct, suffisant néanmoins pour y reconnaître une empreinte du sceau 1 de la planche VII, dont le dessin a été fait sur les numéros 2290 et 2291 de Normandie, et dont on rencontre des empreintes de 1268. Ce sceau n'a pas de contre-sceau et l'usage de celui-ci n'est constaté qu'à partir de 1234. C'est un sceau ogival de 0,045 sur 0,03, où figure une église de face dont le clocher est surmonté d'une croix ; de chaque côté de l'église deux clochetons, terminés par des boules, au-dessous un croissant incliné, la légende porte en lettres très espacées : † S. CURIE C...OMAN. EPI.

Le contre-sceau, également ogival, mesure 0,03 sur 0,02 : il porte au centre le buste de saint Julien à dextre d'une crosse, à gauche se voient les fanions de la mitre, au-dessous une étoile à six pointes. Légende : †. SANCTUS : IULIANUS.

(2) Il existe une copie de cet acte faite pour Gaignières. (B. N., latin 5430², 116.)

divini amoris, concessi et dedi in puram et perpetuam ellemosinam prioratui Sancti Victurii Cenomannensis et fratribus ibidem Deo servientibus tria terre jugera de subtus fontem de Sovré, que sunt proximiora eidem fonti et proxima clauso, quod aliquando fuit Ricardi et Robini de Sancto Martino, et nunc est Sancti Victurii, habenda in perpetuum et tenenda libera et inmunia ab omni tallia, costuma et molta, et ab omnibus serviciis et exactionibus, exceptis solummodo sex denariis de servicio, quos prior et monachi supradicti mihi et heredibus meis annuatim reddere tenebuntur, in nativitate beati Johannis Baptiste, cum fuerint requisiti.

Omnibus etiam quibus prior et fratres ejusdem loci terram illam custodiendam commiserint vel colendam, similiter concessi in perpetuum hujusmodi libertatis integritate gaudere, scilicet ut ab omni tallia, costuma et molta, et ab omni exactione, liberi sint semper et inmunes.

Dederunt autem mihi prior Sancti Victurii, Galienus nomine, et monachi, de caritate ecclesie sue, sexaginta solidos Cenomannensium, ut ampliori eos dilectione amplecterer, et ipsi datam et assignatam a me elemosinam melius et firmius possiderent.

Et ut hec mea donatio perpetue firmitatis robur obtineat, presenti eam cartula feci exarari et sigilli mei appositione roborari[1].

Actum publice in curia Cenomannensis episcopi, anno incarnationis Domini, millesimo ducentesimo octavo.

LV. — 1208. — CHARTE DANS LAQUELLE L'OFFICIAL DU MANS ENREGISTRE DANS LES MÊMES TERMES LE DON CONTENU DANS LE NUMÉRO LIV.

(1) Cette charte possède encore le sceau de Jean de Souvré, figure numéro 4 de la planche VII, qui a été moulé sous le numéro 544 de *Normandie*. C'est un fragment de sceau rond à *l'écu triangulaire barré de huit pièces*. Ce blason est sans doute placé là par l'erreur du graveur, car les armoiries de cette famille sont des cotices et non des barres. Il ne reste plus de la légende que.... s. ro..... Cire verte.

LVI. — 1208. — LETTRES DANS LESQUELLES JULIENNE, ABBESSE DU PRÉ, RELATE L'ACCORD ÉTABLI ENTRE ELLE ET SAINT-VICTEUR, AU SUJET D'UNE PARTIE DU PRIEURÉ AYANT APPARTENU A RICHARD DONQUÈRE [1].

Universis presentes litteras inspecturis Juliana abbatissa et conventus Beati Juliani de Prato Cenomanensis salutem in Domino. Noverit universitas vestra quod, cum Jordanus abbas et conventus Montis Sancti Michaelis de periculo maris traxissent nos in causam ad judices delegatos, scilicet de Veterivilla et de Troncheto abbates et archidiaconum Dolensem, super quibusdam plateis ex parte domus eorum, que fuit Ricardi Duquere que sunt site in virgulto nostro, hac ratione quod ipsi asserebant illas esse de feodo suo et ratione feodi volebant illas optinere et ad se transferri et in dominium suum reddendo peccuniam que pro plateis illis data fuerat habendis ; et nos, e contrario, assereremus quod plateas illas per triginta annos pacifice possederamus et census inde debitos sine aliqua contentione a nobis receperant, et hujusmodi ratione prescriptionis nos tueremur ; tandem super hiis compositum fuit inter nos amicabiliter, sub hac forma : scilicet, quod terra quedam habens parvulam quantitatem in latitudine, sita ex parte lavendarie nostre, sicut extenditur regimine directi cordelli capelle Sancte Julite, per quoddam sambucum, usque ad ripam Sarte, propria illis remansit, libera et quieta, sine censibus et erit de feodo illorum in perpetuum.

De plateis vero predictis, tenemur reddere illis quatuor denarios censuales annuatim, ad festum beati Johannis Baptiste, que platee proprie nobis cesserunt compositione mediante.

Et ut hec compositio optineat robur firmitatis, fecimus hinc

---

(1) Les archives du Mont possèdent, en outre de cet acte, deux exemplaires du cirographe établi par l'official du Mans pour enregistrer l'accord établi entre Saint-Victeur et le Pré. Ils n'ajoutent rien à la lettre de l'abbesse du Pré.

inde eam exarari et sigillorum nostrorum testimonio roborari[1].

Actum Cenomanno, anno gratie millesimo ducentesimo octavo.

Testibus hiis : magistro cantore archidiacono, magistro Guarino Silvestri, Roberto de Cultura, Johanne Doisnel, presbiteris, Galieno tunc priore Sancti Victurii, Roberto de Collevilla, Radulfo de Cancavria, Hamelino monachis, Matheo de Bree, Thoma Carpentario et multis aliis.

LVII. — 1208. — CIROGRAPHE ÉTABLI PAR L'OFFICIAL DU MANS AYANT LE MÊME OBJET QUE LE NUMÉRO LVI.

LVIII. — 1209. — LETTRES PAR LESQUELLES RICHARD ET ERMENGARDE, SA FEMME, OGIER DE MÉROLLE ET BIENVENUE, SA FEMME, CONCÈDENT A SAINT-VICTEUR LES DIMES SUR LES TERRES DE DOMFRONT, QUI LEUR ÉTAIENT DEMANDÉES [2].

Universis filiis matris Ecclesie ad quos littere iste pervenerint C., archidiaconus domini Cenomannensis episcopi officialis, salutem in Domino.

Universitati vestre notum volumus fieri quod cum contentio verteretur inter Galienum, tunc temporis priorem Sancti Victurii Cenomannensis, ex una parte, et Ricardum, Ermengardim ejus uxorem, Ogerum de Maeroliis et Benvenue, ejus uxorem, ex alia, super quibusdam decimis de terris, quas habebant prefati Ricardus, Ogerus et eorum uxores, in parrochia de Donnofronte ; tandem, post multas litigationes utriusque partis, in hunc pacis

---

(1) Ces lettres possèdent encore le sceau apposé par l'abbesse du Pré, figure 3 de notre planche VII ; c'est sur cette empreinte qu'a été moulé le 2730 de *Normandie*. C'est un sceau ogival de 0,055 sur 0,015. Au centre figure saint Julien, bénissant et tenant une crosse très simple. Il porte une mitre cornue et une chasuble relativement courte. On lit... ILLUM..: DE PR...
Ce sceau brisé avait été recousu avec un lacet, dont on voit les traces. La cire blanche dont on s'est servi, est restée très tendre, ce qui explique le mauvais état de l'empreinte.

(2) Cet acte avait été copié, mais en partie seulement, pour Gaignières. B. N., *latin* 5430 a, 130.)

modulum devenerunt coram nobis : quod prefati Ricardus et Ogerus et eorum prenominate uxores, in nostra presentia constituti, decimas predictarum terrarum in manu nostra prefato priori et prioratui Sancti Victurii habendas resignaverunt.

Nos vero, ad eorum petitionem, ipsum priorem investivimus de decimis supradictarum terrarum sibi et predicto prioratui in perpetuum, de cetero libere et pacifice possidendas.

Quod ut melius et firmius observetur, ad petitionem partium, sigillo curie Cenomannensis presentem cartulam fecimus roborari. Actum anno gratie M° CC° IX°.

LIX. — 1210. — LETTRES DANS LESQUELLES JORDANUS, ABBÉ DU MONT, CONSTATE QUE LES ARDENTS DU MANS, AYANT FAIT REMISE A SAINT-VICTEUR DE TROIS SOUS DE RENTE, ASSIS SUR L'UN DES MOULINS DE SAINT-JEAN, LE PRIEURÉ, A SON TOUR, LEUR A REMIS DEUX SOMMES DE VINS SUR LES TROIS QU'ILS LUI DEVAIENT ANNUELLEMENT.

Universis Christi fidelibus ad quorum noticiam presens scriptum pervenerit Jordanus abbas et conventus Montis Sancti Michaelis de periculo maris salutem in Domino.

Cum fratres domus Ardentium Sancti Juliani Cenomanensis de tribus arpennis vinearum, quos in decimatione nostra in territorio Montisfortis habebant, tres summas vini annuatim priori et monachis prioratus nostri Sancti Victurii Cenomanensis, nomine decime, reddere tenerentur, de assensu nostro, inter eosdem fratres, ex una parte, et predictos priorem et monachos nostros, ex altera, talis pactio intervenit concorditer ab utraque parte concessa, quod scilicet dicti fratres memoratos priorem et monachos nostros a tribus solidis Cenomanensium, quos in uno trium molendinorum de Sancto Johanne, juxta Sanctum Victurium, nomine elemosine, percipere consueverant annuatim, penitus absolverunt et immunes fore concesserunt ; et predicti prior et monachi nostri, nostro accedente assensu, duas de illis tribus summis vini in recompensationem hujus rei predictis fratribus remiserunt, ita quod dictam summam, sicut prius solebant, se predictis priori et monachis annuatim exsolvere teneantur, et nichillominus de singulis arpennis quos in decimatione nostra, donatione, vel emptione, vel quolibet aliquomodo fuerint in posterum habituri, predicto priori et monachis annuatim unam summam vini puri, sine aqua, non de extorto, set de guta, pro decima, vindemiarum tempore, exsolvent, etiam si vineas ipsas non propriis sumptibus excolent, sed eas aliis tradiderint, vel ab aliis acceperint excolendas.

Si quam dicte vinee peciam minorem arpenno in nostris decimationibus habuerint, pro mensura quantitatis vinee juxta quod de arpennis dictum est, de ea sepedictis priori et monachis annuatim decimam exsolvent, ita quod si sterilitate vel, alio casu, contingeret aliquo anno quod, in aliqua vinearum predictorum fratrum, vinum sepefatis priori et monachis debitum reperiri non posset, fratres aliunde de vino legali, quale supradiximus, mensuram sepedictis priori et monachis debitam supplerent.

Et si aliqua de vineis predictorum fratrum vinea esse desinens in terram redacta fuerit, sepedicti fratres de fructibus qui in ea nascentur decimas sepedictis priori et monachis annuatim sine diminutione aliqua reddent.

Quod ut ratum permaneat et inconvulsum, scripto commendari et sigilli nostri fecimus impressione roborari.

Actum anno gratie M° ducentesimo decimo.

Teste capitulo.

LX. — 1211. — SENTENCE ARBITRALE RÉGLANT LES DROITS RÉCIPROQUES DE SAINT-VICTEUR ET DE L'ABBAYE DU PRÉ, SUR L'EAU DE LA SARTHE, ENTRE LES BARRAGES DE GOURDAINE ET DE SAINT-JEAN.

Universis Christi fidelibus ad quos littere iste pervenerint C. archidiaconus et magister H. de Nantol, canonicus Cenomannensis, salutem in Domino.

Cum super causa que vertebatur inter priorem Sancti Victurii Cenomannensis, ex una parte, et abbatissam et moniales Sancti

Juliani de Prato, ex altera, super quadam aqua, dictus prior abbatem de Veterivilla, archidiaconum et thesaurarium Dolensem a Sede Apostolica judices, impetrasset, utraque pars gravamina et expensas declinans, prudentum et bonorum virorum usa consilio, super eadem causa in nostrum concorditer arbitrium compromisit.

Cumque partes, die sibi prefixa, in nostra essent presentia constitute, dictus prior ab abbatissa et monialibus supradictis petebat ut venderent et in secularem manum transferrent totam aquam quam inter exclusas molendinorum de Gordena et exclusas molendinorum de Sancto Johanne tenebant, asserens totam aquam illam ad feodum Sancti Victurii pertinere, de cujus etiam medietate dicte abbatissa et moniales ecclesie Sancti Victurii duos denarios requisibiles annuatim reddere tenebantur.

Cum autem pro isto negotio, coram nobis hinc inde pluries convenissent, tandem, Deo propitio, per diligentie nostre studium causa illa sub forma pacis hujusmodi de voluntate partium est sopita: videlicet, quod abbatissa et moniales jamdicte totam aquam, quam inter metas superius distinctas tenebant, esse de feodo Sancti Victurii concesserunt, ita quod de tota aqua illa prefate ecclesie Sancti Victurii, adjectis quatuor denariis duobus quos prius reddebant, de cetero sex denarios requisibiles in nativitate beati Johannis Baptiste in perpetuum reddere tenerentur.

Ab utraque autem parte concessum est, unanimi et concordi consensu quod, si a quibusdam hominibus, qui aquam illam secus ripam suis domibus occuparunt, aliquid pacis nomine vel pecuniam, vel censum annuum, pro injuria et dampnis illatis, ecclesie beati Juliani vel beati Victurii extorquere valerent, abbatissa et moniales unam ex inde medietatem, et domus Sancti Victurii medietatem alteram, sortirentur, ita quod de annuo censu, qui inde posset adiquiri, medietas per manum monialium, in predicto festo Sancti Johannis Baptiste, sepedicte ecclesie Sancti Victurii, cum predictis sex denariis, et modo supradicto, scilicet requisibili redderetur, per medium bipartitis inter utramque partem competentibus expensis, ad adquisitionem hujusmodi faciendam.

Et ne pars alterutra resilire valeret, concesserunt hinc inde, quod hanc pacis formam litteris annotatam abbatissa et moniales sigillo sui capituli, prior vero sigillo Sancti Michaelis de periculo maris, facerent communiri.

Ne vero compositionis hujus series tradatur oblivioni, presentem paginam sigillorum nostrorum munimine duximus roborandam.

Actum anno gratie M° CC° XI°.

LXI. — 1211. — NOTICE PAR L'ABBÉ JOURDAIN DU CONTRAT PASSÉ ENTRE SAINT-VICTEUR ET ROBERT MALART DE DOMFRONT ; IL Y RELATE LES DONS RÉCIPROQUES DES PARTIES.

Jordanus, abbas Beati Michaelis de periculo maris, et ejusdem loci conventus universis presentem paginam inspecturis salutem.

Noverit universitas vestra quod nos tradidimus Robino Malart quamdam terram, quam habemus apud Donum Frontonem, sitam juxta domum Guillelmi Haloche, jure hereditario possidendam, reddendo priori Sancti Victurii Cenomannensis quatuor solidos Cenomannensium annuatim, in crastino nativitatis Domini. Dictus vero Robinus in eadem terra tenetur facere quamdam domum idoneam, in qua nostre decime trahentur, de qua etiam custos noster aut serviens clavem habebit et eam custodiet, donec bladum nostrum trituratum sit penitus et paratum.

Insuper tradidimus eidem Robino quamdam aliam terram, quam in eadem villa habemus, sitam inter duas vias et terram juxta castellarium, reddendo duo sextaria frumenti et unam minam avene priori Sancti Victurii Cenomannensis annuatim, infra festum Sancti Remigii, ad mensuram de Donno Fromtone.

Preterea idem Robinus et uxor ejus nobis dederunt unum jornale terre in elemosinam, situm juxta Donnum Frontonem, liberum et quietum ab omni censu et exactione ; de qua reddent de cetero priori Sancti Victurii unam minam avene, quamdiu vixerint, annuatim. Post obitum vero eorum dictum jornale ad nos revertetur, ad faciendam nostram voluntatem.

Idem vero Robinus nobis dedit in elemosinam viginti solidos Cenomannensium habendos in ejus obitu, et, si ipsum mori contigerit sine herede de uxore desponsata, omnia supradicta, tam terre, quam domus et elemosina, ad nos integre revertentur.

Quod ut debitam obtineat firmitatem, sigillo nostri capituli fecimus presentem cartulam roborari.

Actum anno gracie Mº CCº XI.

Valete.

LXII. — 1212. — CHARTE DANS LAQUELLE L'OFFICIAL DU MANS RELATE LE DON D'UN JOURNAL DE TERRE, APPELÉ « GROA DECANI », A SAINT-VICTEUR, FAIT PAR JEAN DE SOUVRÉ [1].

Universis presentem paginam inspecturis. C., archidiaconus et officialis Cenomannensis, salutem.

Ad universitatis notitiam volumus pervenire quod Johannes de Sovreio, intuitu divine pietatis, dedit et concessit, in puram et perpetuam elemosinam, prioratui Sancti Victurii Cenomannensis et fratribus ibidem Deo servientibus, unum jornale terre quod vocatur Groa decani, situm inter terram ejusdem prioratus que est desubtus fontem de Sovreio et viam qua itur de ipso fonte Cenomanis, habendum et tenendum in perpetuum, cum aliis terris suis quas ab eodem Johanne tenent, liberum et inmune ab omni censu et tallia et costuma et molta, et ab omnibus serviciis et exactionibus, exceptis solummodo sex denariis de servitio, quos prior et monachi supradicti loci ipsi et heredibus ejus annuatim reddere tenebuntur, in nativitate beati Johannis Baptiste, cum fuerint requisiti.

Omnibus etiam quibus prior et fratres ejusdem loci terram illam custodiendam vel colendam commiserint, similiter concessit hujusmodi libertatem.

Preterea idem J. in manu nostra resignavit illud jornale terre, et nos Galienum, tunc priorem Sancti Victurii, investivimus ex eadem.

Corporaliter etiam fidem dedit memoratus J. se nunquam ele-

(1) Cet acte avait été copié en partie pour Galgalères. (B. N., latin, 5430 a 116.)

mosinam illam, neque per se, neque per alium, ablaturum, aut in aliquo impediturum, sed eam, pro posse suo, pro monachis semper defensurum.

Dederunt etiam memorato Johanni prior Sancti Victurii, Galienus nomine, et monachi, de caritate, ecclesie sue, sexaginta solidos Turonensium, ut fideliori dilectione eos diligeret et ipsi datam et assignatam ab eo elemosinam melius et firmius possiderent.

Quod ut debitam obtineat firmitatem, sigillo curie Cenomanensis fecimus presentem cartulam roborari.

Actum anno gratie m° cc° duodecimo.

LXIII. — 1212, n. s., Avril. — LETTRES PAR LESQUELLES L'OFFICIAL DU MANS CONSTATE LE DON FAIT A SAINT-VICTEUR PAR HERBERT BOGUER, DE TOUTES LES DIMES QU'IL POSSÉDAIT A TANNIE [1].

Omnibus ad quos presens pagina pervenerit C., archidiaconus officialis Cenomannensis, salutem.

Ad universitatis noticiam volumus pervenire quod Herbertus Boguer dedit Deo et abbatie Sancti Michaelis in periculo maris et prioratui Sancti Victurii Cenomannensis omnem decimam quam habebat in parrochia Taneie, in puram et perpetuam elemosinam possidendam, et ex ea in manu nostra se destituit, et nos eadem Galienum, priorem Sancti Victurii, duximus investire.

Et ut hec donatio rata sit presentem paginam sigillo Cenomannensis curie fecimus roborari.

Anno gracie m° cc° xii°, mense aprilis.

LXIV. — 1212. — CIROGRAPHE PORTANT ACCORD ENTRE SAINT-VICTEUR ET JULIENNE, VEUVE DE MATHIEU DE BRÉE [2].

Universis presentes litteras inspecturis C., archidiaconus et officialis domini Cenomanensis, salutem in Domino.

(1) Cet acte avait été copié en partie pour Gaignières. (B. N., *latin* 5430 a, 115.)

(2) Cet acte avait été copié en partie pour Gaignières. (B. N., *latin* 5430 a, 112.)

Noverit universitas vestra quod, cum Johannes, filius Petronille uxoris Mathei de Brae, in extremis laboraret, ipse in confessione sua recognovit quod Juliana, ejus uxor, debebat tota vita sua possidere, nomine dotalitii, medietatem unius arpenni vinee siti apud Valrosee, in feodo abbatisse de Prato, et dimidium stallum in novo foro, et domum unam in vico Sancti Victurii et alteram similiter medietatem predicte vinee post obitum matris predicti Johannis.

Hec autem omnia dedit idem Johannes et concessit in puram elemosinam prioratui Sancti Victurii Cenomanensis habenda, post mortem ejusdem Juliane. Defuncto vero eodem Johanne, cum inter priorem Sancti Victurii et Matheum de Brae, ex una parte, et prefatam Julianam, ex alia, super multis rebus controversia verteretur, quia idem prior petebat ab ea quamdam summam pecunie et quedam alia, et ipsa petebat a Matheo xxv libras Cenomanensium, quas ei promiserat in contractu matrimonii, ut dicebat; tandem in hanc pacis formam ad consilium amicorum devenerunt: quod prefata Juliana concessit prioratui Sancti Victurii prefatum arpennum vinee in perpetuum possidendum et absolvit priorem et Matheum de omnibus contentionibus quas prius habuerat erga eos; et idem prior et Matheus et uxor ejus, huic compositioni assensum prebuerunt et absolverunt eam ab impetitionibus supradictis, et concesserunt quod ipsa de cetero possideret domum et stallum et ex eis suam faceret plenius voluntatem, scilicet ad vendendum et expendendum et dandum, si vellet.

Preterea ipsa Juliana accommodavit Matheo Les Essuiz, que sunt post domum ejus, ita quod si per ipsum vel per famulos suos eidem Juliane aliquod dampnum eveniret, idem Matheus restituere tenebatur.

Quod ut ratum et stabile habeatur, sigillo curie Cenomanensis fuit hec presens cartula confirmata.

Actum anno gratie M° CC° XII°.

LXV. — 1217. — LETTRES DANS LESQUELLES JULIENNE, ABBESSE DU PRÉ, INDIQUE QUE L'ACHAT PAR ELLE ET SA SŒUR SARA, D'UNE MÉTAIRIE DANS LA COURBE DE LA SARTHE A ÉTÉ FAIT DANS DES CONDITIONS TELLES QU'IL NE SAURAIT VIOLER LES DROITS DE SAINT-VICTEUR. *(Copie incomplète.)*

. . . . . . salutem in Domino.

Notum sit omnibus tam presentibus quam futuris quod ego Juliana, tunc temporis abbatissa Beati Juliani de Prato Cenomannensis, et Sarra, soror mea, emimus unam medietariam, cujus quedam pars est de feodo Beati Victurii Cenomanensis, que est sita in Corba Sarte, que fuit Gaufridi Andegavensis, tali siquidem conditione, quod illa que magis viveret, omnibus diebus vite sue predictam medietatem sub certo censu assignato, non nomine elemosine, sed tanquam emptionem suam, et etiam laicalem, possideret. Si autem aliquo modo voluerimus vel quedam supervivens ex nobis cuidam abbatie, vel ecclesiasticali persone tradere, vel elemosinare, tenebitur eam infra annum vendere, nisi de licencia et paciencia prioris Sancti Victurii eamdem retinuerint.

Ut ratum et stabile habeatur, de assensu conventus nostri, sigilli capituli nostri munimine hanc fecimus cartulam roborari.

Actum anno Dominice incarnacionis M° CC° XVII^{mo}.

LXVI. — 1218, 30 Juin. — ACCORD ENTRE SAINT-VICTEUR ET L'ABBAYE DE LA COUTURE STATUANT SUR LE PARTAGE DE LA DIME BENJAMIN A TANNIE [1].

Universis presentem paginam inspecturis magister W., officialis Cenomannensis, salutem.

Noverit universitas vestra quod, cum contentio verteretur inter abbatem et monachos Sancti Petri de Cultura, ex una parte, et priorem Sancti Victurii, ex altera, super quadam decima, que dicitur decima Benjamin, in parrochia de Tania sita, tandem in

---

(1) Cet acte a été copié en partie pour Gaignières. (B. N., latin 5430 ², 115.) Il n'a pas pris place au *Cartulaire de la Couture*.

hanc formam pacis devenerunt : quod prefata decima in hoc anno, de communi assensu, partium trahetur et triturabitur in loco competenti, et quantum medietas illius in hoc anno valebit, tantum monachi de Cultura reddent annuatim pro ea priori Sancti Victuri: in eadem decima, vel si inter ipsos convenit, in loco alio competenti, alioquin prior Sancti Victurii medietatem ejusdem decime percipiet annuatim.

Quod ut ratum et inconcussum permaneat, ad petitionem utriusque partis, presens scriptum sigillo curie Cenomannensis duximus roborandum.

Actum anno gratie M° CC° XVIII°, in crastino apostolorum Petri et Pauli.

LXVII. — 1208-1228. — LETTRES PAR LESQUELLES JEAN, ARCHEVÊQUE DE TOURS, RECONNAIT QUE C'EST A SAINT-VICTEUR QU'APPARTIENT LE DROIT DE PATRONAGE SUR L'ÉGLISE SAINT-JEAN DU MANS [1].

Johannes, Dei gratia Turonensis archiepiscopus, dilectis in Christo abbati et conventui Beati Michaelis de periculo maris salutem et sinceram in Domino caritatem.

Ne vobis vel monasterio vestro possit in posterum prejudicium generari, quod fecimus de ecclesia Sancti Johannis Cenomannensis ipsi H. pauperi subdiacono conferentes auctoritate concilii Rodonensis, sub testimonio presentis cartule, confitemur jus patronatus illius ecclesie ad vestrum monasterium pertinere.

LXVIII. — 1219. — CHARTE DANS LAQUELLE LES MOINES DE CHAMPAGNE RELATENT LES CONDITIONS DE LA VENTE, FAITE PAR EUX A SAINT-VICTEUR, DU MOULIN QU'ILS TENAIENT DE LA LIBÉRALITÉ DU VICOMTE DU MAINE ET QUI ÉTAIT SITUÉ ENTRE LE PONT PERRIN ET LES MOULINS DE RICHEDOIT [2].

Universis presentis scripti seriem inspecturis M. abbas et

---

(1) Ces lettres ont été copiées pour Gaignières. (B. N., *latin* 5430¹, 112.)
(2) Cet acte a été copié en partie pour Gaignières. (B. N., *latin* 5430¹, 115.)

conventus Beate Marie de Campania, Cisterciensis ordinis, Cenomannensis diocesis salutem in Domino.

Approbate consuetudinis et valde necessarium est contractus perpetuos et etiam temporales et conditiones expressas in eis in scriptum redigere, ut si forte aliqua ex ipsis contentio, vel dubietas in posterum oriatur, per scripturam exinde confectam possit et flamma contentionis extingui et dubitationis obscuritas declarari.

Proinde presenti libello curavimus explanare quod nos unanimiter, quia hoc evidens domus nostre utilitas exigebat, molendinum quoddam, quod ex donatione vicecomitis Bellimontis Cenomannis habebamus in Salta, inter pontem Petrinum et molendina de Richedoit, quod est a parte posteriori domus, site in capite exclusarum, cum omnibus pertinentiis suis et omni jure quod habebamus in eo, abbati et conventui Montis Sancti Michaelis de periculo maris perpetuo concessimus possidendum, ita quod idem prior et fratres de Sancto Victurio Cenomannenses pro molendino predicto quinquaginta solidos Cenomannensis monete de firma nobis singulis annis in perpetuum Cenomannis reddere tenebuntur, divisim per duas medietates in duobus terminis ad ipsam firmam reddendam statutis, videlicet infra octabas Nativitatis Dominice et infra octabas Nativitatis Sancti Johannis Baptiste, hujusmodi conditionum articulis intersertis, quod si prior et fratres predicti firmam illam tempestive requisitam ab ipsis non redderent infra terminos prenotatos, vel statim requisitione facta, vel post requisitionem alicui homini a nobis deputato ad percipiendam firmam ipsam, quotquot diebus elapso termino solutio differretur, totiens tres denarios de pena, pro singulis diebus dilationis, nobis reddere tenerentur.

Necesse autem habebimus, si opus fuerit, eisdem priori et fratribus, contra omnes homines predictum cum omnibus pertinentiis defendere molendinum, alioquin non tenerentur nobis firmam reddere prelibatam.

Si autem molendinum vel reficiendum omnino, vel pro parte, fuerit reparandum, prior et fratres jamdicti totum vel partem expensis restaurare propriis procurabunt.

Quod si idem prior et fratres molendinum ipsum non vellent aliquatenus reparare, sed illud relinquerent omnino dirutum et deletum, nichilominus tamen tenerentur de firma predictá nobis cum pretaxata conditione, de pena trium denariorum annis singulis persolvenda.

Quia igitur non minus nobis quam predictis abbati et monachis Montis Sancti Michaelis de periculo maris hoc intelleximus expedire, factum istud grata rati habitione duximus prosequendum, presentis cartule continentiam duabus cedulis exaratam, sigilli nostri munimine roborantes.

Et quoniam sepe contingit hujusmodi cartulas vel vetustate corrumpi vel aliquo infortunio accidente omnino amitti, quotiens utralibet partium voluerit hujus cartule series ex pacto renovabitur, eorumdem sigillorum appositione iterum roboranda.

Actum anno gratie M° ducentesimo nonodecimo.

LXIX. — 1219. — CHARTE DANS LAQUELLE LES MOINES DE SAINT-VICTEUR RELATENT LES CONDITIONS DE LA VENTE QUE LEUR ONT FAITE LES MOINES DE CHAMPAGNE DU MOULIN SITUÉ ENTRE LE PONT PERRIN ET LES MOULINS DE RICHEDOIT.

Universis presentis scripti seriem inspecturis abbas et conventus Sancti Michaelis de periculo maris salutem in Domino.

Approbate consuetudinis et valde necessarium est contractus perpetuos, et etiam temporales, et conditiones expressas in eis in scriptum redigere, ut si forte aliqua ex ipsis contentio vel dubietas in posterum oriatur, per scriptam exinde confectam, possit et flamma contentionis extingui et dubitationis obscuritas declarari.

Proinde presenti libello curavimus explanare quod in Christo dilecti abbas et monachi Sancte Marie de Campania, Cenomanensis diocesis, cisterciensis ordinis, quia hoc evidens domus sue utilitas exigebat, molendinum quemdam quem ex donatione vicecomitis Bellimontis Cenomannis habebant in Salta, inter pontem Petrinum et molendinos de Richedoit, qui est a parte posteriori domus site in capite exclusarum, cum omnibus pertinentiis suis, et omni jure quod habebant in eo, nostri et fratribus nostris Sancti Victurii perpetuo concesserunt tenendum, ita quod idem prior et fratres nostri Sancti Victurii pro molendino predicto quinquaginta solidos Cenomannensium monete de firma abbati et monachis antedictis singulis annis in perpetuum Cenomannis reddere tenebuntur divisim per duas medietates in duobus terminis ad ipsam firmam reddendam statutis videlicet infra octabas Nativitatis beati Johannis Baptiste, hujusmodi conditionum articulis intersertis, quod si prior et fratres nostri predicti firmam illam tempestive requisitam, ab ipsis non redderent infra terminos prenotatos, vel statim requisitione facta, vel post requisitionem alicui homini ab ipsis monachis deputato ad recipiendam firmam ipsam, quotquot diebus elapso termino solutio differretur, tociens tres denarios de pena, pro singulis diebus dilationis, reddere tenerentur idem prior et fratres nostri abbati et monachis antedictis.

Necesse autem habebunt sepedicti abbas et monachi, si opus fuerit, eisdem priori et fratribus nostris contra omnes homines predictum, cum omnibus pertinentiis, defendere molendinum alioquin non tenerentur eis firmam reddere prelibatam.

Si autem molendinus vel reficiendus omnino, vel pro parte fuerit reparandus, prior et fratres nostri jamdicti vel totum vel partem, expensis restaurare propriis, procurabunt.

Quod si idem prior et fratres nostri molendinum ipsum non vellent aliquatenus reparare, sed eum relinquerent omnino dirutum et deletum, nichilominus tamen tenerentur de firma predicta eisdem abbati et monachis, cum pretaxata conditione, et de pena trium denariorum annis singulis persolvenda.

Quia igitur non minus nobis quam predictis abbati et monachis hoc intelleximus expedire, factum istud grata rati habitione duximus prosequendum presentis cartule continentiam duabus cedulis exaratam, sigillis nostris, abbati scilicet et capituli, roborantes.

Et quoniam sepe contingit hujusmodi cartulas vel vetustate corrumpi, vel aliquo infortunio accidente omnino amitti quotiens utralibet partium voluerit, hujus cartule series ex pacto renovabitur, eorumdem sigillorum appositione iterum roboranda.

LXX. — 1219. — NOTICE PAR LES MOINES DE SAINT-VICTEUR DES CONDITIONS DANS LESQUELLES ILS ONT ACHETÉ DE L'ABBAYE DE CHAMPAGNE LE MOULIN PLACÉ ENTRE LE PONT PERRIN ET LES MOULINS DE RICHEDOIT [1].

Concesserunt nobis abbas et conventus Beate Marie de Campania cysterciensis ordinis quoddam molendinum, quod ex donatione vicecomitis Bellimontis habebant Cenomanno in Sarta, inter Pontem Petrinum et molendina de Richedoit, ita quod nos tenemur singulis annis reddere quinquaginta solidos Cenomannensium de firma, medietatem infra octabas Nativitatis Dominice et aliam medietatem infra octabas nativitatis Sancti Johannis Baptiste, ita quod si firma soluta non fuerit infra terminos prenotatos, post requisitionem, quotquot diebus elapso termino, solutio differetur, tociens tres denarios de pena, pro singulis diebus dilationis, eisdem reddere tenemur.

Et de hoc habemus duas cartas.

LXXI. — 1219. — CHARTE DANS LAQUELLE L'OFFICIAL DU MANS ÉNUMÈRE LES DONS FAITS A SAINT-VICTEUR A CRAPAUT ET DANS LA BRETONNIÈRE, PAR RAOUL GAROT ET EREMBURGE, SA FEMME [2].

Universis fidelibus presentium continentiam inspecturis officialis Cenomanensis salutem in Domino.

Universitati vestre presentis libelli volumus explanatione liquere quod Radulfus Garot et Eremburgis, uxor ejus, abbatie Sancti Michaelis de periculo maris et prioratui Sancti Victurii

(1) Aux archives de la Sarthe, H, 831, se trouve l'acte dans lequel Raoul II, abbé du Mont, relate cet abandon ; et celui par lequel Maurice, évêque du Mans en approuve les dispositions.

(2) Cet acte avait été copié en partie pour Gaignières. (B. N., latin 5430 a, 126.)

Cenomanensis se in condonatos et confratres, in nostra presentia, contulerunt, dicto prioratui Sancti Victurii in perpetuam elemosinam concedentes unum arpennum vinee, situm in valle Sancti Vincentii, quod vocatur Crapaut, et medietatem cujusdam herbergamenti, quod fuit Durandi Tuebof, siti in Britonaria, et medietatem cujusdam vinee, site in Britonaria, cum medietate tocius tenementi, quod emit predictus Durandus a Margarita Ceraria et heredibus ejus, et duas plateas, sitas in Britonaria, juxta domum Willelmi de Bosco, post obitum ipsorum R. et E. habenda et in perpetuum possidenda, ita quod proprietas omnium predictarum ad prioratum Sancti Victurii amodo et in perpetuum pertinebit, usufructu earumdem rerum predictis R. et E. quamdiu ambo vixerint et etiam superviventi eorum tantummodo remanente ; et, in recognitione donationis arpenni de Crapaut, reddentur annuatim due summe vini monachis Sancti Victurii ab eisdem R. et E., quamdiu ambo vixerint et ab eorum supervivente.

Preterea dicti R. et E. dederunt ad presens eisdem monachis et proprietatem et usumfructum tocius tenementi quod habebant apud Talevaceriam, in feodo monialium de Prato, et duorum jugerorum terre, sitorum apud Talevaceriam, in feodo Huberti Ribole. Concesserunt etiam monachis antedictis proprietatem omnium rerum quas de cetero duxerint adquirendas, ita quod uterque in eis vita comite habeat tantummodo usumfructum et, utroque sublato de medio, ad eosdem monachos revertantur omnes res que ab eis de cetero fuerint adquisite, nec aliquid de rebus illis alicui conferre poterunt, nisi monachis supradictis, nec alibi quam apud eos poterunt sibi eligere sepulturam. Omnia autem mobilia que eis superfuerint post superviventis obitum erunt monachorum ipsorum, et de obitu utriusque habebunt ipsi monachi duos lectos integros sufficientes in omnibus et furnitos, nec tenebuntur ad eorum debita persolvenda, propter donationem et concessionem sibi factam de omnibus supradictis. Quod ut perpetua vigeat firmitate presenti cartula exaratum, ad petitionem Rudulfi et Eremburgis, sigillo curie Cenomannensis duximus roborandum.

Anno gratie millesimo ducentesimo nonodecimo.

LXXII. — 1219, Septembre. — CHARTE DANS LAQUELLE L'OFFICIAL DU MANS RELATE LES DONS DE MATHIEU DE BRÉE A SAINT-VICTEUR : D'ABORD TOUTE L'HUILE POUR ALIMENTER UNE LAMPE TOUS LES SAMEDIS ET FÊTES D'APOTRES, PUIS TOUS SES BIENS APRÈS LUI.

Universis presentes litteras inspecturis officialis Cenomanensis salutem in Domino.

Noverit universitas vestra quod Matheus de Brae dedit et concessit in elemosinam oleum ad serviendum unam lampadem perpetuo, in ecclesia Sancti Victurii, ante altare Beate Marie, singulis diebus sabbatorum et festivitatibus apostolorum. Statuit etiam idem Matheus, quod ille qui possideret quarterium vinee de Cognect, perquireret oleum ad eamdem lampadem serviendam.

Dedit etiam idem Matheus in elemosinam abbatie Beati Michaelis de periculo maris et prioratui Sancti Victurii Cenomanensis omnes vineas suas et domos et dolia, habenda post ejus obitum et pacifice possidenda.

Reservavit enim idem Matheus sibi in eisdem rebus vita comite usuum fructuum. Preterea idem Matheus quandocumque sibi placuerit recipietur apud Sanctum Victurium in fratrem et condonatum et providebunt ei monachi, tanquam sibimet ipsis in victu et vestitu ad usum et consuetudinem sue domus; set quamcito idem Matheus apud Sanctum Victurium tamquam condonatus, vel monachus, voluerit permanere statim res predicte scilicet domus, vinee et dolia remanebunt perpetuo in manibus monachorum.

Quod ut memoriter teneatur sigillum curie Cenomanensis apposuimus huic carte.

Actum anno gratie M° CC° nono decimo, mense septembris.

LXXIII. — 1219. — LETTRES DANS LESQUELLES GEOFFROY RIBOUL, SEIGNEUR DE COURCILLON, RELATE L'ACCORD INTERVENU ENTRE LUI ET SAINT-VICTEUR, AU SUJET DE LA FÉODALITÉ DES MOULINS DE RICHEDOIT [1].

Universis ad quos littere iste pervenerint Gaufridus Ribole, de

(1) Cet acte avait été copié pour Gaignières. (B. N., latin 5430 a, 110.)

Curceillun dominus, salutem. Inter Raginaldum de Cancavria priorem et monachos Sancti Victurii Cenomanensis, ex una parte, et me, ex altera, super ivindragio molendinorum de Richedoit controversiam coram officiali Cenomanensi aliquamdiu noveritis agitatam fuisse.

Petebam siquidem, tamquam dominus feodi, ut prior et monachi supradicti ivindragium ipsum in manum secularem cogerentur transferre, cum non vellem illud ab eis in elemosinam possideri, nichilominus asserens quod de illo ivindragio mihi hominagium debebatur.

Prior vero et monachi se, prescriptione longi temporis defendentes, non debere se cogi dicebant ad ipsum ivindragium in manum laicam transferendum, insuper asserentes de eodem ivindragio hominagium non deberi.

Tandem vero, habito bonorum virorum consilio, inter nos amicabiliter composuimus in hunc modum :

Quod ego totum ivindragium illud liberaliter et benigne dimisi et expresse concessi prefatis priori et monachis libere et quiete, ab omni hominagio, in perpetuum possidendum ; et ipse prior et monachi tres marcas argenti mihi, propter hoc, caritative dederunt. Et insuper unum denarium Turonensium, pro ipso ivindragio annuatim, in festo omnium Sanctorum mihi apud Cenomanum reddere tenebuntur et II solidos Cenomanensium censuales pro portionibus quas habent in molendinis predictis et in omnibus pertinentiis molendinorum ipsorum et pro prato Motagii.

Ad peticionem vero meam et prioris et monachorum portiones, quas ego et prior et monachi percipimus in multura et in omnibus pertinentiis molendinorum illorum, ne inde contentio in posterum oriatur, secundum confessionem nostram coram officiali factam, presenti cartula duximus exprimendas.

Confessi siquidem fuimus coram dicto officiali, tam ego quam prior et monachi supradicti, quod in multura et in omnibus pertinentiis molendinorum illorum, de octo partibus equalibus prior et monachi quinque partes habere debent et ego tres partes, excepto ivindragio prelibato, quod totum est proprium prioris et monachorum ipsorum.

Nos vero hinc inde tam ego quam prior et monachi tenemur ad expensas necessarias faciendas in molendinis et exclusis et aliis pertinentiis molendinorum ipsorum, secundum quantitatem portionum quas percipimus in eisdem.

Preterea ego teneor garantizare et defendere priori et monachis sepedictis, tam ipsum ivindragium, quam alias portiones quas habent in molendinis et in pertinentiis eorumdem.

Quod ne possit in dubium revocari, sigillum meum apposui huic carte.

Actum anno gratie millesimo ducentesimo nono decimo.

LXXIV. — 1219. — CHARTE DANS LAQUELLE L'OFFICIAL DU MANS RELATE L'ACCORD CONTENU DANS LE NUMÉRO LXXIII, DANS DES TERMES A PEU PRÈS IDENTIQUES.

LXXV. — 1220. — CHARTE DANS LAQUELLE MARTINE, ABBESSE DU PRÉ, RELATE L'ACCORD ÉTABLI ENTRE SON ABBAYE ET SAINT-VICTEUR ET LIMITANT A UN CENS DE VINGT SOUS LA VALEUR DES BIENS QUE CHACUN DES DEUX ÉTABLISSEMENTS POUVAIT POSSÉDER DANS LE FIEF DE L'AUTRE.

Universis fidelibus presentes litteras inspecturis Martina, humilis abbatissa, totusque conventus Sancti Juliani de Prato salutem in Domino.

Cum inter nos, ex una parte, et abbatem et conventum Sancti Michaelis de periculo maris et priorem Sancti Victurii Cenomannensis, ex altera, contentio emersisset, videlicet super eo quod prior predictus non paciebatur quedam tenementa possideri a nobis, que in feodo Sancti Victurii habebamus, tandem nos cum predictis abbate et conventu et priore Sancti Victurii convenimus in hujusmodi pacis formam :

Quod utralibet pars in feodo alterius, et prior Sancti Victurii in feodo Sancti Juliani de Prato, et nos in feodo Sancti Victurii, eam tenementorum habere poterit quantitatem, que valeat annuatim de censu viginti solidos Cenomannensis monete, omni contradictione hinc inde cessante, ita quod census qui debetur annuatim de tenementis que ab utraque parte possidentur ad presens, utrobique computabitur in summa predicta viginti solidorum censualium.

Sed neutra pars in feodo alterius aliquid ulterius habere poterit, nisi prius partis alterius impetrato assensu.

Hanc igitur pacis formam concorditer ab utraque parte concessam presenti cartula annotari, et ut maneat inconcussa, sigillo nostri capituli fecimus communiri.

Actum anno gratie millesimo ducentesimo vicesimo.

LXXVI. — 1220. — ACTE PAR LEQUEL RAOUL, ABBÉ DU MONT, RATIFIE L'ACCORD INTERVENU ENTRE SAINT-VICTEUR ET LES ARDENTS DU MANS. (B. N., *latin* 5430*, fol. 110.)

Radulfus abbas et conventus Sancti Michaelis de periculo maris salutem in Domino.

Notificamus vobis quod nos unanimiter concessimus et approbamus compositionem finalem, inter priorem nostrum de Sancto Victurio Cenomanensi, ex una parte, et magistros et confratres Domus Ardentium Beati Juliani Cenomanensis, ex altera, factam in hunc modum : videlicet, quod antedicti monachi et fratres reddent nobis singulis annis de quoddam arpenno vinea, sito in feodo nostro apud Arzilleria juxta nostram Pordeliziam . . . . . . quinque solidos et quinque denarios Cenomanensium.

Actum anno gracie 1220.

LXXVII. — 1220, Septembre. — CHARTE PAR LAQUELLE L'OFFICIAL DU MANS RELATE L'ACCORD ÉTABLI ENTRE ROBERT LE FERRON ET ARCELINA, SON ÉPOUSE, D'UNE PART, RAOUL GAROT ET EREMBURGE, SON ÉPOUSE, DE L'AUTRE, AU SUJET DE DROITS A LA BRETONNIÈRE ET A COULOMBIERS.

Universis presentes litteras inspecturis officialis Cenomannensis salutem in Domino.

Noverit universitas vestra quod cum Robertus Le Ferron et Ascelina, ejus uxor, peterent coram nobis a Radulfo Garot et

Eremburgi, uxore sua, medietatem domorum et vinearum de Bretoneria et quatuor tonarum et trium cuparum, que ibi erant, et medietatem vinee de Columbiers et peterent insuper culcitras, vaccas et oves, ad valorem viginti librarum Cenomannensium, que omnia Durandus Tuebof, quondam maritus Eremburgis, eidem Asceline dederat in elemosinam, ut dicebat; tandem in hunc modum composuerunt.

Quod prefata Eremburgis in bono statu possidebit vita comite res predictas; et, post ejus obitum, medietas dictarum domorum vinearum, cuparum et tonarum ad dictam Ascelinam et ejus heredes revertetur et in recognitione quod eadem Ascelina sit proprietaria ejusdem medietatis reddet de cetero annuatim medictatem censuum dominis feodorum.

Set dicta Eremburgis, quamdiu vixerit, solvet dicte Asceline medietatem censuum predictorum.

Omnes vero contentiones retrobabite, tam de vaccis, quam de ovibus, et culcitris, et omnibus rebus aliis, sunt sopite.

Quod ut ratum habeatur sigillum curie Cenomanensis apposuimus huic carte.

Actum anno gratie M° CC° vicesimo, mense septembri.

LXXVIII. — 1220, v. s., Janvier. — LETTRES DANS LESQUELLES L'OFFICIAL DU MANS RELATE LE RACHAT PAR SAINT-VICTEUR D'UNE RENTE ANNUELLE DE DEUX PINTES DE VIN ET DE DEUX PAINS, DUE PAR LES MOINES A LAMBERT ET A GUILLAUME DE LA FOREST [1].

Universis fidelibus presentem cartulam inspecturis officialis Cenomannensis salutem in Domino.

Universitati vestre presentis cartule testimonio declaramus quod Lambertus et Guillelmus de Foresta priori Sancti Victurii Cenomannensis coram nobis, pretio viginti solidorum Cenomannensium, vendiderunt duas galeatas vini et duos panes, valentes duos denarios, quos panes et galeatas vini solebant percipere

---

[1] Cet acte a été copié en partie pour Gaignières. (B. N., latin 5430ª, 143.)

annuatim in prioratu Sancti Victurii, et de illis viginti solidos se tenuerunt in nostra presentia pro paccatis prefati Guillelmus et Lambertus.

Et ita prioratus Sancti Victurii ab illis duabus galeatis vini et duobus panibus in perpetuum omnino remanxit inmunis (et percipiebantur annuatim due galeate vini et duo panes in dicto prioratu in festo Pentecostes et in festo omnium sanctorum).

Hoc autem concesserunt Heudebugis et Richeudis, uxores dictorum Guillelmi et Lamberti, et dederunt fidem quod super hoc de cetero monachos Sancti Victurii nullatenus molestarent.

Propterea Julianus, filius Guillelmi de Foresta, hec concessit et affidavit.

De cujus rei materia confectam presentem cartulam sigillo Cenomannensis curie duximus roborandam.

Actum anno gratie M° CC° vicesimo, mense januarii.

LXXIX. — 1222, mai. — CHARTE DANS LAQUELLE MAURICE, ÉVÊQUE DU MANS, RELATE L'ACCORD ÉTABLI ENTRE LUI ET SAINT-VICTEUR, LIMITANT A VINGT-CINQ SOUS CE QU'IL DOIT RECEVOIR DU PRIEURÉ, CHAQUE FOIS QU'IL Y EXERCE LE DROIT DE VISITE [1].

Mauricius, divina permissione Cenomannensis ecclesie minister indignus, universis Christi fidelibus presentem paginam inspecturiis salutem in Domino. Noverit universitas vestra quod cum a prioratu Sancti Victurii Cenomannensis procurationem, que nobis in tempore visitationis ex nostro competebat officio peteremus, et ejusdem loci prior, e contrario, diceret quod nec nobis nec predecessoribus nostris procurationem aliquam exibuisset; tandem cum venerabili abbate et conventu Sancti Michaelis de periculo maris et dicti loci priore, de assensu capituli nostri, composuimus in hanc modum quod cum ad supradictum prioratum, ad peragendum visitationis officium accedemus, pro nostra procuratione viginti quinque solidos Cenomannensium semel in anno, a priore

---

[1] Cet acte existe en double original dans les archives du Mont ; mais l'un d'eux ne porte aucune date ; par contre il possède encore le sceau du chapitre du Mans.

et successoribus suis percipiemus, et hiis contenti ego et successores mei volumus permanere. Ut autem istud in perpetuum perseveret, sigillum nostrum et sigillum capituli nostri duximus apponendum [1].

Actum anno gratie M° CC° XXII, mense maio.

LXXX. — 1222. — LETTRES PAR LESQUELLES JEAN DE SOUVRÉ FAIT DON A SAINT-VICTEUR DE NEUF ARPENTS DE TERRE A SOUVRÉ [2].

Universis presentes litteras inspecturis Johannes, dominus de Sovreio, salutem in Domino.

Noverit universitas vestra quod ego, divini contemplatione amoris, prioratui Sancti Victurii Cenomannensis et fratribus ibidem Deo servientibus, in puram et perpetuam elemosinam, et ab omni exactione et servitio liberam et immunem, assignavi pariter et concessi quamdam terram, quam habebam apud Sovreium, in Campo Frumentoso, circiter novem terre jugera continentem, sitam juxta terram pertinentem ad prioratum predictum; et tam ego quam uxor mea, Aaliz, et filius meus primogenitus, Matheus, et Fulco, filius meus, et frater meus, Egidius, qui omnes elemosinam istam concesserunt, fidei vinculo nos omnes astrinximus quod nichil de cetero reclamabimus in terra predicta.

Uxor vero Mathei simpliciter hoc concessit et, ne uxor mea vel uxor filii mei Mathei, Philippa, aliquid possint de cetero in terra illa jure dotalicii, vel jure alio, reclamare, concessi eis quod, tantum possint petere de alia terra mea, quantum possint reclamare

---

(1) Du sceau de l'évêque Maurice il ne reste plus rien; l'empreinte qui subsiste appartient donc certainement à un sceau du chapitre du Mans, dont il n'existe aucun moulage. Il consiste en un fragment de sceau en cuvette où figure un évêque bénissant, assis sur une chaire non visible, sa chasuble, dont les plis sont bizarrement étudiés, semble porter un galon au milieu, le manipule est très accentué, l'aube est ornée d'un double rang de pois, il ne reste plus de la légende que.... EPI.
La gravure de ce sceau remonte au moins à 1175.
(2) Cette charte a été copiée pour Gaignières, (B. N., latin 5430², 114) mais sous la date de 1221.

in elemosina prenotata, ne contra concessionem suam aliquatenus venire possint.

Prior vero et fratres prioratus illius, pro concessione istius elemosine, michi liberaliter et caritative dederunt decem libras Cenomannensium, quinque solidos minus, et in presentia nostra persolverunt ; ideoque priori et fratribus antedictis ego et heredes mei elemosinam istam garantizare tenebimur contra omnes.

Et ut in perpetuum possint istius elemosine pacifica possessione gaudere, de concessione ista litteras meas eis dedi sigillo meo signatas.

Actum anno gratie millesimo ducentesimo vicesimo secundo.

LXXXI. — 1222. — LETTRES DE L'OFFICIAL DU MANS CONÇUES DANS LES MÊMES TERMES ET AYANT LE MÊME OBJET QUE LE NUMÉRO LXXX.

LXXXII. — 1222. — CHARTE PAR LAQUELLE SAVARY D'ANTHENAISE FAIT DON A SAINT-VICTEUR DE CINQ SOUS DE RENTE SUR LE FOUR DU CARREFOUR DU PONT ISSOART.

Omnibus ad quos presentes littere pervenerint Salvaricus de Altenosia salutem in Domino.

Noverit universitas vestra quod ego dedi et concessi in puram et perpetuam elemosinam, pro salute anime mee et antecessorum meorum, prioratui Sancti Victurii Cenomannensis et priori et fratribus ibidem Deo servientibus quinque solidos Turonensium, percipiendos singulis annis in perpetuum in furno de Quadruvio Pontis Ysoardi, reddendos in die festivitatis Omnium Sanctorum, per manum illius qui furnum tenebit, ita quod si illi quinque solidi Turonensium non redderentur eisdem priori et fratribus in termino prenotato, dedi eis potestatem et licentiam capiendi tantum de rebus que invente fuerint in furno predicto, quod ille qui furnum tenebit per captionem illarum rerum illos quinque solidos Turonensium reddere compellatur.

Et ut hec elemosina perpetuo maneat inconcussa, priori et fra-

tribus antedictis inde dedi litteras meas sigilli inei munimine roboratas.
Actum anno gracie millesimo ducentesimo vicesimo secundo.

LXXXIII. — 1222, Août. — CHARTE DANS LAQUELLE L'OFFICIAL DU MANS RELATE L'ACCORD ÉTABLI ENTRE SAINT-VICTEUR ET HUGUES DU TERTRE AU SUJET DE DEUX PRÉS, SITUÉS A FAY, DANS LE FIEF DE GUY DE BROUSSIN [1].

Omnibus fidelibus presentem cartulam inspecturis officialis Cenomanensis salutem in Domino.

Contentio vertebatur inter priorem et monachos Sancti Victurii Cenomanensis, ex una parte, et Hugonem de Tertro et uxorem ejus Hodeart, ex altera, super duobus pratis sitis in parrochia de Fai, in feodo Guidonis de Brocin, que predicti prior et monachi petebant ab eisdem Hugone et ejus uxore, ea ratione quod Auxeis Perer, cujus erant prata illa, prioratui Sancti Victurii Cenomanensis ea in elemosinam, ut dicebant, duxerat adsignanda.

Tandem vero inter eos compositum est in hac forma : quod predicti Hugo et uxor ejus prata illa prioratui Sancti Victurii, coram nobis, in elemosinam concesserunt, ita tamen quod ipsi et eorum supervivens prata illa nomine predictorum prioris et monachorum vita comite possidebunt, ad predictum prioratum post utriusque obitum reversura, et per singulos annos inde reddere tenebuntur quinque denarios de recognitione priori et monachis antedictis, in festo Sanctorum Gervasii et Protbasii estivali.

Quod ut perpetua vigeat firmitate, presenti cartula annotatum sigillo Cenomanensis curie duximus roborandum.

Actum anno gratie M° CC° XX° II°, mense augusto.

(1) Cet acte a été copié en partie pour Gaignières. (B. N., latin 5430 a, 111.)

LXXXIV. — 1222, 6 Octobre, Le Mans. — ACCORD ENTRE SAINT-VICTEUR ET GUILLAUME DE SEUILLÉ, QUI FAIT RESTITUER AU PRIEURÉ PAR L'UN DE SES HOMMES, APPELÉ PEAU DE LIÈVRE, UNE DIME ASSISE SUR LA VALLÉE AUBERON, PRÈS DOMFRONT-EN-CHAMPAGNE. (B. N., *latin* 5430 a, fol. 117.)

Universis Christi fidelibus presentes litteras inspecturis officialis Cenomanensis salutem in Domino.

Contentio vertebatur coram me inter priorem Sancti Victuril, ex una parte, et Willelmum de Seuille, militem, et quemdam ejus hominem qui vocabatur Pellis Leporis, ex altera, super quadam decimam, que est in parrochia de Domfront in Campana, juxta Vallem Auberon, qua decima se prior conquerabatur spoliatum ab eis.

Tandem vero dictus restituit eidem priori decimam supradictam et exinde fecit ei sesinam in sex denariis quos, nomine sesine, coram nobis persolvit eidem.

Actum Cenomanis, anno 1222, die jovis post festum Beati Michaelis.

LXXXV. — 1223, Mai. — CHARTE DANS LAQUELLE L'OFFICIAL DU MANS RELATE L'ABANDON FAIT A SAINT-VICTEUR PAR AMIOT CÉRAIRE, DE TOUT CE QUI LUI REVENAIT DE LA SUCCESSION DE GILES BOQUÉDE, SON NEVEU [1].

Officialis Cenomanensis universis Christi fidelibus presentes litteras inspecturis salutem in Domino.

Universitatis vestre noticiam volumus non latere quod Amiotus Cerarius prioratui Sancti Victurii Cenomanensis, coram nobis, contulit et concessit omne jus hereditarium quod habebat in rebus mobilibus et inmobilibus que fuerunt Gilonis Boquede, nepotis sui.

(1) Cette charte a été copiée en partie pour Gaignières. (B. N., *latin* 5430 a, 112.)

— 85 —

Quod ut ratum et firmum valeat permanere, presenti cartula annotari et sigillo Cenomanensis curie fecimus communiri.

Actum anno gratie millesimo ducentesimo vicesimo tercio, mense maii.

LXXXVI. — 1223. — CHARTE DANS LAQUELLE L'OFFICIAL DU MANS RELATE L'ACCORD ÉTABLI ENTRE SAINT-VICTEUR ET HODEERIUS, GENDRE DE GILES BOQUÈDE, AU SUJET DE CERTAINS BIENS PROVENANT DE LA SUCCESSION DE CE DERNIER.[1]

Universis fidelibus presentes litteras inspecturis officialis Cenomanensis salutem in Domino.

Contentio vertebatur inter Petrum de Longavilla, priorem Sancti Victurii Cenomanensis, et Hodeerium, generum defuncti Gilonis Boquede, super tercia parte tocius herbergamenti siti juxta portam Cenomannice civitatis, quod fuit predicti Gilonis, et pertinenciarum ipsius herbergamenti, quam terciam partem dictus prior petebat ab eodem Hodeerio sibi dimitti pro viginti libris Cenomanensium, secundum dispositionem voluntatis ejusdem Gilonis, qui preceperat illam terciam partem predicti herbergamenti et pertinenciarum ipsius heredi suo dimitti, pro precio supradicto. Et super medietate vinee, que vocatur Mallaballas, quam idem Hodeerius possidebat, quam idem prior sibi petebat dimitti ab eodem Hodeerio pro quindecim libris Cenomanensium, ratione superius assignata, et super quodam terre spatio sito apud Calidum Mare, juxta pratum domine Novelle situm, a sinistra parte vie per quam itur ad Sanctum Georgium de Plano. Que omnia memoratus prior petebat ab eodem Hodeerio, tamquam heres predicti Gilonis.

Tandem vero super contentione ita concorditer compositum est inter eos, quod idem Hodeerius prioratui Sancti Victurii, pro pace, dimisit et perpetuo possidendum concessit illud terre spatium prenotatum, et cetera omnia, que prior petebat ab ipso, eidem Hodeerio remanserunt in pace. Et uxor ejusdem Hodeerii,

(1) Cet acte a été copié en partie pour Gaignières. (B. N., latin 5430*, 112.)

coram nobis prestito juramento, firmavit, quod nunquam aliquid reclamaret in illo terre spacio, neque jure dotalicii, neque alia ratione.

Quod ut perpetuam obtineat firmitatem, presenti cartula annotatum sigillo Cenomannice curie duximus roborandum.

Anno gratie M° CC° XX° tercio

LXXXVII. — 1223. — CHARTE DANS LAQUELLE L'OFFICIAL DU MANS RELATE L'ENGAGEMENT PRIS PAR THIBAUT DE VERNIE DE FAIRE A SAINT-VICTEUR LES DONS PRESCRITS PAR GAUTIER TIMON, DONT IL ÉTAIT L'HÉRITIER.

Officialis Cenomannensis universis presentes litteras inspecturis salutem in Domino.

Noverit universitas vestra quod Theobaldus de Vernia, heres Galterii Tymon, confessus est coram nobis quod idem Galterius Tymon prioratui Sancti Victurii Cenomanensis in perpetuam concesserat elemosinam octo denarios Cenomannensium censuales et tres caritates panis et vini, quos denarios censuales et caritates prioratus Sancti Victurii Cenomannensis eidem Galterio annuatim debebat, de omnibus quecunque tenebat ab eodem Galterio, in parrochia Sancti Georgii de Plano, et omnem jurisditionem et justiciam, et plenitudinem feodi et dominii quam ibi predictus Galterius habebat, sine aliqua exceptione.

Idem vero Theobaldus de Vernia elemosinam istam, sicut superius est expressa, tanquam heres predicti Galterii coram nobis ratam habuit et expresse concessit.

Nos autem hanc ejusdem Theobadi concessionem presenti cedula annotatam, de voluntate ipsius, appositione sigilli curie Cenomannensis duximus roborandam.

Actum anno gratie millesimo ducentesimo vicesimo tercio.

LXXXVIII. — 1223. — LETTRES DANS LESQUELLES L'OFFICIAL DU MANS RELATE L'ACCORD ÉTABLI ENTRE SAINT-VICTEUR ET JULIENNE, VEUVE DE GILES BOQUÈDE.

Universitati fidelium ad quos littere iste pervenerint officialis Cenomanensis salutem in Domino.

Inter abbatem et conventum Sancti Michaelis de periculo maris, ex una parte, et Julianam, relictam Gilonis Boquede, ex altera, contemptionem olim noveritis emersisse super quibusdam rebus que predictum Gilonem, ex parte matris sue, jure hereditario, contingebant, et super medietate omnium rerum quas simul adquisierant dictus Gilo et uxor ejus predicta, que omnia memorati abbas et conventus, ab eadem Juliana, ea ratione petebant quod Amiotus Cerarius, frater matris ejusdem Gilonis et unicus ejus heres ex parte matris sue, res illas eis ad opus prioratus Sancti Victurii, in perpetuam elemosinam, duxerat assignandas.

Tandem vero, post multas altercationes, contentio supradicta, mediante concordia, sopita est in hunc modum :

Predicta siquidem Juliana, pro bono pacis, abbati et conventui antedictis ad presens reliquit et perpetuo possidendum concessit quoddam tenementum, situm apud Calidum Mare, in feodo Willelmi Morin, juxta pratum de Jerusalem, scilicet quoddam herbergamentum et terram et osereiam et ortum adjacentes, et totam terram quam habebat idem Gilo, ex altera parte, ante tenementum predictum, et medietatem tocius partis sue vinee, que vocatur Mallaballas, et pressorii ibi siti.

Due vero partes herbergamenti lapidei, siti juxta portam Cenomannice civitatis, et platearum adjacencium et parvum cellarium ante situm, et plante site juxta bucam Ydonee, dicte mulieri remanserunt vita comite possidende, ita quod medietas earumdem rerum ad abbatem et conventum predictos, tanquam ad proprietarios, ad opus prioratus Sancti Victurii post ejus obitum revertentur.

De altera vero medietate rerum illarum et de alia medietate partis sue vinee, que vocatur Mallaballas, et de vinea de Riparia, dicta mulier disponere poterit pro sue arbitrio voluntatis, ita tamen quod si vellet vendere partem suam vinee, que vocatur Mallaballas, vel vineam de Riparia non liceret ei vendere vineas antedictas alii quam priori Sancti Victurii, dummodo prior eodem precio quo et alius emere vellet eas.

Predicta siquidem Juliana et heredes sui non tenebuntur garantizare res istas abbati et conventui antedictis.

Et ab utraque parte absoluto et concorditer est concessum quod abbas et conventus predicti et prior Sancti Victurii a solutione omnium debitorum defuncti Gilonis Boquede erunt omnino inmunes, predicta Juliana et rebus suis remanentibus obligatis ad solutionem debitorum illorum omnium faciendam, et propter hoc remanserunt eidem Juliane omnia mobilia que habebant communia ipsa et vir suus superius nominatus.

Quod si abbas et conventus jamdicti institutionem capellanie, quam idem Gilo fecisse dicitur, ratione poss.nt aliqua revocare, dicta mulier medietatem haberet tocius emolumenti, quod ex inde consequerentur abbas et conventus predicti, ita tamen quod si in adquisitione illius emolumenti medietatem mitteret expensarum.

Quod ut perpetue firmitatis vigorem valeat obtinere, presenti cartula exharari et de utriusque partis assensu sigillo Cenomanensis curie fecimus roborari.

Actum anno gratie M° CC° vicesimo III°.

LXXXIX. — 1224. — ACTE PAR LEQUEL LES RELIGIEUX DE CHAMPAGNE, POUR INDEMNISER LE PRIEUR DE SAINT-VICTEUR DES DOMMAGES CAUSÉS PAR UNE INONDATION, LUI REMETTENT VINGT-CINQ SOUS SUR LES CINQUANTE QU'IL LEUR DEVAIT, A CAUSE DU MOULIN DONNÉ EN 1219. (*Archives de la Sarthe*, H, 831.)

XC. — 1224. — LETTRES DANS LESQUELLES L'OFFICIAL DU MANS RELATE L'ACCORD ÉTABLI ENTRE SAINT-VICTEUR ET LE CURÉ DE SAINT-GEORGES-DU-PLAIN, AU SUJET DES LIMITES DE LA PAROISSE DE SAINT-JEAN.

Omnibus hoc scriptum inspecturis vel audituris officialis Cenomannensis salutem in Domino.

Noverit discretio vestra quod cum quedam contentio verteretur inter priorem Sancti Victurii Cenomannensis, ex una parte, et presbiterum Sancti Georgii de Plano, ex altera, de quibusdam decimis, in hunc modum pacis convenerunt :

Prior Sancti Victurii habebit in perpetuum decimam nove vinee Hugonis de Chevilie, que est juxta novalia prati Froter. Item, prior habebit medietatem decime campi, qui est ad caput dicte vinee; presbiter vero Sancti Georgii alteram.

Item, prior habebit medietatem decimarum novalium prati Froter, ecclesia vero Sancti Georgii alteram. Parrochianus, cujus domus est sita in novalibus terre, que dicitur Pratum Froter, obediet cum orationibus et oblationibus et confessionibus, per unum annum, ecclesie Sancti Georgii de Plano. Per alterum vero annum, ecclesie Sancti Johannis similiter obediet. Sponsalia et mortalia, si evenerint, in domo predicta communia erunt mediocriter predictarum ecclesiarum.

Item, decima Campi Dodin erit in pace et quiete de parrochia Sancti Georgii, sicut justum est et fuit quondam.

Item, decima cujusdam campi qui est in clauso Plancarum, que quondam solebat huc usque pertinere ad monachos Sancti Victurii, amodo in perpetuum pertinebit ad ecclesiam Sancti Georgii.

Nos autem, quia labilis est hominum memoria et ne de his omnibus amplius dubitaretur, sigillo curie Cenomannensis confirmavimus.

Actum anno Domini M° CC° vicesimo quarto.

XCI. — 1224. — LETTRE PAR LAQUELLE L'ÉVÊQUE MAURICE INDIQUE A L'ABBÉ DU MONT DE QUELLE NÉCESSITÉ IL EST QUE LE CURÉ DE SAINT-JEAN SOIT A SON POSTE [1].

Mauricius, Dei permissione Cenomannensis ecclesie minister indignus, karissimo in Christo venerabili, de periculo maris abbati, salutem et sinceram in Domino karitatem. Cum residencia dilecti nostri magistri Ylarii, pro quo vos super ecclesia beati Johannis Cenomanensis exoramus, sit in hiis diebus necessaria Cenomanis, nec sine dampno rei publice modo valeat absens esse, karitatem vestram iterum exoramus, quatinus priori vestro Cenomannensi placeat vices vestras committere ipsum nobis et archipresbitero loci ad ipsam ecclesiam presentandi, in hac parte

---

(1) Cette lettre avait été copiée pour Gaignières. (B. N., latin 5430ᵃ, 112.

nobis gratiam gratie cumulantes, quia cum necesse habeat iterum ad vos ire, ut in capitulo vestro fidelitatis faciat juramentum, grave esset ei et rei publice dampnosum, ita suam geminare absenciam et laborem.

Bene et diu valeatis.

Datum die martis proxima post octabas apostolorum Petri et Pauli, anno Domini M° CC° XX° quarto.

XCII. — 1224, v. s., 19 Mars. — NOTICE DE L'ACCORD ÉTABLI ENTRE GILBERT, CURÉ D'ETIVAL, ET PIERRE DE PRUILLÉ, SUR LA DIME DU FOUR D'ETIVAL.

Contentio que vertebatur inter Gilebertum, personam d'Estival, et Petrum de Pruleio, super decima furni d'Estival, quam idem Gilebertus, nomine sue ecclesie, postulabat, sedata est in hunc modum, quod persona d'Estival percipiet in perpetuum de cetero, per spatium quindecim dierum ante Natale, decimam plenarie et integre dicti furni et, quibuslibet aliis ebdomadis, unam denariatam panis.

Actum die martis post Oculi mei, anno gratie M° CC° XX° IIII°.

XCIII. — 1225. — CHARTE DANS LAQUELLE LE PRIEUR DE SAINT-VICTEUR RELATE LES DONS FAITS PAR LUI AUX ARDENTS DU MANS.

Omnibus presentes litteras inspecturis P., dictus Cantor, prior Sancti Victurii Cenomannensis, salutem in Domino.

Noverint universi quod nos, cum assensu abbatis nostri et monachorum in nostro prioratu existentium, pro bono et utilitate nostri prioratus, concessimus fratribus domus Ardentium [1] beatissimi Juliani Cenomannensis quoddam herbergamentum et dimidium arpennum vinee, sita in Britoneria, ante ecclesiam Beati

(1) La *Maison des Ardents* au Mans était située à l'angle du cloître Saint-Julien et de la Grande-Rue (Voir Pesche, III, 542).

Egidii de Garetis [1], et quandam terram, sitam retro dictam ecclesiam, que quondam fuerunt Johannis de Colenois.

Concessimus etiam dictis fratribus quinque quarteria vinee, que fuerunt defuncti Garini Boitlet, que omnia sita sunt in nostro feodo, possidenda perpetuo et habenda, reddendo nobis, singulis annis, quinque solidos Cenomannensium annui census, videlicet quinque solidos Turonensium ad festum Sanctorum Gervasii et Prothasii hyemale, et ad Penthecosten decem et octo denarios Cenomannensium, et ad festum Sancti Martini hyemale duodecim denarios Cenomannensium persolvendos, de quibus omnibus rebus tres solidi Cenomannensium tantummodo nobis annuatim reddi solebant, nomine census ; et hoc ita concessimus predictis fratribus, quod non poterimus aliquatenus eos compellere ad vendendum res superius nominatas.

In cujus rei testimonium, presentes litteras dictis fratribus concessimus sigilli nostri impressione munitas.

Actum anno gratie M° CC° XX° quinto.

XCIV. — 1225, v. s., Février. — CHARTE DANS LAQUELLE L'OFFICIAL DU MANS RELATE L'ACCORD ÉTABLI ENTRE MARTHE D'ETIVAL, ÉPOUSE D'AMIOT CÉRAIRE, ET JEANNE, SA SŒUR, ÉPOUSE DE RICHARD LEGAUTET.

Universis presentes litteras inspecturis officialis Cenomannensis salutem in Domino.

Noverint universi quod, cum inter Martham de Estival et Johannam, sororem suam, et maritos ipsorum, in curia laicali ut dicebant esset aliquamdiu contentio ventilata, super hoc videlicet quod predicta Johanna petebat a dicta Martha porcionem que ipsam debebat contingere in rebus patris et matris sue, videlicet terris, vineis, pratis, domibus que tenebat ; Martha vero et maritus suus, e contra, dicerent, ut dicebant, quod ipsa Johanna et Agnes, soror sua, et Sedilia, mater ipsarum, quicquid habebant

---

(1) Paroisse Saint-Gilles des Guérets, située sur le chemin de Saint-Georges, à peu près à la hauteur des moulins de Richedoit (Voir *Plan d'Aubry* en 1736).

in dictis rebus vendiderant et quod ipsa Martha easdem hereditates ratione propinquitatis de manu retranxerat aliena et ideo in rebus illis nichil poterat reclamare.

Tandem predicta Johanna et Richardus Legautet, maritus suus, in nostra presencia constituti, quitaverunt predicte Marthe et Amioto Cerario, marito suo, omne jus quod habebant, vel reclamare poterant, in rebus quas Martha et Amiotus, maritus suus, confectionis litterarum istarum tempore, possidebant.

Et etiam, tactis sacrosanctis, se astrinserunt Richardus et ejus uxor, juramento prestito coram nobis, quod predictam Martham et ejus maritum, Amiotum, vel causam ab ipsis habentem, super rebus predictis nullatenus de cetero molestarent.

In cujus rei testimonium, presentibus litteris ad peticionem parcium sigillum Cenomannensis curie duximus apponendum.

Actum anno Domini M° CC° XX° quinto, mense februarii.

XCV. — 1226. — ACCORD ÉTABLI ENTRE JULIENNE, VEUVE DE GILLES BOQUÈDE, ASSISTÉE DE JEAN, SON SECOND MARI, ET SAINT-VICTEUR, DUQUEL RÉSULTE POUR CE DERNIER LA POSSESSION DE VIGNES SITUÉES A BOUCHE D'HUISNES [1].

Universitati fidelium ad quos littere iste pervenerint officialis Cenomanensis salutem in Domino.

In nostra presencia constituti, Juliana, quondam uxor Gilonis defuncti Boquede, et Johannes, maritus ejus, dimiserunt et concesserunt ad presens et amodo, in perpetuum possidendas abbati et conventui Montis Sancti Michaelis de periculo maris, ad opus prioratus Sancti Victurii Cenomannensis, quasdam plantas vinearum, sitas juxta bucam Ydonce, que fuerunt predicti Gilonis, ut dicebant, quas dicta Juliana debebat in solidum, vita comite, possidere per quandam compositionem factam inter ipsam et abbatem et conventum predictos, quarum medietas ad eosdem abbatem et conventum debebat devolui per compositionem predictam post obitum Juliane predicte.

(1) Cet acte a été en partie copié pour Gaignières. (B. N., latin 5430 a, 112.)

Petrus vero, tunc temporis prior Sancti Victurii Cenomanensis, procurator abbatis et conventus predictorum, mandatum habens speciale de componendo et transigendo, in commutationem plantarum illarum, memorate Juliane et ejus marito Johanni dedit et concessit, nomine abbatis et conventus, terciam partem herbergamenti lapidei, siti juxta portam Cenomannice civitatis, et platearum adjacencium, et parvi cellarii ante siti, quam terciam partem iidem abbas et conventus habebant ex donatione Amioti Cerarii, qui erat heres unicus predicti Gilonis quantum ad hoc, ut dicebant.

Firmaverunt autem, fide prestita corporali coram nobis predicti Johannes et Juliana, quod in predictis plantis vinearum, neque ratione compositionis predicte, neque alia ratione sibi modo competenti, aliquid de cetero reclamabunt; et prefatus prior, nomine abbatis et conventus prefatorum, similiter concessit quod in illa tercia parte herbergamenti predicti et platearum adjacencium et parvi cellarii ante siti, nichil amodo reclamabit, et insuper, pro commutatione illa, dedit eis viginti quinque solidos Cenomannensi monete.

Quod ut perpetue firmitatis vigorem valeat obtinere, presentem cartulam exarari et de utriusque partis assensu sigillo Cenomannis curie fecimus roborari.

Actum anno gratie M° CC° vicesimo sexto.

XCVI. — 1226. — CHARTE PAR LAQUELLE GUY DE BROUSSIN [1] VEND A SAINT-VICTEUR, POUR VINGT-CINQ SOUS, TOUS SES DROITS SUR DES PRÉS, SITUÉS A FAY [2].

Sciant presentes et futuri quod ego Guido de Brocin, miles, et uxor mea et Willelmus, filius meus primogenitus, quitavimus priori Sancti Victurii Cenomannensis et fratribus ibidem Deo

(1) Broussin était un fief situé sur le territoire de Fay, à quatorze cents mètres du bourg.

(2) Cette pièce aujourd'hui rongée par l'humidité et déchirée, a été copiée pour Gaignières, B. N., latin 5430*, 111, où elle est accompagnée du dessin du sceau de Guy de Broussin. : Sceau rond de 0,05, possédant au centre un écu au sautoir cantonné d'une croix en chef et de trois étoiles ; avec la légende : † S. GUIDONIS DE BROCIN MILITIS.

servientibus sexdecim denarios, quos nobis reddebant de suo prato de Fai, et omne jus quod habebamus in dicto prato.

Et propter hoc dederunt nobis P., prior tunc temporis, et fratres Sancti Victurii Cenomannensis viginti quinque solidos Cenomannensium, de quibus fuit nobis plenius satisfactum.

Ego autem et uxor mea et heredes mei debemus eis garantisare pratum illud in omnibus quitum et liberum, tanquam puram et perpetuam elemosinam habendum de cetero et tenendum, excepta via que ibi est assignata, per quam bovarius cum quadriga sua poterit tranxire, ita tamen quod in via prati, nec in ipso prato, aliquam preter ire poterit facere lesionem.

Et ut hoc in posterum firmum et stabile teneatur, cum assensu uxoris mee et Guillelmi filii mei primogeniti, sigilli mei munimine confirmavi.

Datum anno Domini [122]6.

XCVII. — 1228, Septembre. — ASSENTIMENT DONNÉ PAR LES CHANOINES DENIS ET JEAN DE BIARD A UN ACCORD, PASSÉ EN 1220, ENTRE SAINT-VICTEUR ET LES ARDENTS DU MANS [1].

Universis presentes litteras inspecturis officialis Cenomanensis salutem in Domino.

Universitati vestre notum facimus quod, cum prior Sancti Victurii Cenomanensis, de consensu abbatis et monachorum Sancti Michaelis de periculo maris, sicut in eorum litteris vidimus contineri, cum fratribus domus Ardentium beatissimi Juliani Cenomanensis composuisset in hunc modum :

Universis Christi fidelibus scriptum presens inspecturis Radulfus, abbas, et conventus Montis Sancti Michaelis de periculo maris, salutem in Domino.

Notificamus universitati vestre quod nos unanimiter concedimus et approbamus compositionem finalem inter priorem nostrum de Sancto Victurio Cenomanensis, ex una parte ; et magistros et fratres domus Ardentium beati Juliani Cenomanensis, ex altera, factam in hunc modum : videlicet quod antedicti magister et

(1) Cet acte avait été copié pour Gaignières. (B. N., *latin* 5430a, 110.)

fratres reddent nobis singulis annis de quodam arpenno vinee sito in feodo nostro apud Arzilleria, juxta nostram bordelescam, et de quadam domo et uno quarterio vinee, sitis in Bretoneria, et de uno jornali terre, apud Sanctum Egidium de Garetis, dicte domui Ardentium in elemosinam assignatis quinque solidis et quinque denariis Cenomanensis ita etiam quod omne dominium et jus nostrum integre cum costumis in predictis tenementis nobis remanserunt.

Et sciendum quod antedicta domus in feodo nostro sine licentia nostra se nullatenus de cetero poterit augmentare.

Quod ut ratum permaneat et inconcussum presentem paginam sigilli nostri appensione roboravimus.

Actum anno gratie M° CC° vicesimo.

Tandem in nostra presentia constituti magister Dionisius et magister Johannes de Biard, canonici Cenomanenses tunc temporis rectores et magistri predicte Domus Ardentium, ex parte episcopi et capituli Cenomanensis, compositionem predictam gratam habuerunt et acceptam.

In cujus rei testimonium, ad instanciam predictorum magistrorum Dionisii et Johannis, presentes litteras sigilli curie Cenomanensis munimine duximus roborandas.

Anno incarnationis dominice M° CC° vicesimo sexto, mense septembris.

XCVIII. — 1226, Septembre. — ACTE DE L'OFFICIAL DU MANS PORTANT VIDIMUS DU NUMÉRO XCVII (B. N., *latin* 5430¹, fol. 110.)

Universis . . . .

Officialis Cenomanensis refert se vidisse aliquam litteram in hac forma.

[*Ici le texte des lettres de 1220 insérées in extenso dans le numéro XCVII.*]

Tandem predictus officialis fidem fecit quod magister Dyonisius et magister Johannes de Biard canonici Cenomanenses, tunc temporis rectores Domus Ardentium, ex parte episcopi et capituli, compositionem predictam gratam habebunt et acceptam.

In cujus rei testimonium . . . . . .
Anno gratie 1226, mense septembri.

XCIX. — 1229, Avril[1]. — LETTRES DANS LESQUELLES MAURICE, ÉVÊQUE DU MANS, RELATE DIVERS DONS D'AMIOT CÉRAIRE D'ÉTIVAL ET DE MARTHE, SON ÉPOUSE, DANS LES FIEFS DE LAMBERT ET DE GUILLAUME DE LA FOREST, DE RENAUD DE VAIGES, DE HUBERT DE LA FERRIÈRE ET DE HERBERT DE TUCÉ.

Mauricius, divina permissione Cenomannensis ecclesie minister indignus, omnibus presentes litteras inspecturis salutem in Domino.

Noverint universi quod, in nostra presentia constituti, Amiotus Cerarius de Estival et Martha, uxor ejus, prioratui Sancti Victurii Cenomannensis dederunt et concesserunt, in puram et perpetuam elemosinam, omnes res quas habebant in parrochia de Estival, sitas in feodo Sancti Victurii Cenomannensis : scilicet domos, terras, ortos, et vineas et vasa vinaria, que si removerentur oporteret lacerari, et quamdam archam duos modios bladi continentem. Preterea dederunt dicto prioratui quamdam terram, contiguam terris illis sitis in feodo Sancti Victurii, que terra partim est de feodo Lamberti de Foresta, partim de feodo Willelmi de Foresta, ut dicebant. Dederunt eciam quoddam pressorium predicto prioratui, situm juxta predictas domos, cujus medietas est de feodo Sancte Marie de Estival et altera medietas de feodo Raginaldi de Vege, militis, et quamdam vineam, dicto pressorio contiguam, que est de feodo predicti R., militis, et quoddam virgultum, cum omnibus que infra illud continetur, quod est de feodo Huberti de La Ferreire, militis. Dederunt insuper sepedicto prioratui omnes vineas quas habebant in Monte Baaut, que vinee sunt de feodo Herberti de Thuisseio, militis, retento sibi et superviventi eorum quamdiu vixerint dictarum rerum usufructu, excepta eschacta feodi Gilonis Boquede, quam predicti Amiotus et Martha dicto prioratui in puram et perpetuam elemosinam concesserunt, tali conditione quod donationem istam

(1) L'année 1229, commencée le 15 avril, a pris fin le 7 avril 1230.

quicquid contingat nullo modo poterunt revocare, nec rescindere, nec aliquatenus contraire.

De cujus rei materia confectam presentem cartulam, ad petitionem predicti Amioti et Marthe, uxoris sue, sigillo nostro munimine fecimus sigillari [1].

Actum anno gratie M° CC° XX° nono, mense aprilis.

C. — 1229, Avril. — LETTRES DE L'OFFICIAL DU MANS IDENTIQUES AU NUMÉRO XCIX.

CI. — 1230, Mai. — CHARTE PAR LAQUELLE SAVARY D'ANTHENAISE ABANDONNE A SAINT-VICTEUR UNE RENTE ANNUELLE DE CINQ SOUS.

Universis presentes litteras inspecturis Savaricus de Altanoisia salutem.

Noverit universitas vestra quod ego dedi et concessi et, hac mea presenti cartula, confirmavi Deo et prioratui Beati Victurii Cenomannensis quinque solidos Turonensium in puram et perpetuam elemosinam, pro salute anime mee et antecessorum meorum, percipiendos annuatim super meis censibus Cenomanensibus per manum mei servientis. Set infra quatuor annos nichil percipiet idem prioratus, quoniam Benvenuta de Argentonio habet eosdem census ad firmam usque ad revolutionem quatuor annorum.

Actum anno gratie M° CC° XXX°, mense maio.

CII. — 1230. — LE PRÊTRE ROGER S'ENGAGE A TENIR LAÏQUEMENT LA MAISON ACHETÉE PAR LUI DANS LE FIEF DE SAINT-VICTEUR ET S'OBLIGE A NE LA VENDRE QU'A UN ACQUÉREUR DEVANT LA TENIR DE MÊME.

Universis presentes litteras inspecturis officialis Cenomannensis salutem in Domino.

(1) Ce sceau était non pas celui de l'évêque Maurice encore inédit, mais celui de la cour de l'évêque, figuré de la planche VII.

Noverint universi quod, in nostra presencia constitutus, Rogerus, presbiter, confessus fuit in jure coram nobis quod ipse emerat quondam domum, sitam in feodo prioris Sancti Victurii Cenomannensis, ut dicebat, tali conditione quod idem Rogerus a dicto priore tenebit laice, nec dictam domum ponere poterit in manu ecclesie, sive in aliqua religione, nec eciam ipsam in elemosinam conferre, nisi tali persone que illam teneat laice a priore superius memorato.

In cujus rei testimonium, presentes litteras fecimus ad petitionem parcium sigilli nostri munimine roborari.

Actum anno Domini M° CC° XXX°.

CIII. — 1230. — CHARTE DANS LAQUELLE L'OFFICIAL DU MANS ET LE CHANOINE DENIS RELATENT LA SENTENCE RENDUE PAR EUX SUR LE DIFFÉRENT QUI EXISTAIT ENTRE SAINT-VICTEUR ET SAINT-MARTIN.

Omnibus presentes litteras inspecturis officialis Cenomannensis et magister Dionisius, canonicus Cenomanensis, salutem in Domino.

Noveritis quod cum inter priorem Sancti Victurii Cenomannensis, ex una parte, et priorem Sancti Martini Cenomannensis [1], ex altera, controversia diutius mota esset, super hoc scilicet quod dictus prior Sancti Victurii petebat a dicto priore Sancti Martini quatuor denarios Cenomannensium censuales pro platea defuncti Bernardi Lovel, et duos solidos Cenomannensium et unum denarium Turonensium pro domo et vinea defuncti Huberti Rossel, et quindecim denarios Cenomannensium pro vineis et torculari defuncti Pagani Garot, que omnia sita sunt in feodo ejusdem prioris Sancti Victurii, ut dicebat, tandem cum idem prior Sancti Victurii haberet litteras patentes, sigillo abbatis et capituli Sancti Michaelis de periculo maris sigillatas, sede abbatis tunc temporis

---

(1) C'est en 1216 seulement que l'abbé Bernard de Marmoutier, à la suite de l'incendie du prieuré Saint-Martin du Mans, décida que les dépendances de ce prieuré relèveraient désormais de celui de Vivoin. (B. N., latin. 12879, 277.) La chapelle Saint-Martin était située sur la paroisse Saint-Jean entre les rues Bretonnière et Saint-Pavin.

vacante, in quibus continebatur, sicuti ex tenore earum perpendimus, quod uterque eorum habebat potestatem agendi et conpromittendi, transigendi, et eciam jurandi de calumpnia super contentionibus memoratis ; in nos de eadem controversia tamquam in arbitros conpromiserunt.

Cum autem, post sacramentum de calumpnia coram nobis hinc inde prestitum, nobis constaret, ex confessione dicti prioris Sancti Martini, quod ipse debebat prioratui Sancti Victurii quatuor denarios Cenomannensium de censu pro platea defuncti Bernardi Lovel, et duos solidos Cenomannensium et unum denarium Turonensium de censu pro domo, platea et vinea defuncti Huberti Rossel, et etiam constaret nobis, ex assertione jam dicti prioris Sancti Victurii et Johannis de Passu, monachi, asserentium in periculo juramenti sui eisdem a parte adversa delati, quod vinee et torcularis defuncti Pagani Garot, que sita sunt in feodo Sancti Victurii, debebant dicto prioratui Sancti Victurii quindecim denarios Cenomannensium censuales, arbitrando sententiavimus omnes dictos denarios dicto prioratui Sancti Victurii in festo Sancti Johannis Baptiste de censu annuatim persolvendos, salvo tamen jure, si quod habet dictus prior Sancti Victurii in predicta platea defuncti Huberti Rossel, et salvis aliis, de quibus partes coram nobis noluerint experiri.

Quod ut ratum et stabile permaneat, presentes litteras sigillorum nostrorum munimine duximus roborandas.

Actum anno gratie M° CC° tricesimo.

CIV. — 1230, Décembre. — DONS FAITS A SAINT-VICTEUR PAR GEOFFROY HODBERT, DE SA TERRE DE FOUGEROLLES EN BERNAY, SITUÉE DANS LES FIEFS DE JEAN DE SAINT-MARTIN ET DE JEAN DE SOUVRÉ.

Omnibus Christi fidelibus presentes litteras inspecturis officialis Cenomannensis salutem in Eo qui est omnium vera salus.

Noverint universi quod, in nostra presencia constitutus, Gaufridus Hodebert, clericus, dedit et concessit, in puram et perpetuam elemosinam, totam terram suam de Fougeroles, sitam in parochia de Berneio, in feodo Johannis de Sancto Martino, quam dictus clericus tenebat a dicto Johanne, ecclesie Sancti Michaelis de periculo maris, ita tamen quod dicta terra apropriata sit prioratui Sancti Victurii Cenomanensis, et huic donationi assensum suum prebuerunt Johannes de Souvreio, miles, et Johannes de Sancto Martino, in quorum feodo predicta terra erat constituta.

Insuper dedit et concessit predicte abbatie dictus clericus duas partes decimarum illius feodi, quas ipse jure hereditario retinebat, retento tamen sibi usutructu in decimis supradictis.

Dictus vero Johannes de Sancto Martino nichil in dicta terra poterit reclamare, nisi quinque solidos Cenomannensium annui redditus reddendos sibi annuatim in Nativitate Beate Marie Virginis, si ipsos requisierit in domo, quam habent monachi prioratus supradicti apud Souvreium. Et dedit fidem dictus Johannes de Sancto Martino quod, ratione minoris etatis, istam concessionem non revocabit.

Dictus autem Johannes de Souvreio, miles, in dicta elemosina non poterit penitus ulterius reclamare.

In cujus rei testimonium, presentes litteras dictus Johannes sue sigillo, cum sigillo curie Cenomannensis, roboravit.

Actum anno M° CC° tricesimo, mense decembri.

CV. — Vers 1230, Décembre. — JEAN DE SOUVRÉ RECONNAIT QU'IL DOIT UNE RENTE DE CINQ SOUS A GEOFFROY DE SAINT-MARTIN DE SOUVRÉ, POUR LA TERRE QUE GEOFFROY HODBERT A DONNÉE A SAINT-VICTEUR [1].

Omnibus Christi fidelibus tam presentibus quam futuris presentes litteras inspecturis Johannes de Sovreio, miles, salutem in Domino.

Noverint universi quod ego Johannes de Sovreio [2], miles, et

(1) Ces lettres ont été en partie copiées pour Gaignières. (B. N., latin 5430², 114.)
(2) La maison de Souvré, dont émanent les chartes de notre cartulaire LIV, LXII, LXXX, tirait son nom du fief de Souvré, à Neuvy-en-Champagne, fief dont Pesche n'a rien dit qui fut antérieur à 1800.

heredes mei tenemur satisfacere annuatim Gaufrido de Sancto Martino de Sovreio et heredibus suis, ad Nativitatem Beate Marie, de quinque solidis Turonensium requirendis pro terra quam Gaufridus Hodebert, clericus, dedit in elemosinam prioratui Sancti Victurii Cenomannensis, que terra est de feodo dicti Gaufridi de Sancto Martino de Sovreio et ejus heredum. Et ut hoc ratum etc.

CVI. — 1230, v. s., Mars. — JEAN DE SOUVRÉ AUTORISE SAINT-VICTEUR A POSSÉDER DANS SON FIEF LA TERRE QUE ROBERT DE BACHEIO AVAIT ACHETÉE DE JEAN LE BRETON ET QUI ÉTAIT SITUÉE PRÈS DE LA FONTAINE DE SOUVRÉ [1].

Universis presentes litteras inspecturis Johannes de Sovreio, miles, salutem in Domino.

Noverint universi quod ego concessi quod prior et monachi Sancti Victurii Cenomannensis possiderent quamdam terram, sitam in meo feodo, quam Robertus de Bacheio eis dedit in elemosinam, que est sita juxta fontem de Sovreio, quam dictus Robertus emit a Johanne Britone, que sita est inter clausum dictorum monachorum et vineam Robini Lancheri ; et concessi quod ipsi dictam terram in puram et perpetuam elemosinam possiderent, reddendo mihi, vel heredibus meis, unum denarium Turonensium, tantum modo requisibilem ad festum Sancti Johannis Baptiste annuatim, pro censu terre superius memorate.

In cujus rei testimonium, presentes litteras sigilli mei munimine roboravi.

Actum anno Domini M CC tricesimo, mense martio.

CVII. — 1230, v. s., Mars. — CHARTE DANS LAQUELLE L'OFFICIAL DU MANS RELATE LE DON FAIT A SAINT-VICTEUR PAR ROBERT DE BACHEIO, A PEU PRÈS DANS LES MÊMES TERMES QUE LE NUMÉRO CVI. IL AJOUTE SEULEMENT QUE LE PRIEUR A DONNÉ DOUZE SOUS A ROBERT.

(1) Cette charte avait été copiée pour Gaignières. (B. N., latin 5430*, 115.)

CVIII. — 1231. — JEAN DE SOUVRÉ DONNE A SAINT-VICTEUR TOUTE LA TERRE QU'IL POSSÉDAIT ENTRE LA FONTAINE DE SOUVRÉ ET LES TERRES DE SAINT-MARTIN [1].

Omnibus Christi fidelibus presentes litteras inspecturis officialis Cenomannensis salutem in Domino.

Noverint universi quod Johannes de Sovreio, miles, coram nobis constitutus, confessus fuit in jure quod ipse dederat, in puram et perpetuam elemosinam, priori et monachis Sancti Victurii Cenomannensis omnem terram quam habebat inter fontem de Sovreio et quamdam terram quam prior Sancti Martini Majoris Monasterii Cenomannensis possidet, que terra eidem pertinebat jure hereditario sita est in suo feodo, ut dicebat ; et concessit quod dicti monachi dictam terram, sine aliqua redibitione sibi vel suis heredibus, in perpetuum possiderent et de ea suam facerent penitus voluntatem.

Et quia Hugo de Astilleio debebat possidere dictam terram vitta comite, idem Hugo concessit dictis monachis dictam terram habendam et in perpetuum possidendam.

Quod ut ratum et stabile permaneat, presentes litteras ,ad petitionem partium, sigillo curie Cenomannensis fecimus sigillari.

Actum anno gratie M° CC° XXX° primo.

CIX. — 1231. — JEAN DE SOUVRÉ, EN FAISANT A SAINT-VICTEUR LE DON SPÉCIFIÉ PAR L'ACTE NUMÉRO CVIII, A SOIN D'AJOUTER QU'IL A INDEMNISÉ HUGUES D'ASTILLÉ DE SON DROIT D'USUFRUIT, SUR LES BIENS AINSI DONNÉS [2].

Omnibus Christi fidelibus presentes litteras inspecturis Johannes de Sovreio, miles, salutem in Domino.

Noverint universi quod ego Johannes de Sovreio dedi et concessi, pro salute anime mee, priori et monachis Sancti Victurii Cenomanensis quamdam terram quam habebam inter fontem de

---

(1) Cet acte a été en partie copié pour Gaignières. (B. N., *latin* 5430°, 113.)
(2) Cet acte a été en partie copié pour Gaignières. (B. N., *latin* 5430°, 114.)

Sovreio et quamdam terram, quam prior Sancti Martini Majoris Monasterii Cenomanensis possidet, que terra michi pertinebat jure hereditario, et est sita in meo feodo, concedens quod ipsi de dicta terra, sine aliqua redibitione facta michi vel meis heredibus, faciant suam in perpetuum penitus voluntatem.

Et quia Hugo de Astilleio debebat possidere dictam terram vita comite, ego eidem Hugoni dedi et concessi decem sellognos terre, cum bregiognis, que habebam juxta cheminum de Berncio, juxta crucem domine Pagane defuncte, pro excambio dicte terre quam ego dedi dictis monachis; de quo excambio idem Hugo coram nobis se tenuit pro pagato.

Quod ut ratum et stabile permaneat, presentes litteras sigilli mei munimine feci sigillari.

Actum anno gratie M° CC° XXX° primo.

CX. — 1231. — DON FAIT PAR JULIENNE LA CLERGESSE A SAINT-VICTEUR.

Universis presentes litteras inspecturis officialis Cenomannensis salutem in Domino.

Noverint universi quod, in nostra presentia constituta, Juliana la Clergesse confessa fuit in jure quod ipsa dederat in puram et perpetuam elemosinam priori et monachis Sancti Victurii Cenomannensis quamdam domum et herbergamentum, que habebat in feodo dictorum monachorum, et quamdam vineam et quamdam terram, que habebat apud Pucex, in feodo decani et capituli Beati Petri de Curia, ut dicebat; et concessit quod dicti prior et monachi omnia supradicta in perpetuum quiete et pacifice possiderent.

In cujus rei testimonium, ad peticionem parcium, fecimus presentes litteras sigilli nostri munimine roborari.

Actum anno Domini M° CC° XXX° I°.

CXI. — 1231. — ACHAT PAR SAINT-VICTEUR DE LA MOITIÉ DES BIENS SITUÉS A LA BRETONNIÈRE, AYANT APPARTENU A UNE NOMMÉE AGNÈS [1].

(1) Cet acte avait été copié en partie pour Gaignières. (B. N., latin 5430ª, 137.)

Universis presentes litteras inspecturis officialis Cenomannensis salutem in Domino.

Noverit universitas vestra quod, in nostra presentia constituti : Ascelina, relicta Roberti Ferrum, Radulfus Laveille, Juliana, ejus uxor, Stephanus de Chuom, Mahelina ejus uxor, Gervasius Durandus, Johanna, Lejardis et Dionisia, dicte Asceline heredes, recognoverunt in jure quod ipsi vendiderant priori et monachis Sancti Victurii Cenomannensis medietatem domorum et cujusdam vinee, que sita sunt in Britoneria Cenomannensi, partim in feodo dicti prioris, partim in feodo abbatisse Beati Juliani de Prato, partim in feodo prioris Sancti Martini Majoris Monasterii Cenomannensis, et partim in feodo Oliverii de Brolio, militis.

Recognoverunt insuper dicta Ascelina et alii supradicti heredes quod ipsi vendiderant eisdem priori et monachis medietatem quatuor tonarum et trium cuparum, et quod predicta vendiderant pro viginti quinque libris Cenomannensium, ut dicebant, de quibus tenuerunt se coram nobis pro pagatis, ita quod exceptionem non numerate pecunie de cetero non poterunt allegare ; que predicta debebant dicte Asceline et aliis heredibus prelibatis devenire ratione successionis, post mortem Erenburgis, quondam uxoris defuncti Durandi Tuebof, cujus dicta Ascelina et alii prenotati, ut asserunt, sunt heredes.

Et dicta Ascelina et alii supradicti heredes spontanei dederunt fidem in manu nostra, exceptis Lejardi et Dionisia, quod in rebus supradictis aliquo titulo sibi modo vel in posterum competenti, nichil per se, vel per alios, de cetero reclamabunt et predicta tenentur eis garantizare quantum jus dictabit. Et quia Legardis et Dionisia in tali etate erant quod de jure jurare non poterant, dicta Ascelina dedit dicto priori et monachis partem suam vinee, que est apud columbarium, in contraplegium de se servando ipsos indempnes, si contingeret quod jamdicti L. et D. eos molestarent, quando pervenirent ad legitimam etatem.

In cujus rei testimonium sigillum curie Cenomannensis, ad peticionem partium, presentibus litteris duximus apponendum.

Actum anno gratie M° CC° XXX primo.

CXII. — 1232. — GEOFFROY DE SAINT-MARTIN ABANDONNE A SAINT-VICTEUR CINQ SOUS DE RENTE SUR FOUGEROLLES. (B. N., *latin* 5430a, fol. 115.)

Universis Christi fidelibus . . . . officialis Cenomanensis . . .

Notum sit vobis quod, in nostra presentia constitutus, Gaufridus de Sancto Martino confessus fuit in jure coram nobis quod ipse vendidit priori et monasterio Sancti Victurii Cenomanencis v solidos annui redditus, seu servitii, quod dicti prior et monachi debebant ei reddere, vel suis heredibus, in terris sitis apud Fougeroles in feodo ejusdem Gaufridi, ut dicebant, et confessus fuit.

Anno Domini 1232.

CXIII. — 1232. — CONSENTEMENT DONNÉ PAR OLIVIER DE BREUIL ET HERBERT, SON FILS, A LA PRISE DE POSSESSION PAR SAINT-VICTEUR DES BIENS D'EREMBURGIS, VEUVE DE DURAND TUBEUF, ET DE CEUX ACHETÉS D'ASCELINE TUBEUF [1].

Universis presentes litteras inspecturis officialis curie Cenomanensis salutem in omnium Salvatore.

Noverint universi quod, in nostra presentia constituti, Oliverius de Brolio, miles, et Herbertus de Brolio, ejus filius primogenitus, concesserunt et voluerunt quod prior Sancti Victurii et prioratus ejusdem loci possiderent in perpetuam omne illud quod habebant in suo feodo, ex donatione defuncte Eremburgis, quondam uxoris Durandi Tuebof, et etiam quod dicti prior et prioratus possiderent in perpetuum omne illud quod acquisierant in suo feodo ex Ascelina Tuebof et suis heredibus, reddendo eidem militi et suis heredibus censa debitos de rebus supradictis.

In cujus rei testimonium, ad petitionem partium, presenti cartule sigillum curie Cenomanensis duximus apponendum.

Datum anno gratie M° CC° XXX° tercio.

(1) Cet acte avait été copié pour Gaignières. (B. N., *latin* 5430a, 126.)

CXIV. — 1233. — ACCORD ENTRE SAINT-VICTEUR ET LE CURÉ DE COULAINES, AU SUJET D'UNE DIME [1].

Universis Christi fidelibus presentes litteras inspecturis officialis Cenomannensis salutem in omnium Salvatore.

Noverint universi quod Gaufridus, divina permissione Cenomannensis ecclesie episcopus, tunc temporis decanus Cenomannensis, et officialis gerens vices *domini episcopi tunc temporis*, adjudicassent priori Sancti Victurii possessionem cujusdam decime in tenamento Bricii Roaut, que sita est in parrochia de Colenniis, *in feodo domini episcopi*. Et cum persona de Colenniis peteret a dicto priore dictam decimam, ea ratione quia sita erat infra fines sue parrochie, et quia pertinebat ad ecclesiam de Colenniis de jure communi, tandem in hunc pacis modulum devenerunt, quod dicta decima remansit persone de Colenniis in perpetuum possidenda et dicta persona tenetur reddere dicto priori, in prioratu Sancti Victurii, sex denarios Cenomannensium annui redditus, in festo Omnium Sanctorum, in perpetuum annuatim, pro decima supradicta.

Datum anno gratie M° CC° XXX° tercio.

CXV. — 1234. — ACCORD ENTRE SAINT-VICTEUR ET ODIN QUARREL, AU SUJET DE CENS.

Omnibus presentes litteras inspecturis officialis Cenomannensis salutem in Domino.

Noveritis quod cum Odinus Quarrel peteret coram nobis a priore Sancti Victurii Cenomannensis sex denarios Cenomannensium unum obolum minus de censu, et ea peteret racione, quia dictus prior debebat ei dictos denarios censuales super quadam parte cujusdam herbergamenti, siti in Britonneria Cenomanensi, partim in feodo dicti Odini, ut dicebat, quod herbergamentum fuerat defuncti Durandi Tueboîn, ut dicebant, et dictus prior negaret

(1) Cet acte avait été en partie copié pour Gaignières. (B. N., *latin* 5430ᵃ, 127.)

dictum herbergamentum esse de feodo dicti Odini et se debere ei dictos census ; tandem dicti prior et Odinus in hanc pacis modulum devenerunt : quod dictus prior dedit dicto Odino, pro bono pacis, quadraginta solidos Cenomanensium, de quibus dictus Odinus coram nobis se tenuit pro pagato, renuntians exceptioni pecunie non numerate. Et ita dicti Odinus et ejus uxor quitaverunt et dimiserunt priori et prioratui Sancti Victurii Cenomanensis omnes census, omne jus et dominium, et omnes redibiciones, quas habebant, vel habere poterant, in herbergamento supradicto.

Preterea Aalicia, uxor dicti Odini, et idem Odinus fidem dederunt in manu nostra quod ipsi in dicto herbergamento, aliquo titulo modo sibi competenti, nichil de cetero reclamabunt, et quod huic composicioni per se, vel per alios, nullatenus contraibunt.

In cujus rei testimonium, sigillum curie Cenomanensis [1], ad peticionem parcium, presenti pagine duximus apponendum.

Datum anno gratie M° CC° XXX° quarto.

CXVI. — 1234, v. s., Mars. — LETTRES DU DON PAR JEAN GUERRER A SAINT-VICTEUR, DE TERRES A SOUVRÉ. IL REÇOIT VINGT SOUS DU PRIEUR NOMMÉ JODOUIN [2].

Universis Christi fidelibus ad quos presens scriptum pervenerit officialis curie Cenomannensis salutem in Domino.

Noverint universi quod Johannes Guerrer, coram nobis constitutus, confessus fuit in jure quod ipse dederat in elemosinam priori et monachis Sancti Victurii Cenomannensis quamdam terram quam habebat juxta Sovreium, circa tria jugera terre, sitam in feodo Johannis de Sovreio, militis, que terra vocatur terra de Alba Cruce et est sita inter Albam Crucem et petrariam Roberti de Baciaco defuncti ; et Jodoinus, prior Sancti Victurii, dedit eidem Johanni viginti solidos Cenomannensium de caritate Beati Victurii Cenomannensis, et concessit dictus Johannes quod

(1) Ce sceau encore subsistant est celui de la cour de l'évêque, figures 1 et 2 de la planche VII.
(2) Cet acte a été en partie copié pour Gaignières. (B. N., latin 5430ᵃ, 116.)

dicti prior et monachi Sancti Victurii dictam terram tamquam suam elemosinam in perpetuum possidebunt.

Preterea dictus Johannes dedit dictis priori et monachis, cum assensu et voluntate abbatisse de Prato, in contraplegium quamdam domum, quam habebat in vico Beati Juliani de Prato, pro faciendo concedi a suo filio primogenito dictam elemosinam dum ad etatem legitimam pervenerit et de garantizando, quantum jus dictabit, dictis priori et monachis terram superius memoratam.

Quod ut ratum permaneat in futurum, ad peticionem parcium, presentes litteras sigillo curie Cenomannensis duximus roborandas. Valete.

Datum anno Domini M° CC° XXX° quarto, mense marcii.

CXVII. — 1236. — ACCORD ENTRE SAINT-VICTEUR ET SAINT-MARTIN, AU SUJET DE CENS.

Universis presentes litteras inspecturis magister Raherius, Turonensis archidiaconus, et magister Matheus, Cenomannensis canonicus, salutem.

Noverit universitas vestra quod cum contentio diutius mota esset inter priorem Sancti Victurii Cenomanensis, ex una parte, et priorem Sancti Martini Cenomanensis Majoris Monasterii, ex altera, coram judicibus a sede Apostolica delegatis, super hoc quod prior Sancti Victurii dicebat medietatem census cujusdam domus, que sita est juxta furnum Beati Michaelis, que domus vocata est domus Rogerii Le Gai, cum medietate tam costumarum quam venditionum, que ex eadem domo possent accidere, de jure ad prioratum Sancti Victurii pertinere ; et prior Sancti Martini supradictus, e contrario, proponebat quod, tam census superius memorati, quam omne dominium domus et cujusdam orti adjacentis, ad prioratum suum pertinerent, et esset in possessione plenaria eorumdem, et cum predicti priores haberent litteras, sigillis tam abbatum quam capitulorum suorum sigillatas, in quibus continebatur, sicut ex tenore earum perpendimus, quod uterque eorum habebat potestatem agendi et compromittendi, transigendi et etiam jurandi de calumpnia, in nos arbitros compromiserunt, promittentes quicquid, pace vel judicio mediante, super his statuerem, se inviolabiliter servaturos.

Nos vero, habito bonorum virorum consilio, de consensu predictorum priorum, statuentes decrevimus, pro bono pacis, quod quedam pecia terre, que sita est apud Sovreium, supra fontem, ante domum prioris Sancti Victurii, que terra ad priorem Sancti Martini de jure pertinebat, prioratui Sancti Victurii in perpetuum pacifice remanebit.

Prior vero Sancti Martini quicquid in censibus domus predicte, et in venditionibus et in costumis ejusdem, et in dominio et orti adjacentis petebat, amodo pacifice possidebit, ita quod prior Sancti Victurii nichil de cetero reclamare poterit in eisdem, et prior Sancti Martini nichil amodo reclamare poterit in terra superius nominata.

Cum autem prior Sancti Martini assereret terram illam plus valere quam census superius memoratos, nos, pro bono pacis, statuimus quod cum prior Sancti Martini redderet de censibus annuatim priori Sancti Victurii viginti et quatuor denarios Cenomanensium et unum denarium Turonensium tantum modo, pro domo et platea et vinea que fuerunt Huberti Rossel, que site sunt juxta viam de Richedoit, ipse, pro eisdem censibus, decem et octo Cenomanensium et unum Turonensium tantummodo priori Sancti Victurii reddere de cetero tenebitur annuatim.

Et sciendum est quod totum jus et dominium super domum, plateam et vineam, superius nominatas, priori Sancti Victurii remanent, exceptis illis sex denariis, sicut habuisse dinoscitur ab antiquo. Et omnes census debiti de toto illo herbergamento, de super quo contentio vertebatur, et omne dominium et quicquid ad dominium poterit pertinere, priori Sancti Martini quiete et libere perpetuo remanebunt.

Ut autem hujusmodi pacis conventio robur obtineat perpetue firmitatis, presentes litteras, ad petitionem partium, sigillorum nostrorum munimine duximus roborandas.

Actum anno Domini M° CC° XXX° VI°.

CXVIII. — **1237, Juin.** — ACCORD ENTRE SAI'''-VICTEUR ET
L'HÉRITIER D'HERVÉ DE COULPOTIN.

Universis presentes litteras inspecturis officialis Cenomanensis salutem in Domino.

Noverit universitas vestra quod, in nostra presentia constitutus, Robertus de Pailleir, heres Hervei de Colpoutrein defuncti, recognovit in jure coram nobis se fecisse quandam compositionem cum priore et monachis Sancti Victurii Cenomanensis, super quibusdam rebus que fuerunt dicti Hervei et Marie, uxoris sue; que compositio talis fuit : quod prioratui Sancti Victurii Cenomanensis remanserunt omnes domus et platee, quas jam dictus Herveus et predicta Maria, uxor sua, habebant in Capraria Cenomanensi, et omnes domus et platee, quas habebant supra vivarium in Tanaria, et omnes census et dominium omnium censuum, tam in vineis quam in terris, ubicunque essent, ad eosdem dum viverent pertinentium.

Et sciendum est quod omnia supradicta habent, tam prior, quam monachi, ex elemosina predictorum Hervei de Colpoutrein defuncti et Marie, uxoris sue ; dicto vero Roberto et heredibus suis remanserunt in perpetuum omnes res alie, quas sepedictus Herveus et Maria, uxor illius, vita comite possidebant, salvis tamen servitiis et redditibus, que de feodo dicti prioris predictus Herveus eidem priori faciebat.

In cujus rei testimonium, ad petitionem dictorum prioris et Roberti predicti, presentibus litteris sigillum curie Cenomanensis duximus apponendum.

Actum anno Domini M° CC° XXX° VII°, mense junio.

CXIX. — **1237.** — FRAGMENT D'ACTE RELATIF A UN ACCORD ENTRE LE PRIEUR DE CHATEAUX ET CELUI DE SAINT-VICTEUR.
(B. N., *latin* 5430°, fol. 124.)

Prior et conventus de Castellis salutem in Domino [1].
Noveritis quod cum vir venerabilis Jordanus vellet nos compel-

(1) Château-la-Vallière, prieuré de la Trinité de Vendôme.

lere ad vendendum quamdam domum in feodo suo apud Cenomanum, cum pertinentiis ejusdem domus ; que omnia data fuerunt predicto conventui de Castellis ab Hugone Boquerel et uxore ejus . . . . . tandem ad compositionem venerunt . . . .

Datum anno Domini 1237.

CXX. — 1240, 18 Juillet. — LE DOYEN DE SILLÉ DONNE VIDIMUS DE LA LETTRE DE JOURDAIN, ABBÉ DU MONT. (*ci-dessus numéro* XXVIII.)

Universis Christi fidelibus decanus de Siliaco salutem in omnium Salutari.

Noverit universitas vestra nos vidisse litteras fratris Jordanis bone memorie, quondam abbatis, et conventus Sancti Michaelis de periculo maris ; et verbo ad verbum diligenter inspexisse notatas videlicet sub hac forma.

[*Ici texte du numéro* XXVIII].

Nos autem ad majorem rei certificationem et omnem ambiguitatem removendam, presentes litteras sigilli nostri munimine dedimus roboratas, diligenter hiis inspectis.

Datum anno Domini 1240, die mercurii ante festum beate Marie Magdalene, qua die vidimus supradictas.

CXXI. — 1240, 31 Octobre. — ACCORD ENTRE AGNÈS MAÏENCE ET MARTHE D'ÉTIVAL, AU SUJET DE BIENS SITUÉS A SAINTE-CROIX, DANS LE FIEF DE GAUDIN DE PRUILLÉ.

Universis ad quos presentes littere pervenerint officialis Cenomannensis salutem in Domino.

Noverit universitas vestra quod cum Agnes Maence peteret, coram nobis, a Martha de Estival medietatem in quibusdam vineis et pressorio et in quibusdam vasis, in dicto pressorio existentibus, sitis apud Verse, in parochia Sancte Crucis Cenomannensis, in feodo Gaudin de Pruleio, militis, ut dicitur, que omnia, judicio curie nostre, fuerint inspecta, et peteret dictam medietatem ea ratione, quia erat jus suum, ratione successionis ex parte defuncte Margarite, quondam sororis earum, ut dicebat ; tandem post aliquas altercationes dicte Martha et Agnes, in hunc modum pacis, super premissis, de prudentium virorum consilio, devenerunt : videlicet quod eadem Martha dedit dicte Agneti, pro pace, centum solidos Cenomannensium, et ita dicta Agnes dimisit eidem Marthe et penitus quitavit, in jure, coram nobis, omnes res predictas, cum pertinenciis, et quicquid juris in illis habebat et dedit fidem in manu nostra, quod in illis rebus, aliquo titulo modo sibi competenti, nichil de cetero reclamabit.

In cujus rei testimonium presentes litteras sigillo curie Cenomannensis [1], ad petitionem ipsarum, fecimus sigillari.

Actum anno Domini M° CC° XL°, die mercurii ante festum Omnium Sanctorum.

CXXII. — 1241, n. s., 10 Avril. — DON A SAINT-VICTEUR PAR MARTHE D'ÉTIVAL, SAUF RÉSERVE D'USUFRUIT, DE DIVERS BIENS SITUÉS A OUTILLÉ ET A ÉTIVAL.

Omnibus presentes litteras inspecturis officialis Cenomannensis salutem in Domino.

Noveritis quod, in nostra presencia constituta, Martha de Estival, vidua, dedit et concessit abbati et conventui Montis Sancti Michaelis de periculo maris, in puram et perpetuam elemosinam, sex jugera terre et quandam noam, que habebat et possidebat in feodo de Ostille, et quoddam pratum, situm in parrochia de Estival, in feodo Guillelmi Chaillere, et quoddam juger terre, situm in eadem parrochia, supra virgutum ejusdem Marthe, ut dicebat, et omne jus quod in dictis rebus habebat, salvo jure dominorum capitalium ; ita quod dicta Martha omnes res supradictas tanquam usufrutualia vita comite possidebit.

In cujus rei testimonium, presentes litteras sigillo curie Cenomannensis [2] fecimus sigillari.

Datum anno Domini M° CC° quadragesimo primo, die mercurii post Quasimodo.

(1) Voir ce sceau, figures 1 et 2 de la planche VII.
(2) Voir ce sceau, figures 1 et 2 de la planche VII.

CXXIII. — 1231-1255. — LETTRES DE GEOFFROY DE LAVAL, OU DE GEOFFROY DE LOUDUN A L'ABBÉ DU MONT, RELATIVES A LA PERMUTATION ENTRE LES CURÉS DE SAINT-JEAN DU MANS ET DE LA FERTÉ-MACÉ [1].

Gaufridus, divina permissione Cenomannensis episcopus, religioso viro et honesto abbati Sancti Michaelis de periculo maris salutem et sinceram in Domino caritatem.

Cum vobis alias, pro translatione facienda de persona Sancti Johannis Cenomannensis ad ecclesiam de Feritate Mathei et de persona ejusdem loci ad ecclesiam Sancti Johannis predictam, nostras direxerimus litteras, propter utilitatem et commodum ecclesiarum et etiam personarum, adhuc iterato vestram requirimus caritatem quatinus super hiis impertientes assensum priori vestro Cenomannensi, ad id faciendum quod ad vestrum, quantum ad presentationem, spectat officium, committere dignemini vices vestras, nec de assensu presbiteri Sancti Johannis vestri gratia curetis ad presens, cum propter Deum, et ipsius salutem, quam attendere debemus, pocius quam voluntatem ipsius, eumdem, licet fortassis invitum, proponimus transferendum.

Numquam enim in factis consimilibus, cum ex officio nostro correptiones circa subditos exercemus, passi sumus reprehensum ab aliquo patrono super translationibus hujusmodi faciendis.

Valeat bene et diu caritas vestra in Domino.

CXXIV. — 1243, 21 Octobre. — LE MAITRE DE SAINT-LAZARE DU MANS DONNE AU FRÈRE GUILLAUME MAIGNEN UNE PROCURATION GÉNÉRALE, POUR REPRÉSENTER SA MAISON DANS TOUS SES PROCÈS. PROCURATION VISÉE EN MARS 1243 (V. S.), PAR LES ARBITRES DÉSIGNÉS.

Universis Christi fidelibus ad quos presentes littere pervenerint magister et fratres Sancti Lazari Cenomanensis salutem in Domino. Noveritis quod nos constituimus Willelmum, clericum condo-

(1) Cet acte avait été copié pour Gaignières. (B. N., latin 5430e, 113.)

natum nostrum latorem presencium, procuratorem nostrum in omnibus causis quas habemus vel habituri sumus contra quoslibet adversarios nostros, et in causis quas quilibet habent contra nos vel habituri sunt, tam coram judicibus ordinariis quam delegatis, seu coram arbitris vel etiam secularibus judicibus, ratum et gratum habituri quidquid in dictis causis ipso factum fuerit procurante, dantes eidem speciale mandatum petendi expensas et jurandi et recipiendi eas et ad jurandum de calumpnia in animas et ad ponendum et positionibus respondendum, et ad transigendum et componendum, et ad faciendum quodlibet genus sacramenti et ad omnia alia facienda, que verus procurator potest et debet facere, et ad constituendum alium procuratorem loco ejus quocienscumque viderit expedire, et promittimus pro eo si necesse fuerit judicatum solvi.

In cujus rei testimonium, presentes litteras sigilli nostri munimine fecimus sigillari.

Actum anno Domini M° CC° XL° tercio, die mercurii post festum beati Luce.

Nos vero G., cantor Cenomanensis, et magister Stephanus de Arenis, canonicus Cenomanensis, arbitri inter abbatem et conventum Montis Sancti Michaelis de periculo maris, ex una parte, et magistrum et fratres Sancti Lazari Cenomanensis, ex altera, ut nostrum arbitrium firmius teneatur a partibus predictis, precationibus utrarumque partium, sigilla nostra apposuimus.

Datum anno Domini M° CC° XL° tercio, mense marcio.

CXXV. — 1243, 3 Décembre. — CONSTITUTION D'ARBITRES ENTRE SAINT-VICTEUR ET SAINT-LAZARE.

Universis presentes litteras inspecturis R., decanus Cenomannensis, salutem in Domino.

Noveritis quod, cum contentio verteretur in capitulo Cenomannensi, inter priorem Sancti Victurii Cenomannensis, ex una parte, et magistrum et fratres Sancti Lazari Cenomannensis, super quadam vinea sita apud Montollon, in feodo capituli que dimidium arpentum continet, ut dicebant, tandem in nostra presencia constituti idem prior, pro se, et Guillelmus clericus procurator dictorum magistri et fratrum, pro ipsis magistro et fratribus, habens speciale mandatum ad compromittendum, compromiserunt in arbitros super premissis, videlicet in venerabilem virum cantorem Cenomannensem et magistrum Stephanum de Arenis, canonicum Cenomannensem, et debent dicti arbitri inquirere veritatem super predictis, per testes et alio modo, prout melius poterint et procedere in arbitrio, sine strepitu advocatorum.

Et dicte partes debent tenere et observare quicquid dicti arbitri super hiis alte et basse duxerint statuendum. Et vallatum est dictum arbitrium pena decem librarum Cenomannensium persolvenda ab illa parte que a dicto arbitrio resiliret, alteri parti illud arbitrium observanti.

Datum die jovis post festum beati Andree apostoli, anno Domini M° CC° quadragesimo tercio.

CXXVI. — 1243, v. s., 22 Mars. — SENTENCE ARBITRALE RENDUE ENTRE SAINT-VICTEUR ET SAINT-LAZARE.

Universis Christi fidelibus presentes litteras inspecturis Galterus, cantor Cenomannensis, et magister Stephanus de Arenis, canonicus Cenomannensis, salutem in Domino.

Noveritis quod cum Willelmus, prior Sancti Victurii Cenomannensis, procurator abbatis et conventus Sancti Michaelis de periculo maris, peteret in capitulo Cenomannensi, nomine dictorum abbatis et conventus et sui prioratus, a magistro et fratribus Sancti Lazari [1] Cenomannensis quamdam petrinam, cum plateis ante et retro sitis, que fuerunt defuncti Marcelli et Margarite, quondam ejus uxoris, et duo arpenta et dimidium vinearum, sitarum apud Montollam, in feodo dicti capituli, et peteret ea ratione res predictas quia, defuncta Martha de Estival dederat dicte abbatie et prioratui Sancti Victurii Cenomannensis in elemosinam res predictas, et facere poterat, ut dicebat idem procurator ; et quia etiam Agnes Maience, soror dicte Marthe, dederat similiter in

(1) La léproserie de Saint-Lazare était située entre la Sarthe et la route de Sablé sur le territoire de l'ancienne paroisse Saint-Gilles des Guérets. (Voir Pesche, V, 333.)

elemosinam dicte abbatie et dicto prioratui omne jus et omnem actionem, quam habebat, vel habere poterat, ad petendum res predictas, ut dictus prior procurator proponebat.

Willelmus vero Maignen, clericus, procurator dictorum magistri et fratrum, pro ipsis magistro et fratribus, in contrarium proponeret quod prefati abbas et conventus et prior in rebus predictis nichil petere poterant, nec debebant, quia per tantum tempus possiderant res predictas titulo elemosine, quod tuti erant prescriptione ; et quia etiam dicta Martha, per quamdam compositionem factam inter ipsos, debebat tantummodo possidere dimidium arpennum dictarum vinearum, quamdiu vixerit dicta Martha, ita quod post decessum ipsius Marthe dictis magistro et fratribus reverteretur.

Tandem post multas altercationes, dictus prior, qui habebat mandatum speciale ab abbate et conventu supradictis ad compromittendum et transigendum, prout in litteris dictorum abbatis vidimus contineri, et dictus Willelmus Mengnen, qui habebat mandatum a dictis magistro et fratribus speciale ad compromittendum et transigendum pro ipsis, compromiserunt in nos super premissis et concesserunt, coram nobis, quod ipsi ratum et firmum haberent quicquid nos super premissis, pace vel judicio, duxerimus statuendum.

Nos vero, auditis hinc hinc inde propositis et intellectis et inquisita veritate super premissis, dictum nostrum, die martis post Isti sunt dies, procuratoribus predictis presentibus, arbitrando super premissis protulimus in hunc modum : videlicet quod omnes res supradicte, prout superius sunt expresse, dictis magistro et fratribus in perpetuum remanserunt, ita quod dicti abbas et conventus et dictus prior et ejus successores in predictis rebus aliqua ratione, nec aliquo titulo sibi modo competenti, sine ratione dictarum sororum, nichil de cetero reclamabunt. Protulimus etiam dictum nostrum ulterius arbitrando quod tria quarteria vinearum, sita apud Ulmum Cyconie, dictorum magistri et fratrum eisdem abbati et conventui et prioratui Sancti Victurii in perpetuum remanserunt, tenenda et possidenda, reddendo exinde servitia debita a priore supradicto et suis successoribus ; et dimidium arpennum vinee dictorum abbatis et conventus et prioris, situm apud le Congn.t, dictis magistro et fratribus, per dictum nostrum et ratione dicte compositionis, et pro bono pacis, remansit in perpetuum tenendum et possidendum, reddendo tantummodo a dictis magistro et fratribus dicto priori et successoribus, pro jamdicto dimidio arpenno vinee, unum denarium Cenomanensium reddendum dicto priori et ejus successoribus singulis annis, ad Nativitatem Beati Johannis Baptiste, absque alia redibitione et exactione seculari.

Et ita omnes contentiones, quas dicte partes insimul habebant vel habere poterant a tempore retroacto usque modo, per dictam compositionem sunt sopite. Et tenetur dictus prior litteras afferre et dictis magistro et fratribus tradere per dictum nostrum sigillum dictorum abbatis et conventus sigillatas, quam citius poterit, de compositione tenenda et fideliter et firmiter observanda.

In cujus rei testimonium, presentes litteras, ad petitionem partium, sigillorum nostrorum munimine fecimus sigillari [1].

Actum anno Domini M° CC° XL° tercio, mense marcio.

CXXVII. — 1244, Août. — LE MAITRE DE SAINT-LAZARE RATIFIE LA SENTENCE RENDUE LE 22 MARS 1243, ENTRE LUI ET SAINT-VICTEUR. *(Voir numéro* CXXVI).

Universis presentes litteras inspecturis magister et fratres Sancti Lazari Cenomannensis salutem in Domino.

Cum contentio verteretur, coram capitulo Cenomannensi, inter viros religiosos abbatem et conventum Montis Sancti Michaelis

---

(1) Cette pièce possède les sceaux de Gautier, chantre du Mans, et d'Etienne de Arenis, chanoine du Mans. Le sceau de Gautier, figures 11-12 de la planche VII, a été moulé sous le numéro 2118 de *Normandie*. Il consiste en un sceau ogival de 0,030 sur 0,026, dont la queue de parchemin a fait sauter la partie supérieure. Le chantre, en costume de chœur, tenait son bâton cantoral. De la légende on ne lit plus que : ..... TERII CANTORIS CE.

Le contre-sceau ogival lui aussi porte au centre une croix pattée et fichée avec la légende: † S. GUALTERII.

Le sceau d'Etienne, figure 13 de la planche VII, n'a pas été moulé. C'est un sceau ogival, où figure au centre le chanoine, tenant son livre des deux mains. Il ne reste plus de la légende que : ....., RENIS.

de periculo maris, ex una parte, et nos, ex altera, super vineis sitis apud Montem Ollam, in feodo canonicorum Cenomannensium, et domo petrina, que fuit defuncti Marceli, cum plateis eidem adjacentibus, in feodo canonicorum Sancti Petri de Curia, et super rebus aliis ; tandem, post multas altercationes, frater Guillelmus, prior Sancti Victurii Cenomannensis procurator generalis dictorum abbatis et conventus Montis Sancti Michaelis de periculo maris in Cenomannensi diocesi constitutus, habens speciale mandatum ad componendum, et Guillelmus Maignein, clericus, procurator noster similiter generalis habens speciale mandatum ad componendum, presentibus dictis procuratoribus et magistro Sancti Lazari Cenomannensis, de communi consensu partium unanimiter compromiserunt in arbitros, videlicet in venerabiles viros Galterum, cantorem Cenomannensem, et magistrum Stephanum de Arenis, canonicum Cenomannensem.

Nos siquidem, attendentes dictorum cantoris et magistri Stephani de Arenis honestatem, veritati ipsorum adherentes, dictum ipsorum quod arbitrando protulerunt ratum habemus et gratum, sicuti in litteris eorumdem sigillis sigillatis plenius continetur.

In cujus rei testimonium, presentes litteras sigilli nostri munimine roboravimus.

Datum anno Domini M° CC° quadragesimo quarto, mense augusto.

CXXVIII. — 1245, Novembre. — DON A SAINT-VICTEUR FAIT PAR JEAN LE BEGOUIN ET JOSCIA, SON ÉPOUSE.

Universis presentes litteras inspecturis officialis Cenomannensis salutem in Domino.

Noveritis quod Johannes Le Begouin, clericus barbitonsor, in leto (sic) egritudinis constitutus, dedit in puram et perpetuam elemosinam prioratui Sancti Victurii Cenomannensis, ad anniversarium suum in eadem ecclesia faciendum, de voluntate et assensu Joscie, uxoris sue, quicquid ipse et ipsa habebant in quadam platea, quam tenebant a Guillelmo Boteron, ut dicebant, ad duos solidos Cenomannensium annui redditus, sitam ante *domum* dicti Guillelmi, in parrochia Sancti Nicholai Cenomannensis ; quam plateam dictus Johannes Guillelmo presbitero filio Petronille La Croloisse, capellano Sancti Petri de Curia, usque ad primum incendum *(sic)* tradiderat, ut dicebat, pro tribus solidis Cenomannensium annui redditus.

Et voluerunt et concesserunt, coram nobis, iidem Johannes et ejus uxor quod si decederet ab infirmitate qua laborabat, dicta platea, cum pertinenciis, ad prioratum predictum libere deveniet in perpetuum possidenda, reddendo tamen annuatim duos solidos Cenomannensium ante dictos domino feodali.

Et nos, ad petitionem dictorum Johannis et ejus uxoris, omnia supradicta adjudicavimus tenenda, et ea sigillo curie Cenomannensis fecimus sigillari.

Datum mense novembri, anno gratie M° CC° quadragesimo quinto.

CXXIX. — 1250, Mai. — GEOFFROY DE LUMINIER, MOYENNANT TROIS SOUS QU'IL REÇOIT DE SAINT-VICTEUR, ABANDONNE SA RÉCLAMATION DE DEUX SOUS DE CENS, SUR GAGNÉ A DOMFRONT-EN-CHAMPAGNE.

Universis presentes litteras inspecturis officialis Cenomannensis salutem in Domino.

Cum peteret Gaufridus de Luminier a priore et monachis Sancti Victurii Cenomannensis duos denarios Cenomannensium annui census super quadam terra, sita subtus parvum castellum de Gueigne [1], in parrochia de Dompnofronte in Campania, in feodo dicti Gaufridi, quod tenet a domino Herberto Lancelini, milite, ut dicebat, tandem de bonorum virorum consilio, inter dictas partes fuit, coram nobis, compositum in hunc modum : quod dictus Gaufridus supersedens omnino a peticione dictorum censuum, quitavit, pro se et heredibus suis, et penitus dimisit dictis priori et monachis dictos census et omne jus et dominium, et omnem proprietatem, et omnem actionem ; et quicquid juris habebat in censilius et terra predictis dedit dictis priori et monachis, et peni-

---

(1) Gagné, en Domfront-en-Champagne.

tus transtulit in eosdem, nichil juris et jurisdictionis, in dictis terra et censibus sibi et suis successoribus retinens in futurum ; et de omnibus supradictis tenendis firmiter et inviolabiliter observandis astrinxit se dictus Gaufridus, fide in manu nostra prestita corporali. Et per composicionem istam, dederunt dicti prior et monachi dicto Gaufrido tres solidos Cenomannensium, de quibus dictus Gaufridus coram nobis se tenuit pro pagato, renoncians specialiter et expresse excepcioni pecunie non numerate et non recepte, ita quod eam de cetero non poterit allegare.

Et nos, ad peticionem dicti Gaufridi, omnia supradicta adjudicamus tenenda, et ea sigillo curie Cenomannensis fecimus sigillari.

Datum mense maio, anno gratie M° CC° quinquagesimo.

CXXX. — 1250. — JEAN DE SABLÉ S'ENGAGE A ÉTABLIR L'EXAGÉRATION DES PRÉTENTIONS DE SAINT-VICTEUR A L'ÉGARD D'AGNÈS, VEUVE DE GEOFFROY, SA MÈRE. (B. N., *latin*, 5430 a, 127.)

Officialis Cenomanensis . . . . . .
Cum inter priorem Sancti Victurii Cenomanensis et Agnetem, derelictam Gaufridi de Sabolio, contentio vertebatur : illo petente quinque summas boni vini et dimidium, sine aqua et sine de extorto, de quinque et dimidium arpennis vinearum, sitarum in sua decimatione ; predicta Agnete, negante tot esse arpenta illa, se obligavit Joanne de Sabolio, filio ejus, valde se probaturum per testes idoneos non tot esse.
Anno Domini 1250.

CXXXI. — 1252, Septembre. — GEOFFROY DE LOUDUN TRANCHE ENTRE LE PRIEUR DE SAINT-VICTEUR ET LE CURÉ DE SAINT-JEAN LES DIFFICULTÉS, RELATIVES AU SERVICE DIVIN ET AU PARTAGE DES OBLATIONS.

Universis Christi fidelibus presentes litteras inspecturis Gaufridus, divina permissione Cenomannensis ecclesie minister humilis, salutem in Domino.

Ad universitatis vestre noticiam volumus pervenire quod, cum inter abbatem et monachos Sancti Michaelis de periculo maris, ex una parte, nomine prioratus Sancti Victurii Cenomannensis, et Hamericum, personam ecclesie Sancti Johannis Cenomannensis[1], ex altera, controversia ventilata fuerit, coram nobis, super diversis articulis et porcionibus, quas memorati abbas et monachi ad se pertinere dicebant ; post multas altercationes, inter partes ortam contentionem per diffinitive sentencie cartulam taliter duximus decidendam, secundum itaque ea que probata fuerunt coram nobis, tam per confessiones partium, tam per publica instrumenta et scripturas etiam antiquas, sentencialiter diffinimus :

Quod prior Sancti Victurii, pro abbate et monachis predictis, in festo Omnium Sanctorum, Natalis Domini et Pasche, tres partes oblacionum, et persona Sancti Johannis Cenomannensis quartam, recipiant unanimiter partientes et in quolibet istorum dierum capiet sacrista Sancti Victurii Cenomannensis quatuor [denarios] Cenomannenses, janitor unum, et coqus unum de communi, antequam oblatio dividatur.

Die siquidem Omnium Sanctorum, capientur duodecim denarii, ad synodum, de communi ;

Die Sanctorum Innocencium, habebit prior omnes candelas, et alia oblacio erit sacerdotis ;

Die vero Epiphanie, die veneris in Parasceve, die Assumptionis Beate Marie et singulis diebus dominicis, capiet dictus prior duas partes oblacionum, etiam mortuorum et sponsalium, exceptis oblacionibus que fuerint in purificationibus mulierum, que remanent presbitero supradicto.

Die Purificationis Beate Marie, capiet prior omnes candelas et duas partes tocius oblacionis.

Die Nativitatis Beate Marie, capiet presbiter omnes candelas et prior duas partes tocius alterius oblacionis.

Die Pasche, capientur decem et octo denarii de communi, ad circatam episcopi, et die Pentecostes duodecim denarii, ad synodum.

(1) L'église de Saint-Jean la Chèvrerie, l'une des seize anciennes paroisses de la ville du Mans était située, rue Saint-Victeur, le long de la Sarthe, au midi de la chapelle du prieuré de Saint-Victeur. (Voir *Plan d'Aubry* et Pesche, V, 296.)

In vigilia beati Johannis Baptiste, capient monachi omnes candelas, statim ex quo pulsatur ad vesperas usque in crastinum ad auroram apparentem, et ex tunc capiet persona eodem die terciam partem in candelis et prior duas partes.

In predicta vigilia, postquam pulsatur ad vesperas, et in ipso die festo Beati Johannis, capiet prior duas partes alterius oblacionis et persona terciam. Audita autem pulsacione none in ecclesia Beati Juliani, statim debet fieri pulsacio ad vesperas in ecclesia Sancti Johannis predicta. Et prior vel aliquis monachorum vesperas in vigilia, matutinas vigilie et missam diei celebrare tenentur.

Annuatim vero, semel in quadragesima, debet persona procurare in domo dicti prioratus priorem et monachos, et familiam domus Sancti Victurii, de duobus plenariis ferculis piscium et de salsa et de quodam interfertili sufficienti, quod debet, ante priorem presentari, de quo etiam debent habere porcionem suam quilibet sociorum. Et prior tenetur perquirere panem et vinum.

Et eodem die, in domo dicta, comedet persona, capellanus suus et clericus, cum dictis monachis, et, sine assensu prioris, alium non adducet.

Persona siquidem Sancti Johannis percipiet annuatim viginti et unam summam vini tantummodo, de collectione ipsius decime, per manum prioris, vel servientis ejus, ita quod totum residuum decimarum vini in vineis plantatis et plantandis in parrochia Sancti Johannis et extra parrochiam ad usum monachorum Sancti Victurii in perpetuum remanebit.

Recipiet siquidem prior fidem proprii servientis ad hoc deputati, presente presbitero predicte ecclesie, quod de mediocri vino reddet summam predictam presbitero antedicto. Medietas eciam totalis summe predicte in inicio vindemiarum continue et in fine altera vini medietas persolvetur.

De custodia vero cerei paschalis, ita decisum est quod denarii cerei paschalis, per manus unius parrochiani vel duorum ad hoc deputatorum, colligentur, quorum denariorum due partes ad manum prioris Sancti Victurii Cenomannensis, tercia pars ad manum rectoris ecclesie Sancti Johannis Cenomannensis, annuatim de cetero devoluentur. Super illos autem parrochianos, qui denarios illos contradixerint, vel distulerint, reddere tempestive tenebitur persona justiciam ecclesiasticam exercere, cum a priore super hoc fuerit requisita. Et poterit persona Sancti Johannis de cetero in ecclesia sua divinum officium celebrare in die Parasceves, in vigilia Penthecostes, in Sabbato Sancto officium suum incipere, quando alii inchoaverint sacerdotes.

Et debet esse persona Sancti Johannis Cenomannensis, vel ejus capellanus cum monachis, in die Parasceves et in vigilia Penthecostes, ad divinum officium celebrandum, donec inchoaverint alii sacerdotes, et poterit idem presbiter in ecclesia sua in Sabbato Sancto cereum paschalem benedicere et habere, ita tamen quod in Sabbato Sancto non liceat in ecclesia Sancti Johannis Cenomannensis divinum officium inchoari, donec in ecclesia Sancti Victurii Cenomannensis, presente persona Sancti Johannis Cenomannensis, vel ejus capellano, fuerit benedictio cerei celebrata.

Et incipient monachi aliquantulum tempestive, ut presbiter incipiat servicium quando alii sacerdotes.

Preterea predicte persone liceat processionem facere per ecclesiam et per cimiterium Sancti Johannis, singulis diebus dominicis, excepta dominica in ramis palmarum, in qua debet esse persona, vel ejus capellanus, cum monachis ad processionem faciendum et ad totum processionis officium celebrandum.

Et decrevimus quod eidem persone liceat, sine licentia prioris, corpora mortuorum in cimiterio Sancti Johannis Cenomannis tumulare, ita tamen quod nec in porticu monachorum, ante ecclesiam Sancti Victurii Cenomannensis, nec in cimiterio monachorum, poterit tradere persona, vel ejus capellanus, sepulture, sine licentia prioris, corpora mortuorum.

Istud autem nolumus ignorari quod, diebus dominicis et duplicibus festis, debet dicta persona, vel ejus capellanus, ad vesperas, matutinas, processionem et missam interesse, et tunc debet persona, vel ejus capellanus, in domo Sancti Victurii, si voluerit, comedere.

In Natali Domini, debet persona Sancti Johannis Cenomannensis, vel ejus capellanus, in ecclesia Sancti Victurii servitio interesse, si in prioratu Sancti Victurii, illo die, sicut dictum est, suam velit comestionis procurationem habere. Idem et de aliis diebus in quibus interesse debet persona, judicamus firmiter observari.

Necesse autem habet alter eorum persona, vel ejus capellanus, dominica in ramis palmarum et in sabbato Pasche, in ecclesia Sancti Victurii servicio interesse.

In ebdomada precedente dominicam resurrectionis Domini, quando non pulsantur campane, officium vocandi parrochianos ad divina pertinet ad priorem et emolumentum vocacionis ipsius.

In ecclesia Sancti Johannis Cenomannensis, non debet inchoari servicium Tenebrarum, donec totum illud nocturnum officium in ecclesia Sancti Victurii Cenomannensis fuerit consummatum.

In ecclesia Sancti Johannis predicta, panis caritatis benedicetur die Pasche et postea afferetur apud Sanctum Victurium, et ibi dividetur inter parrochianos qui voluerint habere.

Si quando, die dominica, alicui parrochianorum Sancti Johannis mori contingat et missa, pro illo mortuo, possit illa die dominica celebrari, celebracio ipsius misse in crastinum nullo modo debet differri, et monachi capient in illa missa duas partes aut tres, secundum quod percipere debent diebus dominicis aut aliis superius nominatis.

Idem et aliis diebus festis, in quibus prior participat in oblacionibus Sancti Johannis Cenomannensis, debet fideliter observari, ne prior a suis porcionibus defraudetur.

Item decrevimus quod, dictis diebus dominicis et aliis festivis predictis, missa sponsalium, si petatur in fraudem, minime differatur.

Et sentencialiter diffinimus, quod persona Sancti Johannis Cenomannensis, diebus sabbati, non debet pulsare campanas suas, nec in ecclesia Sancti Johannis Cenomannensis servicium inchoare, ante vesperas in ecclesia Sancti Victurii inchoatas.

In Natali quoque Domini, non debet pulsare campanas suas, nec in ecclesia Sancti Johannis Cenomannensis servicium inchoare, donec prima sit in ecclesia Sancti Victurii decantata.

Decrevimus eciam quod persona Sancti Johannis nullo modo dare potest, nec debet, oblaciones inter ipsum et priorem communes, et quod prior Sancti Victurii, die Pasche, parrochianos Sancti Johannis Cenomannensis, ad communionem recipere non debet, nisi de voluntate et assensu persone Sancti Johannis.

Decrevimus insuper, pro honestate et pace perpetua, quod

omnes oblaciones in quibus prior participat, per manus servientis prioris recipiantur in piside, de qua presbiter clavem custodiet in domum Sancti Victurii pyside deportata, et statim quando persone placuerit dividetur oblacio in claustro monachorum.

Item decrevimus quod quociens ecclesiam Sancti Victurii exiet processio ad obsequia mortuorum et alias, semper debet persona, vel ejus capellanus, interesse, et tunc debet suam procurationem habere persona, vel ejus capellanus, cum clerico, si ei placuerit, illa die.

Item, decrevimus quod in hiis diebus in quibus participant, seu communicant persona et monachi supradicti, si oblaciones in ecclesia Sancti Victurii evenerint eandem qua in ecclesia Sancti Johannis dicta persona perciperet in ipsa ecclesia Sancti Victurii, percipiat de illis oblacionibus porcionem.

Ut autem hec omnia sint in posterum perpetua stabilitate subnixa, presentem paginam sigilli nostri [1] munimine duximus roborandam, salvis nichilominus dictis monachis cartis et privilegiis aliis, si quas vel que habeant super aliquibus articulis in superioribus minime comprehensis.

Datum mense septembri, anno Domini m° cc° quinquagesimo secundo.

CXXXII. — 1252, 25 Septembre. — GUILLAUME HALOPE, ÉPOUX D'AGNÈS, FILLE DE JEAN CORDEL, CONSTATE LE DON FAIT PAR CELUI-CI A SAINT-VICTEUR DES TERRES SITUÉES A DOMFRONT, PRÈS LA FONTAINE-ALLARD, ET RECONNAIT QUE LUI ET SES HÉRITIERS DEMEURENT FERMIERS PERPÉTUELS DES DITES TERRES MOYENNANT UNE RENTE D'UN SETIER DE FROMENT.

Universis presentes litteras inspecturis officialis Cenomannensis salutem in Domino.

Noveritis quod, in nostra presencia constitutus, Guillelmus Halope, maritus Agnetis fille Johannis Cordel, recognovit in jure,

(1) Les fragments du sceau, qui subsistent encore pendus à cet acte, appartiennent non pas au sceau de Geoffroy de Loudun, mais à celui de la cour de l'évêque, figures 1-2 de la planche VII.

coram nobis, quod pater ipsius Guillelmi, pro salute anime sue, dederat in elemosinam puram et perpetuam prioratui Sancti Victurii Cenomannensis et monachis ibidem Deo servientibus duo jugera terre et quoddam pratum, subtus illam terram situm, que res site sunt in parrochia de Dompnofronte in Campania, in feodo domini de Laumont, juxta fontem Aalart, ut dicebat.

Recognovit etiam dictus Guillelmus quod ipse acceperat ad firmam perpetuam a priore Sancti Victurii Cenomannensis dictas res, sibi et heredibus suis hereditarie et in perpetuum possidendas, pro uno sextario frumenti boni et legitimi, annui et perpetui redditus, reddendo annuatim priori Sancti Victurii Cenomannensis ad prioratum ejusdem, infra Natale Beate Marie Virginis, de eque bono frumento et equipollenti meliori frumento quod vendetur in porta Cenomanni duobus denariis Cenomannensium de lasche *(sic)*. Et ad reddendum dictum sextarium frumenti priori dicti loci dicto termino annuatim, obligavit idem Guillelmus se et heredes suos et omnia bona sua mobilia et inmobilia, presencia et futura, ad valorem dicte firme, et tenetur dictus Guillelmus et ejus heredes reddere servicia et reddibiciones dictarum rerum dominis feodalibus earumdem et ad hoc obligavit idem Guillelmus se et heredes suos.

Et nos, ad peticionem dicti Guillelmi, qui de premissis tenendis se astrinxit per fidem corporalem in manu nostra prestitam, et ad peticionem Johannis, tunc temporis prioris dicti prioratus, omnia supradicta adjudicamus tenenda, et ea sigillo curie Cenomannensis fecimus sigillari.

Datum die mercurii post festum beati Mathei apostoli, anno gratie M° CC° quinquagesimo secundo.

CXXXIII. — 1250, v. s., 5 Février. — GUILLAUME DE BROUSSIN, CHEVALIER, FAIT DON A SAINT-VICTEUR DE DEUX PRÉS SITUÉS A FAY.

Universis presentes litteras inspecturis officialis Cenomannensis salutem in Domino.

Noveritis quod, in nostra presencia constitutus, Guillelmus de

Broucin, miles, voluit et concessit in jure, quod abbas et conventus Sancti Michaelis de periculo maris et prior eorum de Sancto Victurio Cenomannensi de cetero teneant et perpetuo possideant a dicto milite et ejus heredibus duo prata, sita in parrochia de Fay, in feodo ipsius militis, quorum unum fuit defuncti Robini Fabri et aliud situm est ante domum Colini Peret, ad quatuor denarios *Cenomannensium* censuales, reddendos apud Fay, in crastino Omnium Sanctorum, dicto militi et ejus heredibus, seu eorum mandato, annuatim sine aliqua alia redibicione et exactione seculari, ita tamen quod si dicti monachi in defectu fuerint de solvendo dictum censum, quod dictus miles et ejus heredes in dictis pratis justiciam suam exercent, pro censu tractato et emenda tantummodo, prout viderint exercendam.

Nos vero, de consensu dicti militis, omnia predicta adjudicamus tenenda, et ea sigillo curie Cenomannensis fecimus sigillari, in testimonium veritatis.

Datum die lune post *Epiphaniam*, anno Domini M° cc° quinquagesimo sexto.

CXXXIV. — 1263, 18 Juin. — DON A SAINT-VICTEUR, PAR GUILLAUME FABER D'ETIVAL, D'UNE RENTE DE TRENTE SOUS, AVEC OBLIGATION APRÈS SON DÉCÈS DE CÉLÉBRER UN SERVICE ANNUEL POUR SON AME.

Universis presentes litteras inspecturis officialis Cenomanensis salutem in Domino.

Noveritis quod, in nostra presentia constitutus, Guillelmus Faber de Estival dedit, contulit et concessit in jure, coram nobis, Deo et monasterio Montis Sancti Michaelis de periculo maris et prioratui Sancti Victurii Cenomanensis, pro salute anime sue, et pro anniversario suo annuatim faciendo in dicto prioratu, post mortem dicti Guillelmi, triginta solidos Cenomanensium annui et perpetui redditus, habendos et percipiendos, post mortem dicti Guillelmi, a priore Sancti Victurii Cenomanensis, qui pro tempore fuerit; super omnibus rebus inmobilibus dicti Guillelmi, tam hereditariis quam acquisitis et acquirendis, presentibus et futuris, per manum illorum qui dictas res inmobiles, post mortem dicti Guillelmi, tenebunt et possidebunt, ad duos terminos, videlicet medietatem ad Assumptionem Beate Marie, et aliam medietatem ad Penthecosten annuatim, quousque dictus redditus a dicto Guillelmo, vel ab illis qui res predictas post mortem dicti Guillelmi tenebunt et possidebunt, super certis rebus et loco sufficiente, de voluntate et assensu prioris dicti prioratus, dicto prioratui fuerit assignatus.

Ad quem redditum reddendum, post mortem dicti Guillelmi, ad dictos terminos, dicto priori dicti prioratus qui pro tempore fuerit, ut superius est expressum, obligavit, coram nobis, idem Guillelmus heredes suos et illos qui dictas res tenebunt et possidebunt post mortem dicti Guillelmi, et etiam omnes res predictas, quo ad valorem redditus supradicti et etiam quo ad percipiendum et habendum illum redditum super illis rebus, ad dictos terminos annuatim, ut superius est expressum.

Et dedit fidem idem Guillelmus, in manu nostra, quod ipse contra dictas donationem et concessionem non veniet in futurum, nec eas per se, vel per alium, de cetero revocabit.

Et voluit et concessit in jure, coram nobis, idem Guillelmus quod non credatur illis qui res predictas tenebunt et possidebunt post mortem dicti Guillelmi, de solutionibus dicti redditus, nisi facte fuerint coram nobis annuatim.

Nos vero omnia ista ad petitionem dicti Guillelmi, finaliter adjudicamus tenenda, et ea sigillo curie Cenomanensis fecimus sigillari.

Actum die lune, ante nativitatem Sancti Johannis Baptiste, mense junio, anno Domini M° CC° sexagesimo tercio.

CXXXV. — 1265, v. s., Janvier. — LOUIS DENÉRÉE, MAITRE DE LA MAISON DE COEFORT, ABANDONNE A GUILLAUME DE BRAINS ET A SA SŒUR, AGNÈS, DES BIENS SITUÉS SUR LA PAROISSE DE SAINT-JEAN.

Universis presentes litteras inspecturis officialis Cenomannensis salutem in Domino.

Noveritis quod, in nostra presencia constitutus, Ludovicus Deneree, magister domus Dei de Cauda forti Cenomanensis ¹ recognovit in jure, coram nobis, quod ipse tradiderat et adhuc tradit, de voluntate et assensu fratrum dicte domus, Guillelmo de Brains, clerico, et Agneti, ejus sorori, et eorum heredibus, hereditarie tenendas et possidendas, quamdam domum et quamdam vineam, sitas in parrochia Sancti Johannis Cenomanensis, in feodo prioris Sancti Victurii Cenomanensis, juxta domum defuncti Guillelmi Groussin in Britoneria Cenomanensi cum omnibus pertinenciis dictarum domus et vinee, pro quinque solidis Cenomanensium annui et perpetui redditus, quos quinque solidos Cenomanensium predicti Guillelmus et Agnes et eorum heredes, qui dictas res de cetero tenebunt et possidebunt, tenentur reddere de cetero eisdem magistro et fratribus dicte domus, quolibet anno de cetero, hiis terminis, videlicet quinque solidos Turonensium ad Nativitatem beati Johannis Baptiste, et quinque solidos Turonensium ad Nativitatem Domini.

Et voluerunt et concesserunt in jure, coram nobis, predicti Guillelmus et Agnes quod non credatur eis et eorum heredibus de solutionibus dictorum denariorum, nisi facte fuerint coram nobis, vel nisi illas possint probare per litteras curie Cenomanensis.

Et predicti magister et fratres tenentur eisdem Guillelmo et Agneti, et eorum heredibus, omnes res predictas garantizare et defendere contra omnes, quantum jus dictabit, reddendo eis redditum supradictum et reddendo domino feodali omnes redibiciones que inde debentur, quas dicti Guillelmus et Agnes, aut eorum heredes, tenentur reddere et in dictis rebus, dicti magister et fratres dicte domus nichil de cetero reclamabunt, nec poterunt de cetero reclamari, nisi solummodo redditum et omnia bona sua, mobilia et immobilia, presentia et futura, se et heredes suos quo ad hoc alter alteri obligantes et specialiter dicti Guillelmus et Agnes dictas domum et vineam, et expresso, et de hiis tenendis tenentur dicti Guillelmus et Agnes, fide prestita corporali.

(1) L'hôpital de Coeffort, fondé par Henri II, existe encore en partie au quartier d'artillerie situé place de la Mission.

Et nos hec omnia adjudicamus finaliter tenenda, et ea sigillo curie Cenomanensis fecimus sigillari.

Actum anno Domini M° CC° sexagesimo quinto, mense januarii.

CXXXVI. — 1265, v. s., 8 mars. — LA VEUVE MARIE LAMIOTE, POUR TRENTE SOUS, VEND A SAINT-VICTEUR LA RENTE A LAQUELLE ELLE AVAIT DROIT, SUR DES BIENS SITUÉS EN LA PAROISSE SAINT-JEAN.

Universis presentes litteras inspecturis officialis Cenomannensis salutem in Domino.

Noveritis quod, in nostra presentia constituta, Maria, dicta Lamiote, vidua, vendit et concedit in jure, coram nobis, priori Sancti Victurii Cenomanensis et ejus successoribus, nomine dicti prioratus, totum redditum quem ipsa habebat et percipiebat, et quem habere et percipere debebat in perpetuum, super quadam platea et volerio, sito retro illam domum et super pertinentiis illius platee, et quicquid juris habebat et habere poterat dicta Maria in illis rebus, ex quacumque ratione; que platea, cum volerio et pertinentiis, sita est in parrochia Sancti Johannis Cenomanensis, in feodo dicti prioratus, in Britoneria, juxta domum Thome Martine, ut dicebat.

Et facta fuit dicta venditio pro triginta solidis Cenomanensium, de quibus dicta Maria, coram nobis, in jure se tenuit pro pagata, renoncians expresse exceptioni peccunie non numerate et non recepte, ita quod eam de cetero non poterit allegare. Et tenetur dicta Maria garantizare et defendere [1]......

Et dedit fidem, in manu nostra, dicta Maria quod ipsa omnia predicta fideliter et firmiter tenebit et observabit [1].......

Et nos omnia predicta, ad petitionem dicte Marie, adjudicamus tenenda.

Datum mense martio, anno Domini M° CC° sexagesimo quinto, die lune post *Letare Jerusalem*.

(1) On omet ici de longues formules.

CXXXVII. — 1266, v. s., Avril. — LE MAITRE DE LA MAISON DE COEFORT DÉCLARE QUE, POUR CINQ SOUS DE RENTE, IL A ABANDONNÉ A GEOFFROY ROUSSEL UNE MAISON RUE MONTOISE, DANS LE FIEF DE SAINT-VICTEUR.

Universis presentes litteras inspecturis officialis Cenomannensis, salutem in Domino.

Noveritis quod, in nostra presencia constitutus, magister domus Dei de Cauda forti Cenomanensi recognovit in jure se, de consensu et voluntate fratrum dicte domus et pensata utilitate eorum et dicte domus, tradidisse Gaufrido Roussel, carpentario, quamdam domum suam, quam ipsi habebant in rua Montoise, in feodo prioris Sancti Victurii Cenomanensis, com orto et pertinenciis dicte domus, in parrochia Sancti Johannis, tenendam a dicto Gaufrido, et suis heredibus, perpetuo et hereditarie possidendam, ut dicebant.

Et facta est ista traditio pro quinque solidis Cenomanensium, annui et perpetui redditus, quos denarios dictus Gaufridus et ejus heredes tenentur reddere singulis annis dictis magistro et fratribus dicte domus, duobus terminis, videlicet medietatem ad Natalem Beati Johannis Baptiste et aliam medietatem ad Natale Domini, singulis annis.

Et debent idem Gaufridus et ejus heredes reddere redevanciam et censuss debitos de dicta domo domino feodali ; et sic dictus magister et fratres dicte domus tenentur dicto Gaufrido et suis heredibus dictam traditionem garantizare et defendere contra omnes, quantum jus dictabit, reddendo annuatim dictum redditum, et eis omnia dampna et deperdita reddere, si que sustinerent ob defectum garantizandi et defendendi, se et successores suos et bona dicte domus quo ad hoc obligantes ; et tenentur dictus Gaufridus et ejus heredes dictos magistrum et fratres dicte domus liberare de redevanciis et censibus debitis de dicta domo et pertinenciis ; et ipsos super hoc indempnes observare, et ad reddendum dictum redditum annuatim, ut dictum est, et ad premissa facienda, obligans dictus Gaufridus dicto magistro et fratribus dicto domus se et heredes suos et omnia bona sua, presentia et futura, et specialiter dictam domum, cum pertinentiis, volens quod non credatur ei nec suis heredibus de solutione, nisi facta fuerit coram nobis.

Et de hiis tenendis fideliter et firmiter et de reddendo dictum redditum, ut dictum est, tenetur idem Gaufridus fide data et debet incipere solutio dicti redditus ad hanc Natalem beati Johannis.

Et nos predicta, ad petitionem ipsorum magistri et Gaufridi, adjudicamus finaliter tenenda.

Datum, mense Aprilis, anno Domini M° CC° sexagesimo sexto[1].

CXXXVIII. — 1266, v. s., Avril. — PHILIPPE DE BRAINS, AVEC L'ASSENTIMENT DE JULIENNE, SON ÉPOUSE, ET DE JEAN DE BRAINS, ABANDONNE UNE MAISON AUX FRÈRES DE COEFORT SOUS CHARGE D'ÊTRE NOURRI PAR EUX SA VIE DURANT.

Universis presentes litteras inspecturis officialis Cenomannensis salutem in Domino.

Noveritis quod in nostra presencia constitutus Philippus de Brains dedit magistro et fratribus domus Dei de Cauda forti Cenomannensi quamdam domum suam, com orto et pertinenciis, pro provisione ipsius. Et tenentur dictus magister et fratres dicte domus dicto Philippo providere, in cibo, potu, et necessariis competenter in dicta domo, quamdiu vixerit Philippus supradictus. Que quidem domus sita est in rua Montaise, in villa Cenomannensi, in feodo prioris de Sancto Victurio, ut dicebat. Omne jus dominium, proprietatem, possessionem natalem et civilem, et omnem actionem realem et personalem, et omnia que ipse habebat, vel habere poterat, in dictis domo et orto, et pertinenciis, in magistrum et fratres dicte domus, ex nunc penitus transferendo, nichil sibi retinens, nec suis heredibus, in domo et ortis, com pertinenciis superius nominatis.

Et tenetur idem Philippus dicto magistro et fratribus dictam

---

(1) L'année 1266 de l'ancien style, commencée le 28 mars, a pris fin seulement le 17 avril 1267.

Le sceau pendu à cet acte est celui de la cour de l'évêque du Mans, figures 1-2 de la planche VII.

domum, com orto et pertinentiis, garantizare et defendere contra omnes, quantum jus dictabit, ad duodecim denarios Cenomannensium censuales, reddendos priori de Sancto Victurio, ante festum Natalis beati Johannis Baptiste, annuatim, sine alia redibicione et servicio, se et heredes suos, et omnia bona sua mobilia et immobilia, presentia et futura, quo ad hoc obligans, et de hiis tenendis et de nichil petendo de cetero in dictis domo et orto et pertinenciis per se, vel per alium, tenetur idem Philippus, fide data.

Insuper constituti in jure, coram nobis, Johannes de Broins et Juliana, uxor dicti Philippi, dictam donationem ratam habuerunt et acceptam, dantes fidem, in manu nostra, quod contra dictam donationem per se, vel alium, ratione dotis seu dotalicii, vel elemosine, vel alia aliqua ratione, nichil de cetero reclamabunt.

Nos vero predicta, ad peticionem parcium, adjudicamus finaliter tenenda.

Datum mense aprili, anno Domini M· CC· sexagesimo sexto [1].

CXXXIX. — 1266, Juin. — ACHAT PAR GUILLAUME TURPIN ET THÉOPHANIE, SON ÉPOUSE, DE SEPT SOUS ET QUATRE DENIERS DE RENTE, A PERCEVOIR, APRÈS LA MORT DE PIERRE D'ASNEBEC, ASSIS SUR UN BIEN SITUÉ EN LA PAROISSE SAINT-JEAN, DANS LE FIEF DE SAINT-VICTEUR.

Universis presentes litteras inspecturis officialis Cenomanensis salutem in Domino.

Noveritis quod, in nostra presentia constituti, Benedictus, dictus Corage, et Johanna, ejus uxor, et Maria, filia defuncti Gervasii Corage, Gaufridus Custellarius et Benvenuta, ejus uxor, pro se, et Roberto Popeline et Aalicia, uxore sua, et pro Johanne de Colle, obligantes se pro eisdem, Roberto et ejus uxore et Johanne quilibet, in solidis, pro quolibet ipsorum ad penam dimidie marche argenti de rato, et Radulfus Ceci et ejus uxor, pro se, et Petrus de Roselo, pro se et Hamelino et Philippo, fratribus suis, obligantes se, pro quolibet ipsorum fratrum, ad penam dimidie marche

(1) L'année 1266 du vieux style, commencée le 28 mars, a pris fin seulement le 17 avril 1267.

argenti de rato, vendunt et concedunt in jure, coram nobis, Guillelmo dicto Torpin et Theophanie, ejus uxori, et eorum herédibus, septem solidos et quatuor denarios Turonensium annui et perpetui redditus habendos et percipiendos post mortem Petri de Asnebec, civis Cenomanensis, super quamdam plateam, sitam in parrochia Sancti Johannis Cenomanensis, juxta domum Durandi Le Ferron, in feodo prioris Sancti Victurii Cenomanensis, quam Martinus, dictus Risus Lupi, et ejus uxor tenent et possident, ut dicitur, qui redditus ad ipsos Benedictum et ejus uxorem et eorum consocios pertinebat et erat jus ipsorum et eis devenerat ex parte et successione defuncti Johannis de Asnebec, quondam filii dicti Petri de Asnebec, cujus defuncti ipsi sunt heredes, ad habendum illum redditum post mortem dicti Petri, super dicta platea annuatim, ut dicebant, qui redditus debet reddi, videlicet medietas ad Nativitatem beati Johannis Baptiste, et alia medietas ad Nativitatem Domini annuatim super platea predicta, ut dicebant.

Et facta fuit dicta venditio pro viginti solidis Cenomanensium, de quibus dicti Benedictus et ejus uxor et eorum consocii presentes, pro se et aliis predictis absentibus, coram nobis, in jure se tenuerunt pro pagatis, renonciantes expresse exceptioni peccunie non numerate et non recepte.

Et tenentur dicti Benedictus et ejus uxor et eorum consocii presentes, pro se, et eorum heredes, pro se et aliis eorum consociis predictis absentibus, sub penis predictis, garantizare et defendere et liberare dictis Guillelmo et ejus uxori et eorum heredibus dictum redditum venditum et quicquid juris habebant et habere poterant in dicto redditu, ex quacunque ratione, post mortem dicti Petri, ...

Astrinxerunt se dicti heredes Gaufridus et ejus uxor, Radulfus et ejus uxor et Petrus de Roseio, pro se et aliis predictis absentibus, fide in manu nostra prestita corporali, et nos predicta, ad petitionem dictorum Benedicti et ejus uxor et eorum consociorum presentium, finaliter adjudicamus tenenda.

Datum mense junio, anno Domini M° CC° sexagesimo sexto.

CXL. — 1271, 30 Septembre. — SUR L'OPPOSITION MISE PAR LE PRIEUR DE SAINT-VICTEUR A CE QUE LE MAITRE DE COEFORT TOUCHAT DES CENS DANS SON FIEF, LES DIX SOUS DUS PAR GUILLAUME DE BRAINS ET GEOFFROY ROSSEL SONT VENDUS DIX LIVRES, A JEAN ACON.

Universis presentes litteras inspecturis officialis Cenomanensis salutem in Domino.

Noveritis quod cum magister domus Dei de Cauda forti, de voluntate et assensu fratrum dicte domus, tradidisset Guillelmo de Brains, clerico, et Agneti, ejus sorori, et eorum heredibus quamdam domum et quamdam vineam, juxta domum defuncti Guillelmi Groussin, in Bretonneria Cenomanensi, sitas in parrochia Sancti Johannis Cenomanensis, in feodo prioris Sancti Victurii Cenomanensis, tenendas et possidendas, cum omnibus pertinentiis dictarum domus et vinee, pro quinque solidis Cenomannensium annui et perpetui redditus, reddendis, scilicet, medietate in Nativitate Domini et alia medietate in Nativitate Beati Johannis Baptiste ; tradidisset eciam idem magister, cum voluntate et assensu fratrum dicte domus, Gaufrido Rossel, carpentario, quamdam domum quam ipsi habebant in rua Montaese, in feodo dicti prioris, cum orto et pertinenciis dicte domus, sitam in parrochia Sancti Johannis, tenendam a dicto Gaufrido et suis heredibus perpetuo hereditarie, pro quinque solidis Cenomanensium annui et perpetui redditus, reddendis singulis annis, dictis terminis, dictis magistro et fratribus dicte domus, a dictis Gaufrido et ejus heredibus.

Et dictus prior noluisset pati quod dicti magister et fratres haberent et perciperent dictum redditum in feodo dicti prioris, immo eisdem esgardavisset per judicium, ut dictum redditum ponerent extra manum suum, infra annum et diem, ut magister et procurator dicte domus asserebant.

Tandem, in nostra presencia constituti, frater Johannes Lochet, magister dicte domus, et frater Guillelmus de Guteriis, presbiter, frater et procurator dicte domus, pro se et fratribus dicte domus, vendiderunt in jure, coram nobis, magistro Johanni Aconis, clerico, dictos decem solidos Cenomanensium de redditu et quicquid juris ipsi habebant in rebus superius nominatis, per decem libras Turonensium, de quibus se tenuerunt, coram nobis, in jure pro pagatis in pecunia numerata, renunciantes, pro se et pro fratribus dicte domus, exceptioni pecunie non numerate et non tradite[1].....

Et nos predictos magistrum et procuratorem dicte domus presentes, et in hoc consentientes, ad omnia premissa tenenda et observanda finaliter condempnamus.

Datum die mercurii ante festum beati Remigii, anno Domini M° CC° septuagesimo primo, mense septembri.

CXLI. — 1271, v. s., 13 Avril. — ACHAT PAR SAINT-VICTEUR, POUR SIX LIVRES, D'UNE TERRE SITUÉE A DOMFRONT, QUI LUI EST VENDUE PAR GUILLAUME ANJORRANT, LEQUEL SE RÉSERVE UN DENIER DE CENS.

Universis presentes litteras inspecturis officialis Cenomanensis salutem in Domino.

Noveritis quod, in nostra presentia constitutus, Guillelmus dictus Enjorran, de parrochia de Donnofronte in Campania, vendidit et concessit in jure, coram nobis, priori Sancti Victurii Cenomanensis, nomine dicti prioratus, quamdam peciam terre, continentem unum jugerum, vel circa, quam idem Guillelmus habebat in parrochia predicta, in feodo dicti Guillelmi, juxta terram Hugonis de Bordellis, et juxta terram dicti prioratus, ut dicebat.

Et facta fuit dicta venditio pro sex libris Turonensium, de quibus dictus Guillelmus, coram nobis, in jure se tenuit integre pro pagato in pecunia numerata, renuncians in jure exceptioni pecunie non numerate et non recepte. Et tenentur dicti Guillelmus et ejus heredes garantizare et defendere et liberare dicto priori et ejus successoribus, nomine dicti prioratus, dictam terram contra omnes, quantum jus dictabit, ad unum denarium Cenomanensium, annui et perpetui servicii requisibilis, reddendum ad Penthecosten dicto Guillelmo et suis heredibus de cetero annua-

---

(1) On omet ici de longues formules.

tim, et sine aliqua alia redibitione et exactione qualibet seculari, et etiam reddere et resarcire dicto priori et ejus successoribus omnia dampna et deperdita, si que haberent et sustinerent aliquo modo ob defectum dicti Guillelmi et ejus heredum, de faciendo premissa et aliquid de premissis.

Et ad hec omnia predicta tenenda et adimplenda obligat dictus Guillelmus dicto priori et successoribus suis se et heredes suos et omnia bona sua mobilia et inmobilia, presentia et futura.

Et dedit fidem, in manu nostra, dictus Guillelmus quod ipse omnia predicta fideliter et firmiter observabit et quod contra ea non veniet in futurum, et quod in dicta terra vendita, ratione aliqua modo sibi competenti nichil de cetero reclamabit, salva tamen dicto Guillelmo, et suis heredibus, juridictione in dicta terra, tamquam domino feodali, quantum jus dictabit, omne jus et omnem proprietatem et possessionem quod et quas idem Guillelmus habebat et habere poterat, in dicta terra, in dictum priorem penitus transferendo, nichil sibi vel suis heredibus retinens in eadem, nisi solummodo dictum servicium et juridictionem predictam, ut superius est expressum.

Preterea in jure, coram nobis, constituta Juliana, uxor dicti Guillelmi, dictam venditionem concessit et ratam habuit et dedit fidem, in manu nostra, quod contra dictam venditionem non veniet in futurum et quod in dicta terra, ratione electione vel dotalicii, vel aliqua alia ratione modo sibi competenti, nichil de cetero reclamabit.

Et nos omnia predicta, ad peticionem dictorum Guillelmi et ejus uxoris, adjudicamus tenenda, et ea sigillo curie Cenomanensis fecimus sigillari.

Actum die mercurii post *Isti sunt dies*, anno Domini M° CC° septuagesimo primo, mense aprilis.

CXLII. — 1275, v. s., 20 Février. — NICOLAA, VEUVE DE PHILIPPE, DIT CHOUAN, A REÇU DU PRIEUR THOMAS D'AUMÉNIL, DES TERRES SISES SUR SAINT-PAVIN, PRÈS LA TALVASIÈRE POUR LESQUELLES ELLE S'OBLIGE A UNE RENTE ANNUELLE DE DIX SOUS.

Universis presentes litteras inspecturis et audituris officialis Cenomanensis salutem in Domino.

Noveritis quod, in nostra presentia constituta in jure, Nicholaa, relicta defuncti Philipi dicti Chohan, vidua, de parochia Sancti Johannis Cenomanensis, recognovit in jure quod ipsa acceperat sibi et heredibus suis hereditarie a fratre Thoma de Aumenil, priore Sancti Victurii Cenomanensis, tres pecias terre pertinentes ad dictum prioratum, continentes quatuor jugera vel circa, que site sunt in parochia Sancti Paduini de Campis, in feodo dicti prioratus, apud La Talevaciere, juxta terras dicte Nicholae, ut dicebat.

Et acceperat dictas terras, ut dictum est, pro decem solidis Turonensium annue et perpetue firme, quam firmam dicta Nicholaa et ejus heredes tenerentur de cetero reddere priori Sancti Victurii Cenomanensis, qui pro tempore fuerit, ad duos terminos, videlicet medietatem ad Nativitatem beati Johannis Baptiste, et aliam medietatem ad Nativitatem Domini, coram nobis annuatim.

Et ad reddendam dictam firmam priori Sancti Victurii ad dictos terminos annuatim, ut dictum est, obligat dicta Nicholaa dicto priori et successoribus, nomine dicti prioratui, se et heredes suos, et omnia sua bona mobilia et inmobilia, presentia et futura, et specialiter et expresse omnes vineas et terras ipsius Nicholae, sitas apud La Talevaciere et juxta terras predictas, ut dicebat.

Et nos, ad petitionem dicte Nicholae, omnia predicta adjudicamus tenenda, et ea sigillo curie Cenomanensis fecimus sigillari.

Actum et datum, die jovis ante Cathedram Sancti Petri, mense februario, anno Domini M° CC° septuagesimo quinto.

CXLIII. — 1275, v. s., 13 Mars. — LA VEUVE HODEARDE CHARBONEL, PAROISSIENNE DE NOTRE-DAME DU PRÉ, AYANT REÇU UNE CERTAINE TERRE SITUÉE PRÈS DE LA TALVASIÈRE, S'ENGAGE A PAYER UN CENS ANNUEL DE CINQ SOUS A SAINT-VICTEUR.

Universis presentes litteras inspecturis et audituris officialis Cenomanensis salutem in Domino.

Noveritis quod, in nostra presencia constituta, Hodeardis La Charbonnele, vidua, de parochia Beate Marie de Prato Cenomanensis, recognovit in jure, coram nobis, se accepisse sibi, et suis heredibus, a fratre Thoma de Aumenil, priore Sancti Victurii Cenomanensis, quamdam peciam terre pertinentem ad prioratum Sancti Victurii Cenomanensis, continentem duo jugera et dimidium, vel circa, sitam in parochia predicta, apud La Talevaciere, juxta terram et vineas que fuerunt defuncti Odini, dicti Villici, ut dicebat, habendam hereditarie et in perpetuum possidendam, pro quinque solidis Cenomanensium annui et perpetui redditus; quem redditum dicta Hodeardis et ejus heredes tenerentur reddere de cetero dicto priori et ejus successoribus, qui pro tempore fuerint, nomine dicti prioratus ad duos terminos, videlicet medietatem ad Nativitatem Beati Johannis et aliam medietatem ad Nativitatem Domini annuatim, coram nobis. Et ad reddendum dictum redditum ad dictos terminos annuatim, ut dictum est, obligat dicta Hodeardis dicto priori et ejus successoribus, nomine dicti prioratus, se et heredes suos et omnia bona sua, mobilia et inmobilia, presentia et futura.

Et nos omnia predicta, ad petitionem dicte Hodeardis, adjudicamus tenenda.

Actum et datum, die veneris post *Oculi mei*, mense marcio, anno Domini M° CC° septuagesimo quinto.

CXLIV. — 1277, 31 Mai. — LE PRIEUR THOMAS D'AUMAISNIL, AYANT ABANDONNÉ DIVERS BIENS SITUÉS A LOUPELANDE ET A ETIVAL A PHILIPPE LE CORNU, CELUI-CI S'ENGAGE A EN PAYER UNE RENTE ANNUELLE DE SEPT SOUS.

Universis presentes litteras inspecturis officialis Cenomannensis, sede vacante, salutem in Domino.

Noveritis quod, in jure coram nobis constitutus, Thomas de Aumaisnil, prior Sancti Victurii Cenomanensis et procurator religiosorum virorum abbatis et conventus Montis Sancti Michaelis de periculo maris, pensata utilitate monasterii Montis Sancti Michaelis de periculo maris et prioratus Sancti Victurii Cenomanensis, recognovit in jure, coram nobis, quod ipse tradiderat et adhuc tradit, tam nomine dictorum religiosorum et eorum monasterii quam ipsius prioris et dicti prioratus Sancti Victurii, perpetuo et hereditario Philippo dicto Cornuto et Agneti, ejus uxori, ei eorum heredibus, de parrochia Beate Marie de Estivalle, quasdam res inmobiles que consistunt in terris, pasturis et vineis, et medietate cujusdam virgate, que omnia fuerunt defuncti Guillelmi Fabri, ut dicitur, que omnia sita sunt, ut dicitur, partim in parrochia de Lupilanda, et partim in parrochia Beate Marie de Estivalle, partim in feodo domini de Lupilanda, partim in feodo de Goylan, et partim in feodo Guillelmi de Ferraria et partim in feodo Roberti Geliot, et nuncupantur partim vinea de Cherete, et partim vinea de juxta vineas de Aillehart, et partim vinea de Montaut, et partim terra et pasture de Rochis, et partim terra de retro domum Nochel, ut dicebant, et partim certa et dimidia domus de La Pyronnierre.

Et facta fuit hujusmodi traditio rerum predictarum pro septem solidis Cenomannensium annui et perpetui redditus, reddendis de cetero a dictis Philippo et ejus uxore et eorum heredibus, qui pro tempore erint, dicto priori Sancti Victurii, qui pro tempore erit prior Sancti Victurii Cenomanensis, scilicet medietatem ad crastinum Nativitatis Beate Marie virginis et aliam medietatem ad crastinum Nativitatis Domini. Et ad reddendum de cetero dictum redditum ad terminos annotatos et ad defendendum res superius nominatas, quantum jus dictabit, contra omnes, et ad reddendum reddibitiones rerum predictarum dominis feodalibus, dictus Philippus et ejus uxor bona sua mobilia et inmobilia, presentia et futura, et heredes suos, et dicius prior bona sua et sui prioratus, quelibet pars alteri penitus obligarunt ad valorem premissorum et de premissis tenendis et de non veniendo contra premissa vel aliquot premissorum se astrinxerunt dictus Philippus et ejus uxor, fide in manu nostra prestita corporali, et nos omnia premissa, de consensu dictorum partium, adjudicamus tenenda et ea sigillo curie Cenomanensis duximus sigillari, in testimonium veritatis.

Datum anno Domini M° CC° LXXme septimo, die lune post festum beati Vincentii.

CXLV. — 1277, 31 Mai. — LE PRIEUR THOMAS D'AUMAISNIL, AYANT ABANDONNÉ DIVERS BIENS SITUÉS A ETIVAL A THOMAS LE CORNU, CELUI-CI S'ENGAGE A EN PAYER UNE RENTE DE DIX-HUIT SOUS.

Universis presentes litteras inspecturis officialis Cenomanensis, sede vacante, salutem in Domino.

Noveritis quod in jure, coram nobis, constitutus Thomas de Aumaisnil, prior Sancti Victurii Cenomanensis et procurator religiosorum virorum abbatis et conventus Montis Sancti Michaelis de periculo maris, pensata utilitate monasterii Sancti Michaelis de periculo maris et prioratus Sancti Victurii Cenomanensis, recognovit in jure, coram nobis, quod ipse tradiderat et adhuc tradit, tam nomine dictorum religiosorum et eorum monasterii quam ipsius prioris et dicti prioratus Sancti Victurii, perpetuo et hereditarie, Philippo, dicto Cornuto, et Agneti, uxori sue, et heredibus ipsorum, de parrochia Beate Marie de Estivalle, quoddam herbergamentum, cum pertinenciis ipsius herbergamenti, que sunt designate marche de Estivalle, et duas pecias terrarum, continentes circa septem jugera terre, et noncupantur Oscha de Refoul et juger desuper virgultum, que omnia sita sunt, ut dicitur, in dicta parrochia de Estivalle, in feodo dicti prioris, ut dicebant, partim et partim in feodo domini de Boilleio.

Et facta fuit hujusmodi traditio rerum predictarum pro decem et octo solidis Cenomannensium annui et perpetui redditus, reddendis de cetero a dictis Philippo et ejus uxore et heredibus ipsorum, qui pro tempore erint, priori Sancti Victurii Cenomanensis, qui pro tempore erit prior Sancti Victurii, scilicet novem solidos Cenomannensium ad crastinum Nativitatis Beate Marie Virginis et novem solidos Cenomannensium ad crastinum Nativitatis Domini annuatim......

Et nos omnia premissa, de consensu dictarum partium, adjudicamus tenenda et ea sigillo curie Cenomanensis duximus sigillari, in testimonium veritatis.

Datum anno Domini M° CC° LXX^{mo} septimo, die lune post festum beati Vincentii.

CXLVI. — 1282, 25 Juillet. — ROBIN BLANCHET VEND A SAINT-VICTEUR UNE PIÈCE DE TERRE, A LA COURBE DE SARTHE, POUR DIX LIVRES.

Sachent touz presenz et avenir que, en nostre presence, en dreit establi Robin Blanchet, clerc, de la parroisse de Nostre Dame de la Cousture dou Mans, requenut que il a vendu et unquore vent à religious hommes au priour et aus autres moines de la prioré de Saint Victor dou Mans, et à lor successors, une pièce de terre, contenant environ treis jornex, que le dit Robin aveit assise ou flé de la dite prioré, à la Corbe de Sarte, jouste la grant metaerie que les diz religious ont au dit leu de la Corbe de Sarte, si comme diseit le dit Robin, à aveir, à tenir et à porsaer iceile dite terre aus diz religious et à lors successors heritaument et perdurablement, quitement, empez et delivrement à en fere lor pleniere volenté de tout en tout, par non et par titre d'achat.

Et fut fete la dite vencion par le pris de deiz livres de torneis, desquex le dit Robin se tint por bien paé en deners nombrez. Et promet por sei et por ses heirs le dit Robin et est tenu garantir, deffendre et delivrer la dite terre aus diz religious, et à lors successors, de touz et contre touz empeschemenz, tant comme dreit doura, et lor rendre et restorer à lor plain dit après lor serement, sanz autre proeve, touz couz et touz domages, se aucuns en soustenaient, en aucunne maniere, par deffaute de la garantise estre fete, si comme dessus est dit.

Et se desesit le dit Robin en dreit, par devant nous, de la dite terre et des appertenances et lor em bailla la sesine, la propriété et la possession, o tout le dreit, et o tote l'auction, que il i aveit et poeit aveir, sanz riens retenir à sei ne à ses heirs en la dite terre, par la baillee et par la tenor de cest present instrument.

Et quant à toutes cestes devant dites chouses leure et enteriguer oblige le dit Robin aus diz religious et à lors successors sei et ses heirs et touz ses biens, où que il saient, meibles et non meibles, presenz et avenir, à prendre et à vendre.

Et renoncie quant à ce à tote exception de fraude, de lesion et de decevance, à tout privilege de croiz prise et à prendre, à toute aide de fet et de dreit escript et non escript, et à totes autres resons et allegations. Et de tenir, garder et acomplir tout ice qui est dessus dit, sanz venir encontre, est tenu le dit Robin, par la fei de son cors, donnée sus ce en nostre main.

Et nous, à la requeste dou dit Robin, totes ces chouses sentenciaument aimon à tenir et enteriguer, et les avon confermees dou seau de nostre court dou Mans, en tesmoing de verité, sauve nostre draeture [1].

Ce fut fet ou jour de mardi, après la Saint Cristoffle, en l'an de grace mil cc quatre vinz et dous.

CXLVII. — 1284, 17 Juin. — TENEUR DE LA PROCURATION DONNÉE PAR LE MAITRE ET LES FRÈRES DE SAINT-LAZARE A GUILLAUME, DIT JOUSSIAN [2].

Universis presentes litteras inspecturis et audituris magister et fratres domus leprosarie Sancti Lazari juxta Cenomannum salutem in Domino.

Noveritis quod nos in omnibus et singulis causis et negociis, motis et movendis, habitis et habendis contra quascumque personas et a quibuscumque personis a nobis et contra nos, coram quibuscumque judicibus ecclesiasticis, secularibus, ordinariis, extraordinariis, delegatis, subdelegatis, compromissariis, arbitris, privilegiariis, conservatoribus, auditoribus, inquisitoribus eorumque allocatis et mandato, Guillermum dictum Jousian, clericum,

(1) Cet acte possède un important fragment du sceau de la cour du Mans à l'époque de Charles I, frère de Saint Louis ; on en trouvera le dessin sous les numéros 7-8 de notre planche VII. Mais la collection de moulage des *Archives* en possède, sous le numéro 4562, un exemplaire de 1283, presque intact, dont le dessin a été donné par M. E. Hucher sous le numéro 480 de son *Catalogue du Musée archéologique du Mans*.

C'est un sceau rond de 0,05 où figure dans le champ un écu parti *de Jérusalem et d'Anjou ancien*, accosté du mot CENO-MAN. La légende est : † S CUR. IHRLE..... CILIE REGIS IN CENOMAN.

Le contre-sceau rond est de 0,024 ; il présente un écu au même blason que le sceau, avec la légende : † CONTRAS IN CENOMANIA.

(2) Cette procuration a été en partie copiée pour Gaignières. (B. N., *latin*, 5430ᵃ, 113.)

fratrem nostrum, exibitorem presentium, procuratorem nostrum constituimus generalem, dantes eidem procuratori nostro potestatem et speciale mandatum agendi pro nobis nosque deffendendi, excipiendi, replicandi, triplicandi, proponendi litem, contestandi seu lites, jurandi de calumpnia et de veritate dicenda in animas nostras et suam, et faciendi pro nobis cujuslibet alterius generir juramentum, ponendi posicionibus, recedendi, petendi restitucionem in integrum, petendi expensas et eas jurandi in animas nostras et suam, et recipiendi easdem, appellandi, appellacionem prosequendi, et alium seu alios loci sui substituendi unum vel plures conjunctim, vel divisim, quocienscumque voluerit et sibi viderit expedire, et substitutum vel substitutos ab ipso revocandi, et errores facti procuratorum nostrorum precedentium, et omnia alia et singula faciendi, specialiter et expresse, que potest et debet facere verus et legitimus procurator et que mandatum requirunt, seu exigunt speciale, et que nos faceremus, vel facere deberemus, et possemus, si presentes essemus, ratum et gratum habentes et habituri atque firmum quicquid per ipsum procuratorem nostrum, et cum ipso, vel per substitutum seu substitutos ab ipso vel altero eorumdem super premissis omnibus et singulis factum fuerit, seu eciam procuratum ad quascumque dierum assignaciones factas et faciendas, tam pro nobis quam contra nos, coram predictis judicibus, vel altero eorumdem, promittentes sub ypotheca rerum nostrarum et dicte domus, pro dicto procuratore nostro, et substituto, vel substitutis ab eodem, si necesse fuerit judicatum solvi.

Et hec omnibus quorum interest et intererit, significamus per presentes litteras sigillo nostro sigillatas.

Datum die sabbati post festum beati Barnabe apostoli, anno Domini M° CC° LXXX°° quarto.

CXLVIII. — 1291, 1er Octobre. — JULIOTUS, DIT PAILLIER, D'ETIVAL, FAIT DIVERS DONS A SAINT-VICTEUR.

Universis presentes litteras inspecturis officialis Cenomannensis salutem in Domino.

Notum facimus quod, coram nobis, constitutus Juliotus, dictus Paillier, de parrochia de Estival, dedit et concessit spontanea voluntate, et adhuc dat et concedit priori Sancti Victurii Cenomanensis, et ejus prioratui, in puram et perpetuam elemosinam, quatuor quarteria vinearum, que Guillelmus Gopil tenet et possidet.

Dedit eciam eidem priori unum jugerum terre, quod Matheus Ernaut tenet, et insuper vineam des Brereris, que omnia fuerunt defuncti Johannis Pallier.

Ex nunc idem Juliotus in dictum priorem de premissis possessionibus possessionem, proprietatem et dominium, tam naturalem quam civillem, per traditionem presentis instrumenti, penitus transferendo, quam donationem idem Juliotus promittit dicto priori, ut jus erit, garantizare et contra eam de cetero non venire, fide data.

Et nos premissa adjudicamus tenenda.

In cujus rei testimonium, presentibus litteris sigillum curie Cenomanensis duximus apponendum.

Datum die lune ante festum beati Leodegarii, anno Domin M° CC° nonagesimo primo.

CXLIX. — 1291, 1er Octobre. — JULIOTUS, DIT PAILLIER, D'ETIVAL, VEND A SAINT-VICTEUR, POUR DOUZE LIVRES, TOUS SES DROITS SUR LA DIME DE VILLIERS.

Universis presentes litteras inspecturis officialis Cenomannensis salutem in Domino.

Notum facimus quod, coram nobis, constitutus Juliotus, dictus Paillier, de parrochia de Estival, vendidit et nomine venditionis concessit religioso viro priori Sancti Victurii Cenomanensis omnem porcionem, ipsum Juliotum contingentem in quadam decima, que vocatur decima de Villiers, cum pertinenciis ejusdem decime universa, sita in parrochia predicta, ex nunc idem Juliotus de dicta porcione in dictum priorem possessionem, proprietatem et dominium, tam naturalem quam civillem, per traditionem presentis instrumenti penitus transferendo, jura et actiones sibi competentes et competituras in premissis contra quemlibet detemptorem et debitorem ejusdem in ipsum priorem cedendo.

Et facta fuit presens venditio pro duodecim libris Turonensium, de quibus denariis eidem Julioto extitit satisfactum, exceptioni pecunie non numerate, non recepte, specialiter et expresse renuncians, coram nobis, quam vendilionem idem Juliotus tenetur et promittit garantizare et deffendere dicto priori et ejus successoribus ab omnibus et contra omnes, ut jus erit, se et heredes suos et omnia bona sua mobilia et inmobilia, presentia et futura, quo ad hoc obligans, fide data.

Et nos premissa adjudicamus tenenda.

In cujus rei testimonium, presentibus litteris sigillum curie Cenomanensis duximus appenendum.

Datum die lune ante festum beati Leodegarii, anno Domini M° CC° nonagesimo primo.

CL. — 1294, v. s., 6 Avril. — GEOFFROY, PRIEUR DE SAINT-VICTEUR, ACQUIERT DE GUILLAUME GAY UNE VIGNE.

Omnibus hec visuris officialis Cenomannensis, sede vacante, salutem in Domino.

Noveritis quod in jure, coram nobis, constitutus Guillelmus Gay damors quitavit et dimisit, et adhuc quitat et dimittit penitus religioso viro et honesto fratri Gauffrido, priori Sancti Victurii Cenomannensis, et ejus successoribus, quoddam quarterium vince, tanquam domino feodali, et vendicionem ipsius quarterii, prout continetur in littera vendicionis presentibus hiis annexa, pro precio ipsius vendicionis refondendo.

De quo precio idem Guillelmus se tenuit pro bene pagato, promittens quod de cetero nichil petet in eadem vinea in futurum, fide data.

Et nos hoc adjudicamus tenendum.

Datum die martis post *Judica me*, anno Domini M° CC° nonagesimo quarto.

CLI. — 1296, 13 Novembre. — SENTENCE DE L'OFFICIAL CONDAM-
NANT JEAN CHARUPEL A PAYER A SAINT-VICTEUR LES DIMES
DUES PAR LUI, POUR LES BIENS QU'IL TENAIT DU PRIEURÉ A
DOMFRONT.

Omnibus hec visuris officialis Cenomannensis salutem in Domino.

Notum facimus quod, cum diceret et proponeret in jure, coram nobis, prior Sancti Victurii Cenomannensis, nomine sui prioratus predicti contra Johannem Charupel, quod ipse Johannes tenebat et possidebat predia in parrochia de Dompnofionte in Campania, infra metas decimationis dicti prioratus, ad dictum prioratum spectantia pro duabus partibus, et fructus dictorum prediorum per plures annos percepit, et habuit declarationem prediorum et fructuum in processu ac annorum facienda, ut jus esset, de quibus fructibus decimas eidem prioratui pro duabus partibus debitas, ad estimacionem decem librarum Cenomanneosium, non solvit, nec de eis satisfecit, ut dicebat dictus prior, quare petebat idem prior, nomine quo supra, dictum Johannem condempnari sentencialiter et compelli ad satisfaciendum eidem priori de decimis predictis, ad estimacionem predictam.

Lite super premissis legitime contestata, jurato de calumpnia posito et reverso aliisque rite peractis in premissis usque ad diffinitive sentencie calculum, die martis post festum beati Martini, hyemalis, dictis partibus assignatis coram nobis ad audiendum jus super premissis, partibus presentibus in judicio, coram nobis, nos, auditis et intellectis cause predicte meritis, dictum Johannem, per diffinitivam sentenciam, in hiis scriptis condempnamus ad reddendum dicto priori tres summas et duas partes unius costereti vini, ad mensuram dicti loci, pro anno ultimo preterito, expensas vero de speciali gratia confundantes.

Datum dicta die Martis, anno Domini M^e CC^e nonagesimo sexto.

CLII. — 1296, v. s., 2 Mars. — LE PRIEUR THOMAS AVAIT UNE CONTESTATION AU SUJET DE DIMES ASSISES SUR DOMFRONT, AVEC GUILLAUME DE VAL AUBERON, GUILLAUME SUART, GUILLAUME DE GAIGNÉ, TOUS ÉCUYERS, ET ÉTIENNE CORDEL ; LES PARTIES S'OBLIGENT A EXÉCUTER LA SENTENCE QUI SERA RENDUE PAR L'ÉVÊQUE DU MANS.

Universis presentes litteras inspecturis officialis Cenomannensis salutem in Domino.

Noveritis quod, cum contencio verteretur, seu verti speraretur, inter fratrem Thomam, priorem prioratus Sancti Victurii Cenomanensis, nomine suo et sui prioratus predicti, ex parte una, et Guillelmum de Val Auberon, Guillelmum Suart, Guillelmum de Gaigne, armigeros, et Stephanum Cordel, ex parte altera, super hoc videlicet quod dictus prior dicebat et proponebat, nomine quo supra, contra dictum Guillelmum de Val Auberon et ejus consortes predictos, quod ipsi tenebant et possidebant, et tenent et possident pro diviso, predia in parrochia de Dompnofronte in Campania, infra metas decimationis dicti prioratus, ad dictum prioratum pro duabus partibus spectantia, et quod de fructibus esset in dictis prediis, videlicet vineis crescentibus, decimam videlicet pro duabus partibus debitam, ad ipsum prioratum pertinebat et debebat pertinere pro duabus partibus supradictis, dicto Guillelmo et ejus consortibus, hoc negantibus et asserentibus quod nunquam solvere consueverint de fructibus predictis crescentibus, nisi vicesimam partem eorumdem fructuum tantum.

Tandem de prudentum virorum consilio, dicte partes, coram nobis constitute, super predictis contentionibus compromiserunt et adhuc compromittunt, videlicet dictus prior, nomine quo supra, et dicti Guillelmus et ejus consortes pro se, in revereudum in Christo patrem dominum Cenomanensem episcopum tanquam in arbitrum ita quod quidquid super predictis contentionibus per dictum reverendum patrem de jure factum ordinatum, seu statutum fuerit, tenentur et promittunt dicte partes, per promissionem hinc inde sollempniter factam, firmiter et fideliter observare.

Et est vallatum hujusmodi compromissum pena centum marcharum argenti, a partibus predictis sollempniter stipulata, prestanda et solvenda parti parenti, seu parere volenti, dicto, seu ordinacioni aut statuto dicti reverendi in Christo patris, a parte non parente, seu parere nollente, vel ab illa parte per quam stabit quominus dictum arbitrium terminetur, et fide eciam hinc inde data.

Et nos dictas partes ad observacionem premissorum per sentenciam condempnamus, ad requisicionem earumdem.

Datum die sabbati post Cineres, anno Domini M° CC° nonagesimo sexto.

CLIII. — 1297, 19 Avril, Yvré-l'Evêque. — L'ÉVÊQUE DENIS BEN AISTON, EN ACCEPTANT LA CHARGE D'ARBITRE ENTRE SAINT-VICTEUR ET GUILLAUME DE VAL AUBERON, RELATE L'ENGAGEMENT PRIS PAR LES PARTIES D'EXÉCUTER SA SENTENCE [1].

Universis presentes litteras inspecturis Dyonisius, permissione divina Cenomannensis ecclesie minister indignus, salutem in Filio Virginis gloriose.

Notum facimus quod, cum contencio verteretur, seu verti speraretur, inter fratrem Thomam, priorem prioratus Sancti Victurii Cenomannensis, nomine suo et sui prioratus ; redicti, ex una parte, et Guillelmum de Valle Auberon, Guillelmum Suart, Guillelmum de Gaigne, armigeros, et Stephanum Cordel, ex altera, pro eo videlicet quod dictus prior dicebat et proponebat, nomine quo supra, contra predictum Guillelmum de Valle Auberon et ejus consortes predictos, quod ipsi tenebant et possidebant et tenent et possident, pro diviso, predia in parrochia de Domnofronte in Campania, infra metas decimationis dicti prioratus, ad dictum prioratum videlicet pro duabus partibus spectantia et quod de fructibus in dictis prediis, scilicet vineis crescentibus, decimam debitam ad ipsum prioratum pertinebat et debebat pertinere, videlicet pro duabus partibus antedictis.

(1) Ces lettres ont été copiées en partie pour Gaignières. (B. N., latin 5430², 130.)

— 150 —

Dictis G. et ejus consortibus hoc negantibus et asserentibus quod nunquam consueverunt solvere de fructibus predictis nisi vicesimam partem; tandem dicte partes, coram nobis personaliter constitute, de prudentum virorum consilio, compromiserunt in nos unanimi assensu super premissis, tamquam in arbitrum arbitratorem, seu amicabilem compositorem, electum et nominatum concorditer ab eisdem, et promiserunt, fide ab eis super hoc prestita corporali, et ad penam centum marcharum argenti committendam et solvendam a parte resiliente a nostro arbitrio, dicto, seu amicabili compositione, seu per quam stabit cominus compromissum hujusmodi valeat terminari, parti volenti observare, dictum, seu ordinationem nostram, seu observanti eamdem se inviolabiliter observaturum quicquid nos super premissis et eorum singulis, alte et basse, stando, sedendo omni hora et loco juris ordine observato, vel non observato, partibus presentibus, vel earum altera absente, pro nostro voluntatis libito duxerimus ordinandum, dicendum seu eciam statuendum.

Et nos predictas partes ad observanciam premissorum sentencialiter condempnamus.

In cujus rei testimonium, sigillum nostrum, ad requisicionem parcium predictarum, duximus apponendum [1].

Datum apud Ebryacum Episcopi, die vaneris post Pascha, anno Domini millesimo ducentesimo nonagesimo septimo.

CLIV. — 1298, 15 Avril. — SEDILIA LA FRÉROU, VEUVE DE ROBIN FRÉROU DE LA PAROISSE DE SAINT-OUEN, VEND POUR VINGT SOUS, A THIBAUT LE ROY ET A GILETTE, SA FEMME, UNE MAISON, RUE MONTOISE, DANS LA PAROISSE DE SAINT-JEAN DE LA CHÈVRERIE, SOUS RÉSERVE DE SIX DENIERS DE CENS.

Universis presentes litteras inspecturis officialis Cenomanensis salutem in Domino.

(1) Denis Benalston n'a été évêque du Mans que peu de mois. On ne connait ni empreinte, ni dessin de son sceau. Notre document est malheureusement dépourvu du sien.

Noveritis quod in jure coram nobis personaliter constituta Sedilia, dicta La Freroe, relicta defuncti Robini Frerou, de parrochia Sancti Audoeni Cenomanensis, confessa est se vendidisse, et vendicionis nomine concessisse, et adhuc vendit et concedit Theobaldo dicto Regi et Gilete, ejus uxori, quamdam domum, cum fundo et pertinenciis ipsius, sitam in vico Montaise, in parrochia Sancti Johannis de Capraria Cenomanensis, in feodo prioris Sancti Victurii, inter plateam que fuit defuncti Johannis dicti Charruel, ex una parte, et domum que fuit defuncte dicte La Saintloe, que nunc est Johannis de Curia civitatis, ex altera, habendam et tenendam a dictis Theobaldo et Gileta, et eorum heredibus, et ab ipsis causam habituris, et jure hereditario, emptionis titulo, in perpetuum possidendam.

Et fuit facta presens vendicio pro viginti solidis Turonensium, de quibus dicta Sedilia se tenuit, coram nobis, integre pro pagata in pecunia numerata, exceptioni non numerate pecunie in hoc facto renuntians specialiter et expresse.

Et promisit dicta Sedilia, pro se et suis heredibus, predictam domum, cum fundo et pertinentiis ipsius, garantizare, liberare et defendere dictis emptoribus, et ab ipsis causam habituris, ab omnibus et contra omnes, in perpetuum, ut jus erit, reddendo sex denarios Cenomannensium, in festo Omnium Sanctorum annuatim, domino feodali, sine alia redibicione.

Transferens in predictos emptores proprietatem et dominium dicte domus.

Ad que observanda et adimplenda, obligat dicta Sedilia predictis emptoribus, et ab ipsis causam habituris, se et heredes suos et omnia sua bona mobilia et immobilia, presentia et futura, renuntians omni exceptioni doli, mali, fraudis, lesionis et deceptionis ultra dimidium justi precii et omnibus aliis que contra presens instrumentum possent objici, vel opponi, et de hiis tenendis, et de non veniendo contra, se astrinxit dicta Basilia *(sic)*, fide data.

Et nos hec adjudicamus tenenda.

In cujus rei testimonium, presentes litteras eisdem emptoribus, ad petitionem dicte Sedilie, dedimus sigillatas.

Datum die martis post Quasimodo, anno Domini M° CC° nonagesimo octavo.

CLV. — 1298. — CENSIF DU PRIEURÉ DE SAINT-VICTEUR DU MANS [1]
(B 894 des *Archives municipales du Mans*, déposées aux *Archives de la Sarthe*.)

CLVI. — XIII° siècle. — FRAGMENT DU ROLE DES DROITS DE SAINT-VICTEUR CONTRE L'ABBAYE DE BEAULIEU.

Nos habemus duas partes decimarum et primiciarum tractumque earum et cimiterium duasque partes oblationum in Natale Domini, in Epiphania, in cunctis Beate Marie festivitatibus, in Pascha, in Rogationibus vero, solummodo panum, in festo Sancti Frontonis, in sollempnitate Omnium Sanctorum.

De hoc habemus unam cartam.

Item : de ipso abbate habemus decimas vini, in omni decimatione nostra, sicuti ab aliis.

Et de hoc habemus cartam.

Item debemus habere decimas de novalibus, secundum proportionem quam recipimus in aliis decimis, ut in nostris privilegiis continetur.

CLVII. — XIII° siècle. — FRAGMENT DU ROLE DES DROITS DU PRIEURÉ DE SAINT-VICTEUR CONTRE L'ABBAYE DU PRÉ.

Ad memoriam reducatur quod abbatissa tenetur ponere extra manum suam omnem terram que fuit Gaudefridi Andegavensis.

De hoc habemus unam cartam.

Item : Sciendum est quod abbatissa de Prato non potest habere in feodo Sancti Victurii tenementorum aliquid, nisi ad valorem

---

(1) C'est une longue bande de parchemin de cinq mètres cinquante centimètres incomplète de la fin, où figurent tous les noms des censitaires du prieuré.

census viginti solidorum Cenomannensium ; nec prior Sancti Victurii similiter in suo.

Et de hoc habemus unam cartam.

Item : Memorie dignum est quod abbatissa tenet totam aquam, que est inter exclusas molendinorum de Gordène et exclusas molendinorum de Sancto Johanne, reddendo inde sex denarios, requisibiles in Nativitate Beati Johannis Baptiste, sicut de proprio feodo Sancti Victurii ab antiquo.

Item : Si aliquid, pacis nomine vel censuum, ab hominibus, qui aquam illam secus rippam suis domibus occuparunt, medietas per manus abbatisse priori Sancti Victurii debet reddi.

Et de hoc habemus unam cartam.

Item : Recipimus decimas in decimationibus nostris ab abbatissa, sicut et de aliis.

De hoc habemus cartam unam.

Item : Habemus decimas bladi et vini et primiciarum, infra istas metas. Incipit enim inferius ex parte Cenomanensi, a cruce Griferi, tendens per viam Cyconie, usque ad oscam Garini de Fai, que est ante torcular, que fuit magistri Abraham ; et ibi, flectens ad sinistram, tendit, per semitam, usque ad rivulum, qui fluit post torcular Raginardi Berart de Pane perdito, et illud in dextera parte relinquens, tendit, per ipsum rivulum, ad pressorium Raginardi Berart, quod fuit Theobaudi de Puteo ; et, illo ad sinistram relicto, vadit sursum directe, per veterem venellam, usque ad Talavaceriam, qua dimissa ad sinistram, pervenit usque ad feodum Fulconis Ribole, versus Penneceriam. Abbatissa vero recipit a predicta cruce Griferii via tendens ad crucem Erraudi ; et ibi, jungens se vie que tendit ad capellam Sancti Albini, intra ipsam viam et divisionem sinistre partis monachorum, totam dexteram sanctimonialium comprehendit,

Tamen, de vineis quas habemus, unam tantum summam vini debemus pro decima.

Due etiam domus, que ibi sunt, quarum una fuit Durandi Burel, et altera Gaignardi Coterel, ad nos pertinent et omnia parrochialia propter decimas et primicias.

Similiter autem, in sinistra parte, que nostra est, sanctimoniales habent pacifice census suos et elemosinas et parrochialia omnia, preter omnes decimas et primicias.

Quicquid igitur, extra terminos descriptos, in qualibet parte ad monachos, vel ad sanctimoniales, pertinens continetur, illud de cetero, sicut prius habuerant, possidebunt.

Et de hoc habemus duas cartas.

Item : Abbatissa debet nobis quatuor denarios censuales, ad festum Beati Johannis Baptiste, pro quibusdam plateis, que sunt site in virguto abbatisse et monialium, ex parte nostre domus.

Et de hoc habemus duas cartas.

CLVIII. — XIIIᵉ siècle. — FRAGMENT DU ROLE DES DROITS DE SAINT-VICTEUR CONTRE L'ABBAYE DE LA COUTURE AU SUJET DE CE QU'ELLE POSSÈDE DANS LE BOURG MONTOIS.

Sciendum est quod, quicquid tenet abbas de Cultura in vico Montensi, est de feodo Sancti Victurii, et ibi habemus plenitudinem dominii, scilicet leges et districta venditiones, justiciam et costumas ; et inde reddunt nobis sex denarios de capitali censu.

De hoc habemus unam cartam.

Item : habemus medietatem cujusdam decime, que dicitur decima Benjamin, in parrochia de Tania sita, et abbas de Cultura aliam medietatem.

De hoc habemus unam cartam.

CLIX. — XIIIᵉ siècle. — TABLEAU DES DIMES DUES A SAINT-VICTEUR, PAYABLES EN BLÉ ET EN VIN.

Hec sunt decime de blado pertinentes ecclesie Sancti Michaelis de periculo maris, quas monachi in ecclesia Sancti Victurii Cenomannis degentes ad sua necessaria habent :

De monachis Sancti Audoeni, decimam unius osche acergi.

De oscha Lanberti Cementarii, ibidem. De oscha Garini, ibidem. Et hec sunt de fedo Pagani de Sevillé.

Ad misericordiam episcopi, decimam suarum oscharum de

propria carruca episcopi, unam et aliam de oscha Vitalis filii Martini, de oscha Sancti Rigomeri que est Pelokin.

De duabus oschis Guillelmi Blancart, una que est juxta pressorium Fucaldi filii Genis, et de alia ad virgultum Froter.

Tota decima virgulti Froter, de fedo Herberti de Mollenz, nostra quieta.

Decima de oscha Engelardi de Novo foro, de feudo Sancti Victurii.

Decima de oscha de Munfort, que est monachorum Sancti Victurii eorum quieta.

De oscha Herberti Soler, ibidem.

De oscha Hamelini de Campania, ibidem.

De feudo Hugonis de Trunchet, de oscha que est ex alia parte vie, de oscha Johannis filii Genis, ibi juxta, de duabus oschis Guillelmi Tirel juxta suum pressorium, de oschis Johannis filii Hamelini, ibi juxta, de terris canonicorum de Belloloco, que fuerunt Garini de Loe, ibidem.

De dimidia arpent Seignore Le Bocher, ibidem.

De oscha Geisberti Merlet, ibidem.

De oscha Vivien Le Bocher, ibidem.

De oscha Sevin d'Asnebec, ibidem.

De oscha Gerardi Blanchart, ibidem.

De oscha Richeldis Passelevé, ibidem.

Tota decima de la Meiteeria Hugonis de Corbevilla, apud Roillum, monachorum est.

De tota terra ibidem Augeri Pasturel, tota decima monachorum est.

Decima de oscha Fontis au Berger dimidia monachorum et dimidia canonicorum.

De terris Godefridi Le Cirer, ibidem.

De oscha Philippi de Foro, ibidem.

De oscha monialium Sancti Juliani, unde Herveus Griffer portavit judicium, de oscha Noeli filii Michaelis de feudo Nanteri, de oscha Fromundi Vaslart de feudo monialium, de oscha monialium ante pressorium Guiart Valor, ibidem.

De oscha monialium de Lomel Delpin, de osca Odeline de

Ponte, de omnibus terris de Ciconia, tota decima monachorum est.

De terris et vineis de La Caresmerh, decima tota monachorum est jure.

De oscha Engelberti presbiteri, ibidem.

De oscha Robin Parmentarii, ibidem.

De oscha Haimeri Bauzant, ibidem.

De oscha Galteri Martin, ibidem.

De oscha Rainaldi Garrel, de oscha Roberti de Milesce, ibidem.

De oscha Ernaudi Giesmer, ibidem.

De oscha Cristinou, ibidem.

De oscha Tealt, ibidem.

De oscha Guillelmi Harpin, ibidem.

De oscha Roberti, presbiteri de Sancto Benedicto, ibidem.

De oscha Richeri Noge ante domum Talevaz, ibidem.

De terra que est juxta Paneceres, quam colunt tres rustici : Ascelinus Buscus, Guillelmus Berruer, Guillelmus de Falesia, habent monachi dimidium decime, et moniales dimidium.

De osca Dulce La Barilliere de Montollein, de feudo Pagani Cavalle, de osca Guiardi Coci apud Paneceres, de terris de feudo Richardi de Coloines, quas Gaufredus de Muntollein lucratur, de terris de La Foletere de feudo Sachespee, de oscha Oliveri Jugleor de feudo Nanteri, de quinque oschis de carruca Nanteri de Dusages, de oscha Hamelini d'Asnebec de feudo Sachespee, de duabus oschis de feudo Guidonis de Manle, quas Lanbertus de Castenei incolit, de duabus oschis de terra Radulfi Molendinarii, ibidem.

De terris Guidonis de Manle, que sunt super pratum, decima monachorum est quieta.

De oscha Rainaldi Havart, de feudo Sachespee, decima monachorum est.

De oscha Odonis des Broces, ibidem, de feudo Hugonis de Noci.

De tota meiteria Alberici de Milece de Castenei, tota decima monachorum est.

De feudo Brun de Govieres de Monz, decima monachorum est.

De oscha Bernardi d'Asnebec, de feudo monialium, de una oscha monialium, que est as Vernes, decima monachorum est.

CLX. — XIIIe siècle. — TABLEAU DES DIMES DUES A SAINT-VICTEUR, PAYABLES EN VIN.

Decima omnium vinearum de feudo monialium monachorum est, quam capiunt ad pressorium Galteri Rufi, et ad pressorium Garini de Orte, et ad pressorium Fromundi Maslart, et ad pressorium Guiart Valor, et ad prensorium Rogeri Torti, et ad prensorium de La Ciconia, et ad prensorium Henmeri Bauzant, et ad pressorium Hamelini d'Asnebec, et ad pressorium Rainaldi Escornart.

Et de pressorio Radulfi d'Asnebec, quod est in feudo Beatrix, capiunt monachi decimam de Guillelmo Valor, et de Reinberto Fullone, et de Pagano Petit, et de Roberto de Sancta Savina, et de Gexberto Merlet (et hii sunt de feudo monialium).

Et ad pressorium Guillelmi de Puteo, et ad pressorium Rainaldi Pastun, et ad pressorium Gemellorum, et ad pressorium Boter Le Fener, et ad pressorium Roberti filii Nichol, et ad pressorium Richeri Gencelin de Rainaldo Seignoret, et ad pressorium Gorini Le Bocher, de Johanne filio Herberti Bochedelevre, et ad pressorium Alberici de Cussi, tota decima monachorum est.

Et tota decima de feudo Gode, que exit de pressorio Garini Piele, monachorum est.

Et in parrochia Sancti Johannis, capiunt ad pressorium Fulcaldi filii Genis, de Gaufredo Genis, de Guillelmo Blanchart, d'Edam Brehes, de David Esgare.

Et ad pressorium Roberti de Sancto Pavin, de Odardo Pucele, de Roberto Le Bigot.

Et ad pressorium Herberti Peeche, totam decimam capiunt de eodem Herberto Peeche omnium vinearum suarum, que sunt juxta suum pressorium, de Reinaldo Dallimeis, de Gerardo Cruchemale, de Herberto Lesmereor.

Et ad pressorium Tropafroment, de Hamelino de Sancto Benedicto, de Johanne Belet, de Juinnet Le Bocher, de Villano, et de vinea Vaslini Judei, et de vinea Stephani Le Draper.

Et ad pressorium Ardentium, tota decima monachorum est.

Et ad pressorium Landri Peloart, capiunt de Roberto de Hispania, de Erenburga La Peletere, de Sezilia uxore Gaufredi Burou, de Hugone de Mucelotes.

Et ad pressorium Guillelmi Tirel, de Hervei Veillart, de Johanne Le Chalos, de Tardif Le Bocher, de Roberto Bigot.

Ad pressorium canonicorum Belliloci des Arzillers, tota decima monachorum jure, preter decimam de vinea Gaufredi filii Guiardi, quam injuste perdiderunt, quia decimam bladi habuerunt antequam vinea ibi plantaretur.

Et ad pressorium Guillelmi Escorneveirun, tota decima monachorum, et de Bigot Le Fener de dimidio arpent inter terram et vineam decime monachorum.

Et ad pressorium Johannis filii Rogeri, tota decima monachorum.

Et ad pressorium Herberti Soler, tota decima monachorum.

Et ad pressorium Hamelini de Campania de sua ipsius vinea, decima monachorum est.

Et tota decima de vineis Ernaudi Corduanarii de La Bretonere, monachorum est, et de vinea Roberti filii Silvestri.

Et ad pressorium Philippi de Foro, tota decima monachorum.

Et de pressorio Landri de Lazai, tota decima monachorum.

Et ad pressorium Vitalis Molendinarii, decima Rotberti de La Milece monachorum quieta, decima Guillelmi Fabri eorum quieta, et Pagani Chotart quieta, Gaufredi Choe quieta, Rotberti Chapun quieta, de dimidio arpent Vitalis Molendinarii decima quieta, de vinea Geslini Molendinarii, de feudo Nanteri, decima quieta.

CLXI. — 1301, 22 Juin. — L'ABBESSE DU PRÉ, THOMASSE, DONNE TOUT POUVOIR A COLIN DE PRÉAUX POUR LA REPRÉSENTER DANS L'INSTANCE CONTRE SAINT-VICTEUR, AU SUJET DE SES DROITS SUR LA COURBE DE LA SARTHE, EN LA PAROISSE DE SAINT-BENOIT.

Universis presentes litteras inspecturis soror Thomasia, humilis abbatissa monasterii Beatissimi Juliani de Prato Cenomannensis, totus ejusdemque loci conventus, salutem in Domino.

Notum facimus quod nos dilectum et fidelem nostrum Colinum de Pratellis, clericum, exibitorem presencium, nostrum et nostri monasterii facimus, constituimus et ordinamus procuratorem, yconomum, sindicum et autororem *[sic]* generalem et nuncium specialem, ad tractandum de rebus nostris quibuscumque immobilibus, quas habemus apud Curbam de Salta, in parrochia Sancti Benedicti, cum priore prioratus Sancti Victurii Cenomannensis, in cujus feodo res predicte existunt, et ad permutandum easdem res pro toto vel pro parte cum priore predicto, et ad acceptandum pro eisdem rebus et loco earum ex causa permutationis alias res, et ad tractandum super hiis ut sibi videbitur expedire, dantes eidem tenore presencium plenariam potestatem, auctoritatem et mandatum speciale easdem res permutandi, alienandi et in alium et etiam in dictos priorem et prioratum possessionem, proprietatem et dominium transferendi, et omnia alia et singula in premissis et ea tangentibus faciendi que circa premissa fuerunt oportuna, ut nos facere possemus si presentes essemus, et in hiis que mandatum exigunt speciale, ratum et gratum habentes et habiture quidquid in premissis et ea tangentibus per ipsum procuratorem nostrum, tam pro nobis et nostro monasterio, quam contra nos et nostrum monasterium, actum gestumve fuerit, seu etiam procuratum, promittentes sub ypotheca rerum nostrarum et monasterii nostri predicti pro ipso procuratore, si necesse fuerit, judicatum solvi cum suis clausulis, et hec omnibus quorum interest significamus per presentes litteras sigillis nostris propriis sigillatas [1].

Datum die Jovis ante Nativitatem Beati Johannis Baptiste, anno Domini M° CCC° primo.

[1] Cet acte possède encore une partie du sceau de Thomasse, abbesse du Pré ; ce fragment, qui n'a pas été moulé, a été dessiné par M. de Farcy sous le numéro 18 de notre planche VII ; on y voit l'abbesse debout tenant un livre ; mais il ne subsiste rien de la légende.

CLXII. — 1301, 23 Juin. — ROBERT DE CLINCHAMPS, ÉVÊQUE DU MANS, RELATE EN L'APPROUVANT, L'ÉCHANGE FAIT ENTRE L'ABBAYE DU PRÉ ET SAINT-VICTEUR, PORTANT SUR LA CIGOGNE, L'ANGEVINIÈRE, LA RENARDIÈRE ET D'AUTRES BIENS DÉTAILLÉS DANS L'ACTE.

Universis presentes litteras inspecturis et audituris Robertus, miseratione divina Cenomannensis episcopus, salutem in Domino. Noveritis quod in jure, coram nobis, personaliter constituti frater Thomas, prior prioratus Sancti Victurii Cenomanensis, cum auctoritate et mandato speciali religiosorum virorum abbatis et conventus monasterii Sancti Michaelis in periculo maris, Abrincensis dyocesis, a quo monasterio dictus prioratus dependet, eidem priori prestitis, prout in litteris eorumdem religiosorum plenius vidimus contineri, nomine suo, religiosorum et prioratus predictorum, ex una parte, et Colinus dictus de Pratellis, clericus, cum auctoritate, voluntate et mandato speciali religiosarum mulierum abbatisse et conventus monasterii Beatissimi Juliani de Prato Cenomanensis eidem prestitis, prout similiter in litteris ipsarum religiosarum vidimus contineri, nomine procuratoris ipsarum et sui monasterii predicti, ex altera; confessi sunt et recognoverunt, nominibus quibus supra, fecisse et invisse inter se, nominibus predictis, pactiones et permutaciones que sequuntur, et in forma et modo qui sequuntur.

Videlicet, quod dictus frater Thomas, nomine quo supra, ex causa et nomine permutacionis, tradit et dimittit dictis abbatisse et conventui et earum monasterio quasdam res immobiles, que ad ipsos prioratum et priorem jure dominii pertinebant, seu spectabant, sitas in feodo ipsarum religiosarum in parrochia Beate Marie de Prato, videlicet quoddam herbergamentum, quod vocatur La Cegoigne, cum ejus pertinenciis in domo, vineis et terris, continentibus circa tria arpenta cum dimidio, decimis bladi et vini et aliis pertinenciis consistentibus, item decem solidos Turonensium annui et perpetui redditus, quos supra quadam domo, que fuit defuncte Marie Quadrigarie, sita inter domum

Sancti Sepulcri, ex una parte, et domum presbiteratus Beate Marie de Prato, ex altera, quam nunc tenet Nicolaus, rector ecclesie de Crannis ; et decem solidos Turonensium annui et perpetui redditus, quos similiter super La Talevaciere, et ejus pertinenciis, habebant et percipiebant prior et prioratus predicti annuatim ; et unam planchiam terre sitam in Petineria Cenomanensi, inter domum Sancti Sepulcri et poncellum, et quatuor denarios Cenomannensium annui census, quos idem prior, nomine quo supra, habebat et percipiebat infra metas abbatie de Prato predicte.

Et cum hoc idem prior, nomine quo supra et ex causa predicta, concedit dictis monialibus et dicto procuratori, nomine earumdem, et pro ipsis, quod ipse quamdam medietariam, cum pertinenciis, que vocatur L'Angeviniere, sitam in feodo dictorum prioratus et prioris, que nondum erat amortizata, teneant amodo tanquam amortizatam absque hoc, quod possint nec debeant ab ipso priore, vel ejus successoribus, compelli eam ponere extra manum suam, solvendo tamen ab ipsis monialibus predicto prioratui et priori, qui erit pro tempore, census et redevancias, racione ipsius medietarie pertinentiarumque ejusdem debitas et assuetas, et obedientiam tanquam domino feodali, cedens ex nunc idem prior, nomine quo supra, in dictas moniales et eorum monasterium, possessionem et proprietatem premissas et omne jus ac actionem quod et quam ipse et ejus prioratus habebant et habere poterant in eisdem, retento sibi et suis successoribus, et dicto prioratui, suo jure feodali in dicta medietaria de L'Angeviniere, et pertinenciis ejusdem et censibus ac redevanciis et obedienciis debitis et assuetis, occasione seu ratione eorumdem, ut superius est expressum.

Et dictus procurator dictarum monialium, nomine procuratoris earum et sui monasterii predicti, ex causa permutationis predicte, et pro premissis, seu loco premissorum, tradit et dimittit dictis prioratui et priori, in perpetuum, omnes res immobiles quas ipse religiose moniales habebant et possidebant, in feodo ipsius prioris, apud Courbam de Sarta, in parrochia Sancti Benedicti, in terris, pratis, nemoribus et aliis consistentibus, videlicet La Renardière, cum pertinentiis, et prata ac terras, juxta et contigua medietariis dicti prioris et prioratus ejusdem, et omnes alias res immobiles quas ipse moniales habebant in feodo dicti prioris in parrochia antedicta in Courba Sarte, excepta medietaria de L'Angeviniere, ut superius est expressum, transferens dictus procurator dictarum monialium, in dictos prioratum et priorem, possessionem et proprietatem premissorum, et omne jus et actionem quod et quam ipse moniales habebant, et habere poterant, in eisdem, promittentes hinc inde, nominibus quibus supra, res predictas garantizare, liberare et defendere ab omnibus et contra omnes de cetero, ut jus erit.

Ad que facienda, tenenda et observanda, obligant dicti prior et procurator, nominibus quibus supra, ad invicem se et successores suos et dictus prior dictum prioratum et bona ejusdem, et dictus procurator, nominibus quibus supra, dictas moniales et earum monasterium et bona ejusdem......

Et nos, pensata et sollempniter reperta utilitate partis utriusque, predictas ordinationem, compositionem et permutationem, ratas et gratas habentes, decretum nostrum super hiis interponimus ac etiam impartimur, premissa rata et firma adjudicantes et etiam decernentes.

In cujus rei testimonium, sigillum nostrum, una cum sigillis dictorum abbatisse, conventus et prioris, presentibus litteris duximus apponendum [1].

Datum anno Domini millesimo ccc^{mo} primo, die veneris in vigilia Nativitatis Beati Johannis Baptiste.

---

(1) Le sceau de Robert de Clinchamps est resté attaché à l'acte. Cette empreinte, qui est la seule connue du sceau de ce prélat, a été moulée sous le numéro 2241 des sceaux de *Normandie*. M. de Farcy en a fait un dessin sous les numéros 9-10 de la planche VII. On y voit un sceau ogival de 0,045 sur 0,028, au centre un évêque bénissant avec la légende : † S ROBERTI DEI GRACIA CENOMANEN EPI. Le contre-sceau rond de 0,02 présente au centre un buste d'évêque vu de face, portant la mitre et une aube à large col retombant. Sa légende est : COTRAS EPI CENOMANEN.

CLXIII. — 1302, v. s., 13 Mars. — RENAUD GOLIOT, CHEVALIER, ET ISABELLE, SON ÉPOUSE, DE LA PAROISSE D'ETIVAL, ONT VENDU A SAINT-VICTEUR, POUR TRENTE-SEPT LIVRES, LA DIME DE GOLIOT ET DU CHAMP LAMBERT, SITUÉE A ETIVAL ; ILS SE SONT RÉSERVÉ LE MANOIR, MOYENNANT UN CENS ANNUEL DE QUATRE DENIERS.

Universis presentes litteras inspecturis officialis Cenomannensis salutem in Domino.

Notum facimus quod, in jure coram nobis personaliter constituti, **Raginaldus** dictus Goliot, miles et Ysabellis, ejus uxor, de parrochia de Estivallo, recognoverunt se vendisse et venditionis nomine concessisse et adhuc vendunt fratri Thome, priori prioratus Sancti Victurii Cenomannensis, ementi vice et nomine prioratus sui predicti, pro precio triginta septem librarum Turonensium, quas confessi sunt dicti conjuges se habuisse et recepisse a dicto priore in pecunia numerata et de eis se tenuerunt pro pagatis, quamdam decimam quam ipsi conjuges habebant in parrochia de Estivallo predicta, que vocatur decima de Goliot et de Campo Lamberti, in quibuscumque locis et rebus existat decima supradicta, et tractum illius decime et locum cum universis palleis et cum omni jure dominico et distractu que et quantum ipsi conjuges et eorum quilibet habebant et habere poterant in decima supradicta, quam decimam idem miles tenebat, ut dicebat, ab abbate Sancti Michaelis in periculo maris ad fidem, homagium et equum servitii, una cum quodam antiquo manerio et quodam orto retro illud sito, quod manerium situm est inter cimiterium de Estivallo, ex una parte, et prata dicti militis, ex altera, et quod manerium cum orto eisdem conjugibus remanet et illud tam ipsi, quam eorum successores, tenebunt ad quatuor denarios Turonensium annui census, reddendos in festo Sancti Gervasii hyemalis, absque fide et homagio et absque alia redevancia, seu exactione seculari, salvo tamen jure feodali in ipsis rebus priori Sancti Victurii supradicti.

Et promiserunt dicti conjuges et eorum quilibet insolidi predictam decimam venditam et hanc presentem venditionem factam de ipsa garantizare......

Et nos hec adjudicamus tenenda, ipsos conjuges presentes et consentientes ad premissa condempnantes.

In cujus rei testimonium, sigillum curie Cenomannensis presentibus duximus apponendum.

Datum et actum die mercurii post dominicam qua cantatur *Oculi mei*, anno Domini millesimo ccc^{mo} secundo.

CLXIV. — 1303, du 4 Avril au 20 Juillet. — ACCORD ÉTABLI ENTRE THOMAS GONTIER, PRIEUR DE SAINT-VICTEUR ET ÉLOI DE FONTAINES, PRIEUR DE DOMFRONT, POUR LE PARTAGE DES DIMES [1].

Universis presentes litteras inspecturis officialis Cenomannensis salutem in Domino.

Noveritis quod in jure, coram nobis, constituti personaliter religiosi viri frater Thomas Gontier, prior prioratus Sancti Victurii Cenomannensis, nomine suo, et dicti prioratus, ac nomine procuratorio abbatis . . . . et conventus monasterii Sancti Michaelis in periculo maris, a quo dependet dictus prioratus, ex una parte, et frater Egidius, prior prioratus de Donnofronte in Campania, dependentis a monasterio Belli loci prope Cenomannum, nomine suo et dicti prioratus sui ac nomine procuratoris abbatis et conventus Belli loci predicti, ex altera, ... sunt nominibus quibus supra, quod cum idem prior de Donnofronte haberet, ratione sui prioratus predicti, quamdam decimam, que vocatur decima de Lomaye, in blado, vino et primiciis consistentem, infra metas magne decime dicte parochie Donnifrontis sitam, in qua magna decima dictus prior Sancti Victurii percipit duas partes et abbas Belli loci predicti et dictus prior de Donnofronte tertiam partem, excepto tractu ejusdem decime, qui tractus insolidum et due partes loci ejusdem dicto priori Sancti Victurii pertinent ab antiquo, supra hiis et aliis inferius nominandis inter se composuisse et ordinasse, et adhuc componunt et ordinant in hunc modum ; videlicet quod dictus prior de Donnofronte, nomine quo supra, dictam decimam de Lomaye vult et consentit permi-

(1) Cet acte n'est connu que par une copie déchirée et effacée.

sceri et adjungi cum magna decima supradicta et indivisibiliter trahi cum eadem, ita quod ex predictis decimis mixtim tractis et unitis idem prior de Donnofronte perciplet et habebit quinque sextaria bladi precipua ad mensuram grangie dicti loci, videlicet duo sextaria frumenti, duo ordei et unum avene, ac unam summam vini de vino dictarum decimarum communi inter ipsos, et hiis perceptis a dicto priore de Donnofronte, nominibus quibus supra, residuum dictarum decimarum simul unitarum inter ipsos dividetur, prout dicta magna decima retroactis temporibus inter ipsos ab antiquo ut supra dividi consuevit, exceptis primiciis que dicto priori...... Victurii per compositionem que inter dictos priores.... facta erit, integre remanebunt de cetero in futurum.

Item dicti priores, nominibus quibus supra, volunt et consentiunt et etiam inter se ordinant quod due parve decime, infra metas dicte parochie site, quarum una nuncupatur Des Valées et altera vocatur decima de Ripars, trahantur et adducantur in loco ubi ab antiquo trahi et adduci consueverunt, et quod in illis duabus parvis decimis dictus prior Sancti Victurii totum tractum et etiam totum locum perciplet et habebit, una cum omnibus paleis earumdem : in residuo vero grani dictus prior Sancti Victurii duas partes, et dictus abbas Belliloci, et prior . . . . . . de Donnofronte tertiam partem percipient et habebunt cum inter ipsos ab antiquo dividi tali modo fuit consuetum.

Item, inter ipsos . . . . priores, nominibus quibus supra, ordinatum extitit et conventum, quod jus et portio quod et quam prior de Donnofronte predictus habet et habere potest, ratione decime, in novalibus dicte parochie et fructibus dictarum novalium, tam pro tempore preterito et presenti, quam etiam pro futuro, veniet ad communem divisionem inter ipsos in grangia communi eorumdem et dividetur, ut magna decima inter ipsos, exceptis decimis et primiciis duarum parvarum decimarum sitarum infra metas parochie ecclesie de Donnofronte predicte, et exceptis etiam primiciis novalium infra metas aliarum decimarum sitarum infra metas dicte parochie, de quibus inferius erit inter dictos priores ordinatum, quarum duarum parvarum decimarum immediate nominatarum una vocatur decima Dan Luminier, et altera appellatur decima Dan Pommerel, que una cum decimis novalium et primiciis existentibus in eisdem dicto priori de Donnofronte, et suis successoribus, in perpetuum remanebunt, cum ad dictum prioratum de Donnofronte pertinere noscantur ab antiquo, ita tamen quod dictus prior de Donnofronte de communi blado communitatis predicte, duo sextaria bladi tanquam precipua, videlicet unum sextarium ordei, et unum mistolii, ad mensuram grangie dicti loci, et duas summas vini communis pro aliis predictis percipiet et habebit.

Residuum vero bladi communitatis predicte dividetur inter ipsos, prout alias ab antiquo dividi consuevit, tam in parvis decimis quam in magna decima, secundum quod proportionaliter contigit in eisdem, et dictus prior Sancti Victurii in residuo dicti vini inter eos communis decimam summam vini pro tractu ejusdem percipiet et habebit.

In residuo vero vini hiis perceptis, dictus prior Sancti Victurii duas partes, et dictus prior de Donnofronte terciam partem in perpetuum percipient et habebunt, ita quod dictus prior de Donnofronte, quandiu dictum vinum inter ipsos priores erit commune, in grangia in qua trahetur quemdam famulum pro custodiendo jus sibi competens in dicto vino qualibet die et nocte habere poterit, cui in potu vini communis inter ipsos, sicuti vini de famulis dicti prioris Sancti Victurii providebitur, contradictione dicti prioris Sancti Victurii non obstante, ita tamen quod dictus prior Sancti Victurii omnes minutas paleas prius, grano tracto et diviso ab eis, in perpetuum de cetero percipiet et habebit.

Item, inter dictos priores, nominibus quibus supra, ordinatum extitit et conventum, quod omne jus et omnis portio, quod et quam dictus prior Sancti Victurii habebat et habere poterat in omnibus oblationibus quibuscumque provenientibus dicte ecclesie, seu ad manum dicti prioris de Donnofronte, eidem priori Donnifrontis in perpetuum remanent, et totum jus et tota portio quod et quam dictus prior de Donnofronte habebat et habere poterat in omnibus primiciis dicte parochie, sive in leguminibus, canabis, linis, ... , lanis, porcellis, vitulis, pulis, sive aliis quibuscumque, infra metas dicte parochie consistentibus, tam in novalibus quam in aliis, dicto priori Sancti Victurii in perpetuum remanent, exceptis primiciis duarum parvarum decimarum, de quibus immediate extitit factus sermo, que dicto priori de Donnofronte remanent, ita tamen quod dictus prior Sancti Victurii et ejus successores reddere et solvere tenebuntur dicto priori de Donnofronte viginti quatuor solidos Turonensium annue pensionis in festo Resurrectionis Domini annis singulis in perpetuum.

Item, inter ipsos priores actum est, et etiam concordatum, quod si contingat in futurum nemora de Monte Allerii et de Vaulahart redigi ad culturam, quod decima novalium inde debita inter ipsos priores pro equalibus portionibus dividatur.

Item, ordinaverunt et ordinant inter se quod, ad tentionem premissarum, si contigetur ipsos vel eorum alterum supra hiis in futurum ab aliquo molestari, tenebitur eorum quilibet ponere et contribuere pro rata sua.

Ad hec autem omnia et singula tenenda, adimplenda et observanda, obligant dicti priores, nominibus quibus supra, ad invicem se et successores suos et omnia bona sua, et specialiter portionem quam eorum quilibet percipit in premessis, renunciantes in hoc facto omni exceptioni doli, mali, fraudis et deceptionis, beneficio restitutionis in integrum, et omnibus aliis que contra presens instrumentum possent objici vel opponi, et de hiis tenendis et de non veniendo contra se astrinxerunt dicte partes sponte sua, per fidem in manu nostra prestitam corporalem, promittentes se curatius facturos quod reverendus in Christo pater, domnus Cenomannensis episcopus, decretum suum supra hiis interponet ; et nos hec omnia predicta invicem tenenda ipsos ad premissa condemnamus.

In cujus rei testimonium, presentibus sigillum nostre Cenomannensis curie duximus apponendum.

Datum die veneris post octavam Sancti . . . . . anno Domini M° ccc^{mo} tertio.

P. Fabri.

CLXV. — 1303, 20 Juillet, Yvré-l'Evêque. — DÉCRET DE ROBERT DE CLINCHAMPS, ÉVÊQUE DU MANS, APPROUVANT L'ACCORD ÉTABLI ENTRE THOMAS GONTIER, PRIEUR DE SAINT-VICTEUR, ET ÉLOI DE FONTAINE, PRIEUR DE DOMFRONT.

Universis presentes litteras inspecturis Robertus, permissione divina Cenomannensis episcopus, salutem in Domino.

Notum facimus quod, in nostra presencia constituti frater Thomas Gonteri, prior prioratus Sancti Victurii Cenomannensis, tam nomine suo suique prioratus predicti, quam nomine procuratorio abbatis et conventus monasterii Sancti Michaelis in periculo maris, Abrincensis dyocesis, a quo monasterio dictus prioratus dependet, ex una parte, et frater Egidius de Fonte, prior prioratus de Donnofronte in Campania curam animarum habentis, nomine suo et dicti prioratus ac nomine procuratorio abbatis et conventus monasterii Beate Marie de Belloloco, prope Cenomanum, a quo monasterio dependet dictus prioratus, ex altera, componendi, paciscendi, pacificandi et transigendi super decimis, primiciis et aliis dictos prioratus tangentibus invicem inter cetera potestatem habentes, ut in litteris dictorum abbatum et conventuum, sigillis ipsorum sigillatis, ut prima facie apparebat, coram nobis exhibitis et perlectis, plenius vidimus contineri, supplicaverint nobis cum instancia quod, cum ipsi, nominibus quibus supra, attenta et considerata utriusque locorum suorum predictorum utilitate, et ad tollendum omnem materiam litigii et controversie in futurum, quasdam inter se coram officiali nostro Cenomannensi fecissent compositiones, que in litteris curie nostre Cenomannensis quibus nostre presentes littere sunt annexe, continentur, nos easdem approbare et, per nostri decreti interposicionem confirmare dignaremus.

Nos igitur dictarum litterarum super dictis compositionibus confectarum viso toto tenore, diligenterque examinatis omnibus que circa hec requiruntur, quia nobis constitit et constat, tam per relacionem decani de Silliaco, qui, de mandato nostro, super hiis inquisiverat diligenter, quam per dictarum partium juramenta, predictas composiciones et ordinaciones inter se factas utriusque prioratibus et partibus esse utiles ; quicquid de predictis partibus super premissis actum est laudamus, approbamus et, per decreti nostri interposicionem, auctoritate nostra ordinaria, confirmamus.

Datum et sigillo nostro sigillatum, apud Ebriacum Episcopi, anno Domini millesimo trecentesimo tercio, die sabbati ante festum Beate Marie Magdalene.

Duplicata est.

CLXVI. — 1304, 10 Décembre. — BÉNÉDICTE, VEUVE DE GUILLAUME LE LONG, APRÈS AVOIR VENDU A BAIL EMPHYTÉOTIQUE DEUX PIÈCES DE VIGNES, POUR UNE RENTE DE DOUZE SOUS, A GUILLAUME BEAUCOUSIN ET A PÉTRONILLE, SON ÉPOUSE, A RENONCÉ A MOITIÉ DE CETTE RENTE POUR SIX LIVRES, UNE FOIS PAYÉES.

Universis presentes litteras inspecturis officialis Cenomannensis salutem in Domino.

Noveritis quod in jure, coram nobis, constituta Benedicta, relicta defuncti Guillelmi Longi, vidua, confessa est quod, cum ipsa in emphiteosim perpetuam tradidisset Guillelmo, dicto Pulcro Cognato, clerico, et Petronille, ejus uxori, duas pecias vinearum, continentes circa dimidium arpentum, sitas in parrochia Sancti Paduini de Campis, in feodo prioris Sancti Victurii Cenomannensis, pro duodecim solidis Cenomanensium, annui et perpetui redditus, reddendis eidem a dictis conjugibus, medietate videlicet in festo Nativitatis Beate Marie Virginis et alia medietate in festo Omnium Sanctorum annuatim, quod ipsa Benedicta vendit eisdem conjugibus pro precio sex librarum Turonensium, quas confessa est se habuisse et recepisse ab ipsis conjugibus, in pecunia numerata, sex solidos Cenomanensium de dicto redditu exonerans ex nunc dictas vineas de sex solidis Cenomanensium de dicto redditu, ita quod amodo non teneantur dicti conjuges solvere eidem Benedicte et ejus heredibus nisi solummodo sex solidos Cenomanensium annuatim, terminis supradictis.

Et promisit dicta Benedicta presentem vendicionem dictorum sex solidorum Cenomanensium garantizare . . . . . .

Et nos hec adjudicamus tenenda, ipsam ad hoc condampnantes.

Datum die jovis post festum hyemale Sancti Nicolay, anno Domini millesimo ccc° quarto [1].

CLXVII. — **1304, 11 Février.** — LE PRIEUR DE SAINT-VICTEUR EXERCE LE RETRAIT FÉODAL SUR LA MOITIÉ DE LA RENTE DUE PAR GUILLAUME BEAUCOUSIN A BÉNÉDICTE LE LONG, MOYENNANT LE PAYEMENT DE SIX LIVRES, CINQ SOUS ET QUATRE DENIERS.

Universis presentes litteras inspecturis officialis Cenomannensis salutem in Domino.

Noveritis quod, in nostra presentia constituti Guillelmus, dictus Pulcher Cognatus, clericus, et Petronilla, ejus uxor, confessi sunt quod cum Benedicta, dicta Longa, relicta defuncti Guillelmi Longi, jam diu cum tradidisset eisdem conjugibus, in emphyteosim perpetuam, duas pecias vinearum, continentes circa dimidium arpentum, sitas in parrochia Sancti Paduini de Campis, in feodo prioris Sancti Victurii Cenomannensis, pro duodecim solidis Cenomanensium, annui et perpetui redditus, reddendis medietate videlicet in festo Nativitatis Beate Marie Virginis et alia medietate in festo Omnium Sanctorum annuatim, ... quod dicti conjuges a dicta Benedicta sex solidos Cenomanensium annui et perpetui redditus de duodecim solidis Cenomanensium redditus

(1) Cet acte possède un fragment du sceau de l'officialité du Mans, dont on connaît des empreintes de 1303 à 1327 ; il avait été donné par M. Hucher, sous le numéro 489 du *Catalogue du Musée du Mans*. M. de Farcy l'a dessiné de nouveau, sous les numéros 14-15 de notre planche VII.

Le sceau est rond de 0,05 ; il contient au centre un buste d'évêque de profil à gauche, la mitre, à bordure ombrée, est ornée de deux croisettes ; le col de l'aube est agrémenté de petits ronds. On voit dans le champ deux fleurs de lys, accompagnées de deux points et d'une croisette, entre les pointes de la mitre. La figure est soigneusement rendue. La légende est : .... CURIE : CENOMANEN : EP.....

Le contre-sceau est rond lui aussi, mais ne mesure que 0,017. On y voit au centre une mitre de côté, les fanons pendant à droite, entre deux crosses adossées : dans le champ, quatre croisettes. Dans la légende, qui est incomplète, les mots sont séparés par des croisettes : † S : PARVUM: CUR : CENOM :

Ce type était assez répandu ; on le trouve employé à Paris, à Bayeux et ailleurs.

antedictis, et frater Thomas Gontier, nunc prior Sancti Victurii Cenomanensis, peteret, tanquam dominus feodalis, a dictis conjugibus habere dictos sex solidos Cenomanensium redditus emptos, ut supra, ex causa retractus emptionis pretium refundendo, secundum consuetudinem patere generalem, quod ipsi conjuges retractum dictorum sex solidorum Cenomanensium emptorum, ut supra, et eosdem sex solidos Cenomanensium redditus et jura et rationes sibi quesitas in eisdem sex solidis Cenomanensium quitant et cedunt dicto priori et ejus prioratui penitus et dimittunt et eisdem sex de solidis Cenomanensium reddendis in dictis terminis dicto priori et ejus successoribus et prioratui predicto se actornant eidem et se constituunt soluturos quo ad hoc ut antea dicte Benedicte facere tenebuntur.

Confessi sunt etiam quod dictus prior eisdem conjugibus solvit integre in pecunia numerata sex libras et quinque solidos et quatuor denarios Turonensium, tam pro precio emptionis, quam pro litteris et sumptibus factis circa emptionem predictam ; et de hiis se tenuerunt integre pro pagatis.

Et ad hec facienda obligant dicti conjuges predicto priori et ejus successoribus et prioratui predicto se et heredes suos et omnia bona sua, et specialiter vineas antedictas, renuntiantes in hoc facto exceptioni non numerate pecunie, non habite et non recepte, et omnibus aliis que contra presens instrumentum possent obici, vel opponi, fide data.

Et nos hec adjudicamus tenenda, ipsos ad hec condampnantes.

Datum die jovis post octabas Purificationis Beate Marie Virginis, anno Domini millesimo ccc^{mo} quarto [1].

CLXVIII. — 1307, v. s., 20 Janvier. — MICHEL NAPERON ET JULIENNE, SA MÈRE, ONT ABANDONNÉ A BAIL EMPHYTÉOTIQUE PERPÉTUEL UNE MAISON SITUÉE RUE MONTOISE, A PIERRE DE BAILLEUL, MOYENNANT UNE RENTE DE DIX SOUS.

Universis presentes litteras inspecturis officialis Cenomannensis salutem in Domino.

[1] Cette pièce possède une partie de son sceau, figures 14-15 de la planche VII.

Notum facimus quod, in nostra presencia in jure constituti Michael dictus Naperon et Julieta, ejus mater, ex una parte, ac Petrus de Baillolio, tonsor, civis Cenomannensis, ex altera, confessi sunt : videlicet dicti Michael et ejus mater se tradidisse et tradicionis nomine concessisse, et adhuc tradunt, et tradicionis nomine concedunt in emphiteosim perpetuam, dicto Petro ; et idem Petrus se accepisse, et adhuc accipit, ab eisdem in emphiteosim predictam quamdam domum, que est ipsorum tradencium, ac fundum ejusdem domus, cum orto retro sito et aliis pertinenciis dicte domus quibuscunque ; et est dicta domus, cum ejus pertinenciis memoratis, sita in feodo religiosi viri prioris de Sancto Victurio Cenomannensi, in vico qui dicitur vicus Montoyse de Cenomanno, in parrochia Sancti Johannis de Capraria Cenomanensis, habenda, tenenda, et exploitanda a dicto Petro, ejusque heredibus, et etiam ab eo habitura in futurum titulo tradicionis predicte.

Et fuit, que est facta, presens tradicio pro decem solidis Turonensium annui et perpetui redditus, solvendis dictis Michaeli et ejus matri hiis terminis ; videlicet quinque solidos Turonensium in festo Nativitatis Beati Johannis Baptiste et alios quinque solidos Turonensium in festo Nativitatis Domini sequenti, et sic deincepx annis singulis de cetero annuatim, quem redditum dictus Petrus promittit et tenebitur reddere, pro se et suis heredibus, et causam ab eo habituris, dicto Michaeli et ejus matri, seu causam ab eis habituris, singulis annis in terminis supradictis.

Hoc acto tamen inter ipsas partes, quod dictus Petrus tenebitur reddere census debitos pro premissis quibus debebantur et quando nomine tamen dicti Michaelis et ejus matris.

Promittunt etiam et tenentur dicti Michael et ejus mater quilibet eorum insolidi eidem Petro ejus heredibus et causam ab eo habituris dictam domum cum ejus pertinenciis memoratis garantizare. . . . .

Et nos hec adjudicamus tenenda, ipsas partes ad premissa in hiis scripta condempnantes.

Datum die sabbati post festum Sancti Hylarii, anno Domini M° CCC™° septimo ¹.

CLXIX. — 1308, v. s., 21 Février. — JEANNE, VEUVE DE GEOFFROY ASCELIN, AYANT CESSÉ DE PAYER LES CENS CONVENUS POUR UNE EMPHYTÉOSE, EST CONDAMNÉE A RESTITUER A SAINT-VICTEUR LES BIENS QUI EN AVAIENT FAIT L'OBJET.

Universis presentes litteras inspecturis officialis curie decani Cenomanensis salutem in Domino.

Cum diceret et proponeret in jure, coram nobis, prior prioratus Sancti Victurii Cenomannensis, nomine suo et prioratus sui predicti, contra Johannam, relictam defuncti Gaufridi Ascelin, ream, quod dictus prior seu predecessor ipsius in dicto prioratu, nomine ejusdem prioratus, tradiderunt et concesserunt dicte ree, vel illi a quo ipsa habet causam, in perpetuam emphiteosim, certas res inmobiles, videlicet unam peciam prati, continentem dictam duorum falcatorum, vel circa, quod vocatur pratum des Aloes, et unam peciam terre arabilis, continentem circa tria jugera, sitam super Saltam, apud locum nuncupatum Longueraye, que res tunc temporis pertinebant, et adhuc pertinent, jure dominii vel quasi ad prioratum et priorem predictos, pro certa pensione annuatim solvenda dicto prioratui et ejus prioribus a recipiente dictam emphiteosim et res predictas, et ejus successoribus, et quod dicta rea per plures annos possedit et adhuc possidet, per se, vel per alios, dictas res, et quod in solucione dicte pensionis seu canonis fuit cessatum per bre...... continuum, et sic deberent reddire res predicte pleno jure ad priorem et prioratum predictos, quare petebat dictus prior, nominibus quibus supra, dictam ream condempnari sententialiter et compelli ad restituendum, tradendum et retrocendum sibi dictas res, una cum fructibus et exitibus, quos percepit dicta rea de dictis rebus a tempore dicte cessationis, pensionis, quas estimabat dictus prior decem libras turonensium et hoc dicebat salvo sibi jure ...... in omnibus, et cum

(1) Cette pièce possède des fragments de son sceau, figures 14-15 de la planche VII.

protestatione quod se non astringebat ad probandum nisi tantum quod sibi sufficeret de premissis.

Die veneris ante festum Sancti Petri ad cathedram assignata, coram nobis, inter dictas partes, ad audiendum jus in causa predicta auditisque que partes hinc inde proponere voluerunt, deffinitivam sententiam inter dictas partes protulimus in hunc modum.

Auditis et intellectis meritis cause que, coram nobis, vertitur inter priorem prioratus Sancti Victurii Cenomannensis, ex una parte, et Johannam relictam defuncti Gaufridi Ascelin, ex altera, libello oblato, lite contestata, jurato de calumpnia posito et reverso, testibus productis, attestationibus publicatis et aliis rite peractis, nos dictam relictam in petitis ex parte dicti prioris in hiis scriptis sententialiter condempnamus, ipsamque condempnamus dicto priori in legitimis expensis factis in lite ex parte dicti prioris contra ipsam, quam nobis taxationem reservamus.

In cujus rei testimonium, sigillum nostrum presentibus litteris duximus apponendum.

Datum die veneris predicta, partibus presentibus, anno Domini M° CCC^{mo} octavo.

CLXX. — 1309, 12 Juillet. — JULIETTE NAPERON ET MICHEL, SON FILS, VENDENT POUR CENT SOUS AU PRIEUR THOMAS, DIX SOUS DE RENTE, ASSIS SUR UNE MAISON, RUE MONTOISE.

Universis presentes litteras inspecturis officialis curie decani Cenomannensis salutem in Domino.

Noveritis quod, in nostra presencia constituti Juliota la Naperonne et Michael, ejus filius, recognoverunt se vendidisse, et adhuc vendunt et concedunt, fratri Thome, priori prioratus Sancti Victurii Cenomannensis, decem solidos Turonensium annui et perpetui redditus, quos ipsi habebant super domo Petri Tonxoris, in vico Montoise, cum ejus pertinenciis, de quibus decem solidis annui redditus dicti venditores se desesierunt, coram nobis transtuleruntque in ipsum priorem omne jus, et omnem actionem, quod et quam ipsi habebant, et habere poterant, in eisdem titulo venditionis predicte.

Et facta est dicta venditio pro centum solidis Turonensium, in moneta currenti, de quibus denariis dicti venditores tenentur et promittunt dictam venditionem garantisare......

Et de hiis tenendis et quod contra non venient in futurum, se astrinxerunt dicti venditores, fide data.

Et nos hec adjudicamus tenenda et sigillum curie nostre presentibus apposuimus, in testimonium premissorum [1].

Datum et actum, die sabbati post octabas festi Sancti Martini estivalis, anno Domini millesimo ccc° nono.

CLXXI. — 1310, 12 Novembre. — ROBERT GOULIOT, ÉCUYER, FILS DE FEU RENAUD GOULIOT, VEND AU PRIEUR THOMAS GONTIER, UNE NOUE QU'IL POSSÉDAIT A ÉTIVAL. EN ÉCHANGE LE PRIEUR LUI REMET VINGT ET UN DENIERS DE RENTE ET CINQUANTE-CINQ SOUS DE CAPITAL.

Universis presentes litteras inspecturis et audituris officialis Cenomannensis, sede vacante, salutem in Domino.

Cum Robertus Gouliot, armiger, filius defuncti Raginaldi Gouliot, militis, quondam de parrochia de Estivallo, teneretur quolibet anno reddere et solvere priori prioratus Sancti Victurii Cenomannensis viginti duos denarios Cenomannensium, annui census, in festo Sanctorum Gervasii et Prothasii hyemali, super quibusdam rebus inmobilibus sitis in dicta parrochia, in feodo dicti prioris, dictus armiger haberet quamdam noam, sitam in dicta parrochia, juxta pratum dicti prioris, prout se extendit, ex una parte, et aquam currentem ad molendinum dicti armigeri, ex altera.

Noverint universi quod, in nostra presencia personaliter constituti frater Thomas Gonteri, prior tunc temporis prioratus Sancti Victurii predicti, ex una parte, et dictus armiger, ex altera,

(1) Cette pièce possède des fragments de son sceau ogival, lequel a été moulé sous le *numéro 2411 de Normandie* et dont on connaît des empreintes de 1309 à 1314. M. de Farcy en a fait le dessin, numéro 19 de la planche VII. On y voit un évêque baptisant un néophyte, plongé à mi-corps dans une cuve. Le bas de l'ogive est rempli par des ornements gothiques. On ne lit plus de la légende que :..... ANI...N.

recognoverunt in jure, coram nobis, quod ipsi, de unanimi voluntate, fecerunt inter se ad invicem tales pactiones seu tale excambium in modum qui sequitur.

Videlicet, quod dictus prior quittat penitus et dimittit dicto armigero viginti et unum denarios Cenomannensium annui census de dictis viginti duobus denariis Cenomannensium, et quod amodo non tenebitur idem armiger, nec ejus heredes, reddere, nec solvere, dicto priori et ejus successoribus, nisi unum denarium Cenomanensium censualem, quolibet anno in dicto festo, remanentem de dictis viginti duobus censualibus.

Et pro dictis viginti et unum denariis Cenomanensium, ut dictum est, eidem armigero quittatis et dimissis, idem armiger quittat et penitus dimittit dicto priori predictam noam, cum fundo et pertinenciis ejusdem, prout se extendit, ut dictum est, ita tamen quod dictus prior tradidit et solvit dicto armigero quinquaginta quinque solidos Turonensium, in moneta currenti, pro eo quod dicta noa plus valebat, seu valere poterat, quam non valent, seu valere possunt et debent dicti viginti et unum denarii Cenomannensium annui census, de quibus quinquaginta quinque solidis Turonensium idem Robinus *(sic)*, coram nobis, se tenuit pro pagato in pecunia numerata......

Retentis tamen dicto armigero et ejus heredibus usu aque predicte currentis, seu fluentis, ad dictum molendinum dicti armigeri, et uno denario Turonensium monete currentis requisibilem quolibet anno a dicto armigero et ejus heredibus, solvendo eisdem quolibet anno a dicto priore et ejus successoribus, ratione dicte noe, in die illa qua dictus armiger et ejus heredes solvent et reddent dictum denarium Cenomanensium annui census, ut dictum est.

Et promisit dictus armiger transire litteras curie laicalis Cenomannensis de omnibus predictis faciendis et adimplendis et quod dictus prior, et omnes priores qui pro tempore erunt, possint, si velint, uti virtute istarum litterarum, aut virtute litterarum curie laicalis, quocienscumque aut quandocumque eisdem placuerit, aut eisdem fuerit necesse super premissis aut premissa tangentibus, absque eo quod exequtio quarumdam dictarum litterarum seu aliquarum earumdem possit alteri prejudicium in aliquo generare in futurum......

Et nos, ad petitionem dictarum partium, predicta omnia adjudicamus tenenda.

Actum et datum die jovis post festum Sancti Martini hyemalis, anno Domini Mº cccº decimo.

CLXXII. — 1312, 14 Septembre. — PIERRE, ABBÉ DE LONLAY, RELATE L'ACCORD ÉTABLI ENTRE SON ABBAYE ET SAINT-VICTEUR, AU SUJET DE BIENS QUI LUI AVAIENT ÉTÉ DONNÉS ET QUI ÉTAIENT SITUÉS DANS LE FIEF DU PRIEURÉ.

Universis hec visuris frater Petrus, humilis abbas, et conventus Beate Marie de Lonleyo, Cenomannensis dyocesis, salutem in Domino sempiternam.

Cum contentio moveretur, seu moveri speraretur, inter nos et monasterium nostrum, ex una parte, et priorem prioratus Sancti Victurii Cenomannensis, nomine suo ac prioratus sui predicti, ex altera, super quibusdam vineis, terris et quodam torculari, sittis apud Pratum Frotir, in dominio dicti prioris, seu prioratus sui predicti, a Johanne quondam castellano et Johanna la Maydree, ejus uxore, in elemosina, ab ipsis defunctis nobis abbati et conventui datis, ac eciam dictus prior vellet nos compellere premissa nobis data, extra manum nustram ponere, ac indampnitatem facere premissorum ; tandem, de bonorum virorum consilio, ducti utilitate dictorum monasterii et prioratus, hinc inde diligenter pensatis, ad hanc pacis concordiam devenimus in hunc modum.

Ita videlicet quod nos abbas et conventus predicti, ac successores nostri et tenentes premissa, de cetero, annis singulis, in festo Omnium Sanctorum, tenebimur dicto priori et ejus successoribus solvere duodecim solidos Turonensium annui census, pro indampnitate premissorum.

Item et quod idem prior et ejus successores de cetero habebunt usum fructuum in quadam magna cuba et in quadam alia cuba vocata Folloore et in torculari predicto, pro vindemia quatuor arpentorum vinee pressoranda et trituranda in dicto torculari, nisi dictum torcular, seu pressorium, pro vindemia dictorum abbatis et conventus fuerit occupatum, ita quod nos abbas et conventus predicti et successores nostri tenebimur dictum torcular super omni reparatione tenere in statu, dictusque prior et ejus successores dictas cubas similiter tenere in statu de reparatione quocienscumque necesse fuerit.

Ad que tenenda et eciam adimplenda et inviolabiliter observanda in futurum, nos predictos abbatem et conventum, et successores nostros, et universa bona nostri monasterii, nominibus quibus supra, dicto priori et ejus successoribus propter hec tenore presencium obligamus specialiter et expresse.

In cujus rei testimonium, presentes litteras nos abbas et conventus predicti sigillis nostris quibus utimur in talibus duximus sigillandum.

Datum anno Domini M° CCC^{mo} duodecimo, die jovis in festo Sancte Crucis in septembri.

CLXXIII. — 1312, v. s., 26 Janvier. — GUILLAUME DE LA VENELLE, OU DU PONT-PERRIN, ET AGNÈS, SA FEMME, VENDENT POUR UNE RENTE DE QUARANTE SOUS A GEOFFROY GOUJON, DES BIENS SITUÉS RUE DORÉE, CHARGÉS ENVERS LA MAISON DE SAINT-LAZARE D'UN CENS DE QUARANTE-HUIT SOUS.

Universis presentes litteras inspecturis officialis Cenomannensis salutem in Domino.

Noverint universi quod, coram nobis, personaliter constitutus Guillelmus de Venella, alias de Ponte Perrin, et Agnetha, ejus uxor, recognoverunt se tradisse, et adhuc tradunt de communi assensu, Gaufredo dicto Goujon, clerico, et suis heredibus in perpetuum, herbergamentum suum, situm vico Dorée, cum domibus, cum teluris, cum petra, cum plateis et cum omnibus aliis pertinenciis dicto herbergamento, que res site sunt in vico Dorée, juxta domum Petri de Julleio, et infra domum Johannis Carpentarii, habendum, tenendum et possidendum a dicto Gaufrido et ejus heredibus dictas res cum omnibus pertinenciis, ad faciendam suam plenariam voluntatem.

Et fuit facta presens tradicio pro quadraginta solidis Turonensium seu monete currentis annui et perpetui redditus reddendis a dicto clerico, et suis heredibus, dicto Guillelmo, et suis heredibus, quolibet anno hiis terminis videlicet : medietatem ad Penthecosten Domini et aliam medietatem ad Nativitatem Domini.

Et tenebuntur dicti clericus et sui heredes reddere et solvere quolibet anno magistro et fratribus Sancti Lazari Cenomannensis quadraginta et octo solidos Turonensium annui et perpetui redditus quolibet anno, ratione rerum predictarum, quos sibi debentur super dictis rebus. Et ad solutionem dicti redditus faciendam, ut supradictum est, obligat dictus clericus se et heredes suos et omnia bona sua mobilia et immobilia, presencia et futura, ubique existent, specialiter et expresse, renuncians omni exceptioni doli mali, fraudis, lesionis et deceptionis ultra modum justi precii, et omni beneficio et auxilio juris canonici et civilis, et omnibus aliis rationibus que contra presens scriptum possent obici vel opponi. Et de hiis omnibus et singulis tenendis et de non veniendo contra se astrinxit idem clericus, fide in manu nostra super hoc prestita corporali.

Et nos hec omnia et singula adjudicamus tenenda.

In cujus rei testimonium, presentibus litteris sigillum nostrum duximus apponendum.

Datum die veneris post festum Sancti Vincencii, anno Domini M° CCC° duodecimo.

BEDEL.

CLXXIV. — 1314, v. s., 15 Mars. — RAOUL DE LA ROCHE ET AGATHE, SA FEMME, VENDENT POUR SIX LIVRES, A THOMAS MAUGEREL, PRÊTRE, UNE RENTE DE DOUZE SOUS, ASSISE SUR UNE MAISON DE LA PAROISSE SAINT-JEAN.

Omnibus hec visuris officialis curie decani Cenomannensis salutem in Domino.

Noveritis quod in nostra presencia constituti Radulphus de Rocha et Agatha, ejus uxor, de parrochia de Cultura Cenomannensi, recognoverunt quod ipsi vendiderant, et adhuc vendunt et vendicionis nomine, concedunt Thome Maugerel, presbitero, duodecim solidos Turonensium annui et perpetui redditus, quos Berthot Turgis reddere tenetur quolibet anno : videlicet medietatem ad Nativitatem beati Johannis et aliam medietatem ad Nativitatem Domini, racione cujusdam domus, site in parrochia Sancti Johannis Cenomannensis, juxta domum furni de Sancto Martino, ex una parte, et domum Johannis Biote, ex altera.

Et facta fuit presens vendicio pro sex libris Turonensium de quibus denariis dicti conjuges coram nobis se tenuerunt penitus pro pagatis in pecunia numerata, renunciantes exceptioni. . . . .

Nos vero hec omnia et singula, ad ipsorum venditorum petitionem, adjudicamus tenenda.

Datum die sabbati ante ramos palmarum, anno Domini M° CCC^{mo} decimo quarto.

CLXXV. — 1317, 19 Mai, Le Mans. — GUILLAUME BEQUET ET MARIE, SA FEMME, MOYENNANT UNE RENTE DE CINQ SOUS, VENDENT A JEAN HUNAULT, DE LA PAROISSE DE SAINT-JEAN-LA-CHÈVRERIE, L'EMPLACEMENT PROPRE A BATIR UNE MAISON.

A touz ceulx qui ces lettres verront Guy Le Vavassour, prestre, garde des seaulx des contraz de la court du Mans, salut.

Savoir faisons que, par devant nous et André Cholet, clerc tabellion juré de ladite court, furent présens : Guillaume Bequet et Marie, sa fame, à laquelle il donna auctorité quant ad ce qui s'ensuit, lesquelx cognurent et confessèrent avoir baillé et octroié, de lour bonne volenté, à Jehan Hunaust, de Saint Jehan de La Chevrerie, et à ses hoirs, à touzjoursmès, une place où il souloit avoir maison, si come elle se poursuit, cousteant les chouses Guillaume Gilemer, d'un cousté, et Jehan Le Franc, d'autre cousté, aboutant à la maison Gilemer, d'un bout, et au pavement, d'autre bout, si comme il disoint, à tenir et à poursuivre dudit preneur, de ses hoirs et de ceulx qui aront cause de lui, ladite place ainsi à lui baillée, comme dit est, o le fons perpetuelment, hereditaument, à touzjoursmès, et à en faire toute leur plenière volenté, par titre de ceste baillée.

Laquelle baillée est faite pour le pris de cinq soulz tournois, monnoie courante, de rente perpetuel, laquelle rente ledit prenour et ses hoirs rendront et paieront audiz bailleurs et à lours hoirs au jour de Penthecouste, chacun an dès ores en avant, et laquelle baillée, et les chouses qui y sont contenues, lesdiz bailleurs promisrent, chacun pour le tout, garantir, delivrer et deffendre audit prenour à ses hoirs et à ceulx qui aront cause de lui de touz empeschemens, de toutes obligacions, envers touz et contre touz, selon droit, en faisant dudit prenour et de ses hoirs en oultre ladite rente deux soulz de cens audit priour de Saint Victour, chacun an, sans plus en faire, et sans nulle autre redevance.

Et à tout ce faire et acomplir......

En tesmoing de ce, nous avons mis le scel desdiz contraz à ces presentes lettres.

Ce fut donné au Mans, le mardi après Penthecouste, xixe jour de may, l'an de grace mil troys cens dix sept.

CLXXVI. — Vers 1320. — FRAGMENT DU REÇU DE RENAUD DE MELLO DE LA SOMME DUE PAR LE PRIEUR DE SAINT-VICTEUR, POUR LA VISITE DE L'ÉVÊQUE.

Noverint universi quod ego Raginaldus de Melloto recepi et habui nomine . . . . . domini Domini P., Dei gratia Cenomannensis episcopi, a priore Sancti Victurii Cenomannensi quinquaginta . . . . . ab eo debite pro visitatione facta anno Domini millesimo ccc^{mo} vicesimo . . . . . Datum sub sigillo meo [1], die dominica . . . . anno predicto.

CLXXVII. — 1321, 16 Juillet. — BERTRAND TURGIS EST CONDAMNÉ A PAYER A THOMAS MAUGER LES DOUZE SOUS DE CENS ANNUEL DUS POUR LA MAISON, QUE CELUI-CI AVAIT ACHETÉ DE RAOUL DE LA ROCHE ET D'AGATHE, SON ÉPOUSE.

Omnibus hec visuris officialis Cenomannensis salutem in Domino.

(1) Ce qui reste du sceau est trop peu de chose pour être dessiné.

Notum facimus quod cum contencio verteretur, seu verti speraretur, inter Thomam Maugier presbiturum, ex una parte, et Bertrandum Tourgis, ex altera, super hoc videlicet quod idem Thomas petebat ipsum Bertrandum per condampnationem compelli ad reddendum et solvendum eidem duodecim solidos Turonensium, in quibus eidem tenebatur efficaciter obligatum, pro arreragiis cujusdam redditus annui duodecim solidorum Turonensium, quem redditum annuum predictus Thomas emerat a Radulpho de Rocha et Agatha, ejus uxore, super domum ipsius Bertrandi, sitam justa furnum Sancti Martini, ex una parte, et domum Johannis Buiote in feodo Johannis Ace, prout in litteris curie decani Cenomannensis super dicta emptione factis, quibus presentes littere sunt annexe, plenius continetur, petensque idem Thomas ipsum Bertrandum per nos compelli ad transferendum eidem dictum redditum annuum anno quolibet de cetero in futurum.

Die jovis post translationem beati Benedicti, in jure, coram nobis, personaliter constitutus dictus Bertrandus sponte sua, non coactus, promisit et promittit dictos duodecim solidos Turonensium redditus annui facere et reddere predicto Thome et ejus heredibus, et ab eo causam habituris, quolibet anno, in festo Nativitatis Domini et Nativitatis Beati Johannis Baptiste medietatim de cetero in futurum et eidem, Thome reddere et solvere duodecim solidos Turonensium ad festum Nativitatis Beate Marie Virginis, pro dictis arreragiis debitis, de tempore retroacto, et ad hec obligans idem Bertrandus predicto Thome et ejus heredibus se, et heredes suos, et omnia bona sua mobilia et inmobilia, presencia et futura, omni exceptioni doli mali, fraudis, lesionis et deceptionis renunccians, et omnibus aliis specialiter et expresse, fide data de non veniendo contra quoquomodo.

Et nos ad hec tenenda ipsum Bertrandum presentem coram nobis, et ad hec se consentientem ad premissa finaliter, condampnamus in hiis sepedictis.

Datum sub sigillo nostre curie Cenomannensis [1], in testimonium

---

[1] Cette pièce a conservé des fragments de son sceau, figures 14-15 de la planche VII.

veritatis, die jovis predicti, anno Domini M° CCC™° vicesimo primo.

GOUPIL.

CLXXVIII. — 1324, 22 Novembre. — VINCENT DE COURCITÉ, FILS DE JEAN DE COURCITÉ, POUR TREIZE LIVRES, ABANDONNE A JEAN HOMÈDE, UNE MAISON CHARGÉE DE DEUX SOUS ET SIX DENIERS DE CENS, AU PROFIT DE SAINT-VICTEUR.

Sachent touz presens et à venir que, en notre court en droit establi Vincent de Courcité, clerc, jadis filz feu Jehan de Courcité, vent et octroye de sa bonne volenté à Jehan Hommèdu, clerc, une meson, o le courtil et o les apartenances, sises en la parroisse de Seint Jehan dou Mans, ou flé au priour de Seint Victour, jouste la meson au prestre de Seint Jehan, et jouste le courtil Jehan Le Breolier, si comme ledit vendeour disoit ; à tenir et à pourseair doudit achateour et de ses hoirs, et de ceux qui auront cause de luy, lesdites chouses vendues, o le fonz, perpetuelment et hereditaument dès ores en avant à en faire toute lour plenière volenté par titre d'achat.

Cesse et delesse ledit vendeour audit achateour et à ses hoirs, et à ceux qui auront cause de lui, touz les droiz et toutes les actions reaux et personnelles, que il avoit et poait avoir ès dites chouses, sanz riens y retenir à soy, ne à ses hoirs.

Et fut faite ceste vendicion pour treize livres de tournois, des quelx deniers ledit vendeour se tint pour bien paié . . . .

En fesant ledit achateour et ses hoirs au seigneur dou flé dous soulz et seis deniers tournois de cens à la Seint Jehan Bauptiste chescun an, sanz riens plus feire, et sanz nulle autre redevance . . . . .

Ce fut donné et ajugé à tenir et à enterigner par le jugement de notre court dou Mans, ou jour de jouedi après l'octave seint Martin d'yver, en l'an de grace mil trois cenz vint et quatre [1].

(1) Cette charte possède le sceau de la cour du Maine, moulé sous le numéro 1774 de *Normandie*. M. de Farcy en a fait un dessin, placé sous les numéros 28-29 de notre planche VIII.

C'est un sceau rond de 0,037 qui contient au centre, sur un fond à double

CLXXIX. — 1325, 1er Août. — THOMAS LE TONDEUR ET BENOITE, SA FEMME, POUR QUARANTE-TROIS LIVRES, ABANDONNENT A JOURDAIN MELLIER, PRIEUR DE SAINT-VICTEUR, UNE MAISON SISE EN LA PAROISSE SAINT-BENOIT, DANS LE FIEF DU SEIGNEUR DE LOUDON, ET CHARGÉE DE QUARANTE-HUIT SOUS DE CENS AU PROFIT DES FRÈRES DE SAINT-LAZARE.

Sachent touz presenz et avenir que, en notre court en dreit establiz Thomas Le Tondeour et Benaeste, sa fame, de la parroisse de Seint Père de la court dou Mans, vendent et otroyent de lour commun assentement et de lour bonne volenté à religioux homme frère Jordain Mellier, priour de Seint Victour, une meson o le fonz et o les apartenances, sises en la parroisse de Seint Benaest dou Mans, ou flé au seignour de Loudon, jouste la meson mestre Jehan Le Charpentier, d'un cousté, et jouste la meson Robin de Jullié, de l'autre cousté, aboutant au foussez de Merderel et par devant au chemin de Rivedorée, et laquelle meson, o ses dites apartenances, fut au feu prestre Rullié, si comme lesdiz vendeours disoient, à tenir et pourseair doudit achateour et de ses successours et de ceux qui auront cause de luy la dite meson, o ses apartenances, perpetuellement et hereditaument. . . . . .

Et fut feite ceste vendition pour quarante treis livres de tournois, desquielx deniers lesdiz vendeours se tindrent pour bien paiez en dreit, par devant nous en deniers nombrez . . . .

En fesant le dit achateour et ses successours au mestre et aux freres de Seint Ladre dou Mans quarante et oict soulz de tournois de rente perpetuel, moytié à Noel et moitié à la Seint Jehan Bauptiste, chescun an, sans riens plus fere et sanz nulle autre redevance. Et est assavoir que de ceste meisme vendition lesdiz vendeours on donné, passé et otroyé audit achateour et à

treillis avec points, chargé de trois étoiles, un écu à six fleurs de lys, trois, deux, une, à la bordure engreslée. La légende est : † S : COMITIS : CENOMA-NEN :.... AD : CAUSAS.

Le contre-sceau de 0,024 porte le même écu, sur un champ chargé de chaque côté de l'écu de trois points, celui du milieu plus gros. Légende : † CONTRA S COIE . AD . CAS.

ses successours lettres de la court à l'oufficial dou Mans . . . . . .
Ce fut donné et ajugié à tenir et à enteriguer, par le jugement de notre court dou Mans, ou jour de jouedi, après la Seint Christofle, en l'an de grâce mil treis cenz vint et cinq.

CLXXX. — 1326, 18 Mai. — JEAN CORDEL DE DOMFRONT VEND A JOURDAIN MELLIER, PRIEUR DE SAINT-VICTEUR, POUR QUATRE LIVRES, UN COURTIL, SITUÉ A DOMFRONT, CHARGÉ DE DOUZE DENIERS DE CENS.

Sachent touz presenz et avenir que, en noustre court en dreit establi Jehan Cordel, de la porroisse de Danfront en Chanpaigne, vent et otroye de sa bonne volenté à religioux homme frere Jordain Mellier, prieur de Seint Victour, un courtil, sis entre la meson Jehan Le Gros, ou flé Thomas Pohier, en ladite parroisse, et aboute dès dous bouz aux dous chemins, si comme ledit vendeour disoit, à tenir et à poursoair doudit prieur et de ses successours, et de ceux qui auront cause de luy, ledit courtil, o les fonz, et o les apartenances perpetuellement et hereditaument......
Et fut feite ceste vendicion pour quatre livres tournois... ..
En fesant doudit prieur, et de ses successours au dit seignour dou flé douze deniers tournois de cens, au jour de la Seint Front, chescun an, sanz riens plus feire et sanz nulle autre redevance....
Et nous, à sa requeste, toutes lesdites chouses ajujon . . . . . . à tenir et à enteriguer et les avon confirmées dou seel de notre court du Mans, en tesmoing de verité.
Et fut donné ou jour de lundi après la Trinité d'esté, en l'an de grace mil treis cenz vint et seis.

CLXXXI. — 1337, 21 Juin. — GILET NOTIER, DIT LE MOULEUR, AVAIT REÇU DE SAINT-VICTEUR, A BAIL EMPHYTÉOTIQUE, UN MOULIN ; IL EN DONNE RECONNAISSANCE A JEAN BARBOU, LE NOUVEAU PRIEUR, LEQUEL LUI DONNE A TITRE GRACIEUX QUARANTE SOUS.

Omnibus hec visuris officialis Cenomannensis salutem in Domino.

Notum facimus quod, in nostra presencia personaliter constitutus in jure, coram [nobis], Gilletus Notier, alias Le Moulours recognovit et confessus fuit quod, cum ipse jamdiu accepisset a religioso viro priore prioratus Sancti Victorii Cenomannensis tunc tempore quoddam molendinum ad acuendum ferramenta, in emphitheosim perpetuum, ut asserebat, de quo accessitus dictus Gilletus Notier religiosum et honestum virum dominum Johannem Barbou, priorem prioratus predicti, informare non poterat, propter quod dictus Gilletus recognovit, coram nobis, quitasse, cessasse ac dimisisse et adhuc quitat, cessat et penitus dimittit dicto religioso et honesto viro domino Johanni Barbou, priori prioratus predicti, et ejus successoribus, seu causam ab ipsis habituris, predictum molendinum, cum ejusdem pertinenciis, nichil sibi nec suis heredibus in.,ecuturum in eisdem retinendo, ac dictus religiosus vir et honestus prior predicti prioratus, motus intuitu pietatis, recognovit se dedisse et donationis nomine concessisse dicto Gilleto in puram elemosinam et in recompassacione *(sic)* aliquarum reparacionum dicti molendini, si quas fecerat, quadraginta solidos Turonensium, seu monete currentis, de quibus denariis dictus Gilletus se tenuit, coram nobis, plenarie pro pagatus in pecunia numerata, et in tantum dictus Gilletus Notier renunciavit dicto molendino et ejus pertinenciis, in futurum, et ad hec obligavit dictus Gilletus se et heredes suos et omnia bona sua, mobilia et inmobilia, presentia et futura ubicunque existent, et eidem religioso et honesto viro et ejus successoribus reddere et restaurare omnia dampna et deperdita, si que sustineret, ...

Et nos ad observantiam premissorum dictum Gilletum presentem in hiis scriptis condempnamus premissaque ad nunc tenenda.

In cujus rei testimonium, sigillum curie nostre Cenomannensis presentibus litteris duximus apponendum, in testimonium veritatis, die sabbati post Consecrationem Domini[1], anno Domini M° CCC° tricesimo septimo.

---

(1) Nous n'hésitons pas à traduire Consecratio Domini, par Fête-Dieu.

CLXXXII. — 1352, 3 Août. — EUDELINE, VEUVE DE ROBIN HUBERT, POUR DOUZE LIVRES, VEND A GILOT BIOTTE DES DROITS SUR DEUX MAISONS, CHARGÉES DE TROIS SOUS, SEPT DENIERS DE CENS, AU PROFIT DU PRIEUR DE SAINT-VICTEUR.

Sachent touz presens et avenir que en notre court en droit establi Eudeline, jadis fame feu Robin Hubert, parroissien de Saint Johan dou Mans, recognut et confessa . . . avoir vendu et ottroié et oncores vent et ottroie à Gilot Biote, clerc, la moitié et le quint . . . de deux mesons et de l'arpentiz de la meson devant et dou courtit d'entre les deux mesons et des appartemens, sis . . . en flé au priour de Dinam, entre la meson doudit clerc et les chouses audit priou d'un cousté . . . et de l'autre cousté, au lonc de la ruelle alant à Saint Martin, si comme ils disent ; à tenir et à poursuir dudit achatour, et de ses hers et de ceulx qui aront cause de lui . . . . . sanz riens y retenir à ladite venderesse, ne à ses hers, sauf l'usefruit de ladite Eudeline.

Et fut faite ceste donation pour le pris de douze livres tournois monnoie courante desquelx, ledit vendour se tint pour bien poié en droit par devant nous . . . . .

En fesant doudit achatour et de ses hers après la mort (?) de ladite Adeline trois soulz sept deniers tournois de rente audit priour à la Toussainz, chacun an, à touz jours mès, sanz plus en faire.

Et est ce fait, sauf et reservé à ladite Eudeline son usefruit en la meson devant et ces deux marchauciées, l'une devant l'autre derrière, desquelles deux marchauciées ladite fame sera tenue à cause de son usefruit fere les reparacions o la rente dessus dite sa vie durant . . . . . .

Ce fut donné et adjugé à tenir et à enteriguer par le jugement de notre court dou Mans, au jour de jeudi après la Saint Pierre aux liens, en l'an de grace mil trois cens cinquante deux.

G. DUPLESSIS.

CLXXXIII. — 1355, v. s., 13 Janvier. — JEAN GAUDIN REÇOIT DE SAINT-VICTEUR UNE MAISON RUE DORÉE, SUR LES FOSSÉS DU MERDEREAU, PARROISSE SAINT-BENOIT, MOYENNANT UNE RENTE DE SOIXANTE-DIX SOUS, QU'IL A LA FACULTÉ D'ASSEOIR SUR D'AUTRES BIENS.

Sachent touz presens et avenir que, en nostre court en droit establi, Jehan Gaudin du Mans recognut et confessa, de sa bonne volonté, que religioux hommes et honnestes l'abbé et couvent du Mont Saint Michiel ou peril de la mer hont baillé et octroié, et qu'il a pris et accepte agreablement d'eulx à lui et à ses hoirs à tousjourmès, une meson, que ils ont en la ville du Mans, sise en rue Dorée, qui est des appartenances de lour prioré de Saint Victour, ovec le courtil darrère, laquelle meson, o ledit courtil, est assise jouste les foussez de Merderel, en la parroisse de Saint Benoist du Mans, tout ou flé au seignour de Loudom ; et ovec ce une place de terre, sise devant ladite meson, laquelle place est sise jouste les mesons feu Guillaume Brunet et Robin Lecordier, et à lours hoirs (auxquelx est réservé en ladite baillée et prinse aller et venir par ladite place audiz foussez de Merderel), et sont sises lesdites chouses jouste la meson audit Gaudin et jouste les chouses à la Germaine, si comme il disent.

Et est faicte ceste baillée pour sexante et dix soulz tournois, monnoie courante, de rente perpétuel, à laquelle rente ledit Jehan Gaudin promet et est tenu rendre et paier audit priour de Saint Victour et à ses successours, et à ceulz qui aront cause de lui, oudit priouré, au jour de Noel et de la Saint Jehan Baptiste, moitié à moitié, chacun an dèsores en avant. Ainxi fait et acordé que ledit prenour ne ses hoirs ne paieront riens de ladite rente des deux premiers enz, mes les commencera o mettra ès reparations des dites chouses pour ycelles deux années, et est acordé desdiz religioux que en faisant ladite baillée, si comme nous avons veu par lours lettres faites audit Jehan Gaudin sur ladite baillée, que toutesfoiz que ledit Jehan Gaudin ou ses hoirs pourront acquerre une foiz ou plusours, sexante et oyct soulz de rente ès fiez dudit priour bien et souffisamment assis, il le pourront faire et les bailler et assigner au priour dudit priouré, et ainxi il seroit tenu à les prendre et accepter en assise et assignacion des sexante oyct soulz de rente de la rente dessusdite, et laquelle assise et assignacion ainxi faite ledit priour ne la pourra reffuser. Toutevoys demourront et remaindront lesdites chouses baillées audit priour obligées, pour deffaut de paiement de ladite rente. Et à tout ice faire et acomplir qui est dit par devant et aux domaiges amender audiz religioux et à lours successours et à ceulx qui aront cause d'eulx au serment de lour procurour, sans autre prouve, si aucuns en soustenent ou encourent par deffaut dudit Jehan Gaudin ou de ses hoirs . . . . , oblige le dit Jehan Gaudin au diz religioux . . . .

Ce fut donné et ajugé à tenir et enteriner, par le jugement de nostre court, ou jour de mercredi feste Saint Hillaire, XIII° jour de janvier, l'an de grace mil trois cenz cinquante et cinq [1].

CLXXXIV. — 1362, 13 Décembre. — ACTE PAR LEQUEL SONT LIQUIDÉS LES DROITS DE IEANNE, VEUVE DE JEAN GAUDIN, SUR LA SUCCESSION DE SON MARI.

Sachent touz que, comme feu Johan Gaudin eust donné et octroié à Johanne, sa fame, certaines conquestes faites entre les feu Johan Gaudin et feue Johanne, sa fame, sicomme il apert par le testament ou derraine volenté dudit feu Johan Gaudin, en notre court en droit establiz Geffroy Gaudin, clerc, Thibaut le Henapier, tutour de Johanne, sa fille, et de feue Perronnelle, sa fame, et Johanete, fille dudit feu Gaudin, seur dudit Geffroy et de ladite Perronnelle, recognurent et confesserent les dites chouses estre vrayes et que, pour toille donnoison et tout teil droit comme elle

(1) Cet acte a conservé des fragments de son sceau, dont il existe des empreintes de 1355 et de 1366, et qui a été moulé sous le numéro 1775 de *Normandie*. M. de Farcy en a fait un dessin, numéros 16-17 de la planche VII. Il consiste en un sceau rond de 0,038, où figure une couronne, d'où sort une grande fleur de lys au pied coupé, accostée en chef de deux petites couronnes et de deux étoiles. De la légende on ne lit plus que : .... REGIS AD CAUSAS.

Le contre-sceau, qui est semblable, n'a que 0,02 ; on ne lit plus de la légende que : † ... SIGILLUM ... CENOM.

peust avoir et demander en ladite donnoison, que ledit feu Johan Gaudin ly avoit fuite, comme dit est, il ly ont baillié, livré et assigné, cessé, quiité et delessé, c'est assavoir les places de rue Dorée, si comme elles se poursuivent, sauf et excepté la perrigne de Saint Victour, qu'il detiennent pour eulx et pour lour hers.

Item, o tout ce, baillent et assignent à ladite Johanne cinq quartiers de vigne, sicomme elles se poursuivent, appellé l'Arpent au Chevalier, en la parroisse de Rouillon, à tenir et à poursuir de ladite Johanne, de ses hers et de ceulx qui aront cause d'ele, celles dites chouses ainxin a le bailliees, comme dit est, o le fons, perpetuelment et hereditaument à touz jours mès, et à en fere toute lour pleniere volenté par titre de cest fait. Et cessent, quittent les diz Geffroy Thibaut et Johannete à ladite Johanne, à ses hers, et à ceulx qui aront cause d'ele, touz les droitz, toutes les actions et demandes, reelles et personnelles, que ilz avoint et poaint avoir et demander ès dites chouses et ou fons sanz riens y retenir aux diz Geffroy Thibaut et Johannete, ne à lour hers.

Et partant lesdiz Geffroy Thibaut et Johaunete promettent et sont tenuz, chacun pour le tout, les chouses dessus dites garantir, delivrer et deffendre à la dite Johanne . . . . .

Et en ce faisant, la dite Johanne lour cesse teil droit comme elle peust avoir et demander ès autres chouses que le dit feu Johan Gaudin et sa feu fame acquisterent . . . . et sauf et exepté à ladite Johanne son droit en la gresse de ladite perrigne, si poaint en y avoir à le et à ses hers, et à ceulx qui aront cause d'ele, à lour serment, sanz autre preuve, si aucuns en soustenent ou encourent par deffaut des diz Geffroy, Thibaut et Johannete, ou de lour hers . . . . . .

Ce fut donné et adjugé à tenir et à enterigner, par le jugement de notre court du Mans, ou jour du mardi après la Concepcion Notre Dame, XIIIe jour de décembre, l'an de grace mil trois cenz soixante et deux. J. Vallée.

Cest present transcript, seellé du seel de notredite court du Mans, fut fait et donné le xe jour de fevrier, l'an de grace mil trois cenz soixante et troys.

J. VALLÉE.

CLXXXV. — 1364, 4 Mai. — GUILLAUME BEQUET ET MARIE, SA FEMME, POUR UNE RENTE DE CENT DOUZE SOUS, VENDENT A JEAN LE CAMBIER ET JULIETTE, SA FEMME, UN EMPLACEMENT, AU COIN DE LA RUE MONTOISE ET DE LA RUE ALLANT A SAINT-GEORGES, CHARGÉ ENVERS LE RECTEUR ET LA FABRIQUE DE SAINT-PAVIN D'UN CENS DE HUIT SOUS.

Sachent touz presens et à venir que, en notre court en droit establiz Guillaume Bequet et Marie, sa fame, d'une partie, et Johan Le Cambier et Juliette, sa fame, d'autre partie, lesdites fames autorisées souffisamment de lours diz maris par devant nous quant ad ce qui s'ensuit, recognurent et confessèrent avoir fait et font ouquores ensemble entr'eux convenances et promesses qui telles sont, c'est assavoir que les diz Guillaume et sa fame baillent et otroient aux diz Cambier et sa fame, et ilz prenent pour eulx et pour lours hers à tous jours mès, les places et le habergement où furent feu Johan Le Bigot, sises en la parroise de Saint Johan du Mans, ou fé de Saint Victour et de chapistre, fesant le coing de rue Montoyse et de la rue par où l'en va à Saint George, aboutant aux places estant d'un bout darrière et joignant, d'un cousté, au ruisseau qui court en Sarte, aboutant au chouses Johan de La Bruyère, sicomme ilz disoient ; à tenir et à poursuir et à expleter des diz prenours, de lours hers et de ceulx qui aront cause d'eulx, celles dites chouses ainsi à eulz baillées, comme dit est, o le fons, perpetuelment et hereditaument à touz jours mès et à en fere toute lour plenière volenté....

Et fut faite ceste baillée pour le pris de cent et douze soulz tournois monnaie courante, de rente perpetuel, laquelle rente les diz prenours promettent et sont tenuz chacun pour le tout sans division de partie, rendre et paier francho, quitte et delivré aux diz bailloures, à lours hers et à ceulx qui aront cause d'eulx, au jour de Noel et de la Saint Johan, moitié à moitié chacun an, dès ores en avant, sans plege en prendre......

En faisant des diz prenours et de lours hers au rectour et à la fabrice de Saint Padvin oyt soulz de rente et les autres deniers anciennement acoustumez d'eux, par raison des dites chouses..., sanz plus en faire et sans nulle autre redevance....

Ce fut donné et jugé..., par le jugement de notre court du Mans, ou jour de semadi après l'Ascension, IIII° jour de may, l'an de grace mil trois cenz sexante quatre.

CLXXXVI. — 1367, 6 Juillet. — LETTRES PAR LESQUELLES L'ABBÉ DU MONT CONSTITUE NICOLAS FOURNEL PRIEUR DE SAINT-VICTEUR, SON PROCUREUR, POUR RÉGLER AVEC LE PRIEUR DE SAINT-SATURNIN LE DIFFÉREND RELATIF A LA DIME DE TROIS PIÈCES DE TERRE.

Omnibus hec visuris, frater Gauffridus, divina permissione humilis abbas et conventus monasterii Montis Sancti Michaelis in periculo maris, salutem in Domino.

Noveritis quod nos, nomine nostro et nostri monasterii, virum religiosum fratrem Nicholaum Fournel, nostrum priorem prioratus nostri de Sancto Victurio Cenomannensi, constituimus procuratorem nostrum ad componendum, pacificandum seu transigendum cum viris religiosis abbate et conventu de Belloloco Cenomannensi et cum eorum priore prioratus sui Sancti Saturnini, super decimis super quibus lis pependit et pendet inter ipsos priores coram venerabili et discreto viro officiali Cenomannensi, sub modo et forma et verbis quibus dictus procurator viderit expedire, dantes dicto procuratori nostro mandatum. super ... speciale, necnon premissa pena vallanda quam voluerit et firmanda ac procuranda decretum super hec apponi ab habente super hec pietatem et predictam compositionem pacificam et transactam laudari, approbari ac eciam confirmari, et ad obligandum nos ac prioratum nostrum predictum ad premissa omnia tenenda et inviolabiliter observanda, et ad omnia et singula facienda que circa hec fuerint opportuna, promittentes quod nos ratum et gratum habentes et habituri quicquid fecerit in premissis et pro ipso sub ypotheca rerum nostri monasterii si necesse fuerit judicium solvi. In cujus rei testimonium presentes litteras sigillo nostro duximus sigillandum.

Datum anno Domini millesimo CCC°° LX° septimo, die sexta mensis julii.

CLXXXVII. — 1367, 21 Décembre. — ACCORD ENTRE NICOLAS FOURNEL, PRIEUR DE SAINT-VICTEUR, ET JEAN VALLIER, PRIEUR DE SAINT-SATURNIN, POUR L'ABBAYE DE BEAULIEU, AU SUJET DES DIMES DE TROIS PIÈCES DE TERRE.

Universis presentes litteras inspecturis officialis Cenomannensis salutem in Domino.

Notum facimus quod cum inter religiosos et honestos viros fratres Nicolaum Fournel, priorem prioratus Sancti Victurii prope Cenomannum, a monasterio Sancti Michaelis in periculo maris dependentis, habentem a suo abbate dicti monasterii auctoritatem sufficientem et mandatum in hac parte, prout in quibusdam litteris pro parte ipsius exhibitis continetur, ex una parte, et Johannem Vallier, priorem prioratus curati Sancti Saturnini a monasterio Beate Marie de Belloloco prope Cenomannum dependentis, ex altera, mota fuerit et diu agitata lis et materia questionis super hoc quod dicebat dictus prior Sancti Victurii, nomine et ratione dicti prioratus, sui decimas fructuum crescentium singulis annis in tribus peciis terre sitis, videlicet :

Una earum apud locum vocatum de Monte Raginaldi, et continet tria jugera vel circa, insipiencia et contigua prediis seu terris vocatis les Brejons, sitis super prata de Coupe pié, ascendendo et recte eundo versus sepes de Monte Raginaldi, juxta queminum per quem itur de ponte de Collieres ad medietariam de Monte Raginaldi ;

Item et alia pecia, que est Guillelmi de Palluel, sita est contigue ad oscham de Nozce et ad cheminum predictum, continetque duo jugera vel circa ;

Item et alia pecia vocatur Oscha de Nozce continetque quatuordecim jugera terre et spectat ac pertinet ad medietariam Roche dicti Chalemel.

Ad ipsum priorem Sancti Victurii, nomine et ratione dicti prioratus sui, et ad dictum prioratum ejusdem pertinere seque et ejus predecessores in dicto prioratu et dictum prioratum, per eosdem successive consuevisse percipere et fuisse a longo tempore et longissimo et a tanto quod sufficiebat et sufficere debebat et citra, usque ad controversiam de novo super hiis habitam inter ipsum et dictum priorem Sancti Saturnini, justo titulo et bona fide in quasi possessione juris percipiendi et habendi decimas fructuum crescentium in dictis prediis pacifice et quiete.

Dicto priore Sancti Saturnini contrarium asserente dicenteque et proponente dictas terras sitas esse in sua parrochia, dicti loci Sancti Saturnini, et earum decimas et jus percipiendi easdem ad dictum ejus prioratum et ipsum nomine et ratione ejusdem tam de jure communi quam alias legitime pertinere.

Lite igitur super premissis legitime contestata, testibusque ex parte dicti prioris Sancti Victurii ad suam intencionem fondandam productis et eorum attestationibus publicatis, nonnullisque aliis processibus factis et habitis super premissis inter ipsos priores, tandem voluerunt ipsi priores quilibet pro parte sua a suo abbate quo ad hoc auctorizatus et fuit ac est actum inter ipsos, pro bono pacis et pro dubio eventus judicii evitando, quod venerabiles et discreti viri magistri Dyonisius Clarte, canonicus Cenomannensis, et Yvo de Villafabrorum, advocatus in curia nostra Cenomannensi ecclesieque Corisopitensis canonicus, super et de dictis decimis dictarum terrarum et jure percipiendi in futurum easdem, visis processibus, ordinarent et decernerent inter ipsos priores prout viderent ordinandum, et qui venerabiles viri suscepto onere hujusmodi ordinacionis faciende, visisque ab eis processibus et sibi constituto de premissis, ordinaverunt et decreverunt decimas dictarum terrarum percipiendas esse et percipi debere de cetero in futurum a dictis prioribus medietatim at similiter fructus earum, qui pro contentione sequestrati fuerunt et traditi in deposito, dividendos esse et dividi inter eos medietatim aliasque decimas prout fuit et est hactenus consuetum similiter percipiendas fore.

Et statim dicti priores dictam ordinationem acceptaverunt et approbaverunt et eciam emologarunt expresse, et insuper promiserunt se procuratores facturos ut eorum abbates in hoc consenciant et ea ratificent atque laudent.

Tenor vero dictarum litterarum talis est : [*Ici le texte du numéro* CLXXXVI.]

Et hec omnibus quorum interest seu interesse potest significamus per presentes litteras sigillo curie nostre Cenomannensis sigillatas.

Datum die martis ante festum Nativitatis Domini, anno ejusdem millesimo ccc^{mo} sexagesimo septimo.

CLXXXVIII. — 1367, v. s., 6 Mars. — SAINT-VICTEUR, POUR UNE RENTE DE QUATRE SOUS ET D'UNE POULE, EN OUTRE D'UN CENS DE DEUX SOUS, A VENDU A COLAS L'ARTILLEUR ET A COLETTE, SA FEMME, UN EMPLACEMENT, OÙ CEUX-CI S'ENGAGENT A ÉDIFIER UNE MAISON.

Sachent touz presens et à venir que en notre court en droit establiz, Colas Lartillours et Colete sa fame, o l'autorité de lui a le donné en droit par devant nous quant à ce qui s'ensuit, confessèrent que l'abbé et couvent du Mont Saint Michiel ou peril de la mer lour ont baillé et ils ont prins à eulx et à lours hoirs et à ceulx qui aront cause d'eulx à touz joursmès, une places où il souloit avoir meson o le courtil, si comme il se poursuit, sise en la parroisse de Saint Johan du Mans, ou flé au priour de Saint Victour et appartenant audit priouré de Saint Victour, lesquelles chouses furent feu Guillaume Charbonneau prestre, jouste les chouses feu Colin Le Breton, d'un cousté, et les chouses feu Perrot Loustellier, d'autre cousté, si comme il disoient.

Et fut faite ceste baillée pour le pris de quatre soulz Tournois monnoie courrante et une geline, le tout de rente perpetuel, et deux soulz tournois de cenz, laquelle rente et cens les diz prenours promettent et sont tenuz chacun pour le tout rendre et paier audiz bailleurs et audit priour de Saint Victour, ou à lours successours, ou à ceulx qui aront cause d'eulx, au jour de la Touzsaint, chacun an desores en avant sanz plege en prendre.

Et feront les diz prenours ediffier en ladite place une meson, à lours propres coux et despens. . . . . .

Ce fut donné et adjugé à tenir et à enteriner, par le jugement de notre court du Mans, ou jour de lundi après Reminiscere, vi^e jour de Mars, l'an de grace mil trois cenz sexante et sept.

J. VALLÉE.

CLXXXIX. — 1368, 1er Mai. — JEAN POUGEOIS ET JULIETTE, SA FEMME, POUR QUARANTE SOUS TOURNOIS, RENONCENT, SOUS RÉSERVE D'UNE MAILLE DE CENS, AUX TROIS SOUS DE CENS, QU'ILS RÉCLAMAIENT DE SAINT-VICTEUR, POUR UNE MAISON A DOMFRONT.

Sachent touz que comme contens fust meu ou esperé à mouvoir entre Johan Pougeys et Juliote, sa fame, d'une partie, et le priour de Saint Victour, d'autre partie, sur ce que les diz conjoins demandoient audit priour troys soulx de cens, par reson d'une meson, o les courtilz, en la parroisse de Donfront en Champ.igne, ou flé desdiz conjoins, à cause de ladite fame, sises celles chouses jouste les chouses Denis Gaussent, d'un cousté, et les chouses au Feugies, d'autre cousté ; et ledit priour le contredeist par plusieurs resons au controyre.

A la parfyn, en notre court, en droit establiz lesdiz Johan et Juliote, o l'autorité de luy à le donnée par devant nous quant en cest fait, confessent les chouses estre vrayes et qu'ilz sont venuz à acort ensemble en ceste manière : c'est assavoir que les diz conjoins ly ont cessé tout le droit qu'ilz povaint avoir oudit cens, par quelque maniere, et cessent, quictent et delessent les diz conjoins audit priour à ses successours, et à ceulx qui aront cause de luy, touz les droiz, toutes les . . . . et demandes reelles et personnelles que ilz avoint, et pouvaint avoir, et demander oudit cens, sanz riens y retenir audit conjoins, ne à lour hers, sauf une petite maille de franc, requérable à la Saint Front, chacun an, sanz foy, sanz lay, sanz amende et sanz autre reddevance.

Et est faite ceste cession pour le pris de quarente soulx tournois, monnoie courante, paiez et comptez audiz conjoins en notre présence, et à veue de nous . . . . .

Ce fut donné et jugé par le jugement de notre court du Mans, le premier jour de may, en l'an de grace mil trois cens sexante et ouyt.

J. AVRIL.

CXC. — 1368, 1er Juin. — MATHIEU, ABBÉ DE BEAULIEU, RATIFIE L'ACCORD ÉTABLI LE 21 DÉCEMBRE 1367, ENTRE SON PRIEUR DE SAINT-SATURNIN ET CELUI DE SAINT-VICTEUR.

Omnibus hec visuris frater Matheus, humilis abbas, et conventus monasterii Beate Marie de Belloloco prope Cenomannum, salutem in Domino.

Notum facimus quod, cum inter religiosos viros fratres Johannem Vallier, priorem prioratus nostri Sancti Saturnini, ex una parte, et Nicolaum Fournel, priorem prioratus Sancti Victurii Cenomannensis a monasterio Sancti Michaelis in periculo maris dependentis, ex altera, mota fuisset et diu agitata lis et materia questionis super perceptione decimarum trium peciarum terre, quarum una sita est apud locum nuncupatum de Monte Raginaldi, et alia sita est contigue ad Oscham de Nozce, et alia pecia vocatur Oscha de Nozce, productis testibus in lite et causa hujusmodi et eorum attestationibus publicatis, pluribusque processibus factis et habitis super premissis inter ipsos priores, tandemque dicti priores voluerunt quilibet pro parte sua quod venerabiles et discreti viri magistri Dyonisius Clarte Cenomannensis et Yvo de Villafabrorum Corispitensis ecclesiarum canonici super et de decimis dictarum terrarum et de jure percipiendi easdem de cetero in futurum ordinarent inter ipsos priores prout viderent juxta et secundum tenorem processus super premissis habiti inter ipsos ordinandum.

Qui venerabiles viri, suscepto onere hujusmodi ordinacionis faciende, visisque processibus, ordinarunt decimas fructuum qui crescent de cetero in futurum in dictis terris percipiendas esse et percipi amodo in futurum a dictis prioribus, et eorum successoribus, respective medietatim, prout in litteris super dicta ordinacione confectis, quibus presentes sunt annexe, continetur.

Inde est quod nos abbas et conventus prefati Belllloci attendentes dictam ordinationem rite actam fuisse et juste et cedere in utilitatem dicti prioratus nostri eandem ordinationem in quantum nos et dictum prioratum nostrum tangit, et tangere potest, tenore presencium confirmamus eamque ratificamus et approbamus.

In cujus rei testimonium sigillum nostrum litteris presentibus duximus apponendum (1).

Datum et actum in capitulo nostro generali dicti monasterii, die jovis post festum Penthecostis Domini, anno Domini millesimo ccc^{mo} sexagesimo octavo.

CXCI. — 1370, 29 Juin. — GEFFROY LE ROYER ET JEANNE, SA FEMME, POUR HUIT SOUS DE RENTE, ONT ACQUIS DE SAINT-VICTEUR UNE MAISON, A DOMFRONT, DANS LE FIEF DE THOMAS POUHIER, A QUI ELLE DOIT UNE MAILLE DE CENS.

Sachent touz presens et avenir que en nostre court en droit establiz Geffroy Le Royer et Johanne, sa fame, o l'autorité de luy a le donnée en droit par devant nous quant en cest fait, confessons que religioux homes et honnestes l'abbé et couvent de Mont Saint Michiel lour ont baillé, et il ont prins agreablement à eulx et à lours hommes à touz jours mès, pour oyct soulz tournois monnoie courante de rente perpetuel une meson, si come elle se poursuit, o le courtil d'arriere de la lese de ladicte meson, sise en la ville de Donfront ou Champagne, ou fié de feu Thomas Pouhier, entre les chouses Jehan Letiays, d'une part, et les chouses Denis Legrès, d'autre ; laquelle rente les dix prenours promectent, et sont tenuz chacun pour le tout, rendre et paier au prieur de Saint Victour, à ses successours, et à ceulx qui aront cause de lui, au jour de Noel chacun an desores en avant, sans plège ; et seront tenuz faire les diz prenours maille de franc devoir requerir audit sire à la Saint Front chacun an, sans foy, sans amende et sans nulle autre redevance.

Et recognurent en surquetout les diz prenours de ceste meisme

(1) Ce sceau, qui a été moulé sous le numéro 2654 de *Normandie*, a pris place sous le numéro 27 dans notre planche VII. C'est un fragment de sceau ogival, gravé au début du XIIIe siècle, et mesurant 0,005. On y voit la vierge debout, tenant un livre et un fleuron ; elle porte un vêtement élégamment drapé. Il ne subsiste rien de la légende.

obligation avoir donné et passé audiz religioux lettres de la cours à l'official du Mans voullans et octroians que d'icelles lettres et de cestes ensemble et de chacune par soy les diz religioux lours successours, ou ceulx qui aront cause d'eulx, puissent user et explecter contre les diz prenours . . . . .

Ce fut donné et jugé à tenir et à enteriguer par le jugement de notre court du Mans, le semadi après la Saint Jehan Baptiste, xxix° jour de juing, l'an de grace mil trois cenz soixante et dix [1].

J. VALLÉE.

CXCII. — 1370, 12 Novembre. — SENTENCE ARBITRALE ENTRE SAINT-VICTEUR ET BEAULIEU AU SUJET DE LA DIME D'UNE VIGNE SITUÉE A VAUROUZÉ, DANS LE CLOS DE LA POTERIE.

Universis presentes litteras inspecturis officialis Cenomannensis salutem in Domino.

Noveritis quod cum religiosus et honestus vir frater Nicolaus Fournel, prior prioratus Sancti Victurii Cenomanensis, diceret et opponeret contra religiosum et honestum fratrem Matheum, abbatem monasterii Beate Marie de Belloloco prope Cenomannensem, reum, quod idem prior et ejus predecessores fuerant usque ad cessionem infrascriptam in quasi possessione juris percipiendi et hujusmodi, justo titulo etiam auctoritate apostolica approbato et bona fide singulis annis, tempore vindemiarum, unam sommam vini puri, sine aqua, et sine excorto pressorii,

(1) Le sceau pendu à cet acte a été moulé sous le numéro 1776 de *Normandie*. M. de Farcy en a inséré un dessin dans notre planche VIII (n°s 30-31). Ce sceau, dont l'emploi a succédé à celui de nos numéros 24-25 et qui a fait place aux numéros 37-38, tient de l'un et de l'autre.

Il consiste en un écu rond de 0,037 à la fleur de lis sortant d'une couronne et accompagnée de deux couronnes et de deux étoiles, le tout placé sur un champ fretté semé de points, avec la légende : ..... REGIS AD CAUSAS CURIE CENOM.

Le contre-sceau n'a que 0,024 de diamètre, il est semblable au sceau sauf en ce que le fond est chargé de deux étoiles. La légende est complète : † CONTRA SIGILLUM CURIE CENOM.

pro decima, seu loco ejusdem, super uno arpento vinearum, sito in loco noncupato Vaurouzcé, in clauso de Laporterie, que fuerat condam deffuncti Roberti Letort, condonati dicte abbatie, juxta vineas abbatisse de Prato et vineas que fuerunt magistri Thome Regis ; quodque idem religiosus abbas cesserat in solutione dicte somme vini per annos et sex collectas adeo quod ipse tenebatur prefato priori in sex sommis vini ratione dicte decime et loco ejusdem.

In nostra presencia personaliter constitutis dictis partibus, volentibus propter bonum pacis inter ipsos habende amicabiliter concordare, que partes de et super hujusmodi discordia credere dicto et ordinationi voluerunt venerabilium et discretorum virorum magistrorum Dionisii Clarte, canonici Cenomanensis, et Yvonis de Villafabrorum, advocati in curia, et contra non venire quoquomodo ipsis primitus sommarie super premissis informatis.

Die date presencium dicti venerabiles viri informati de jure partium dixerunt et sentenciaverunt dictum abbatem et ejus successores in dicto monasterio teneri dicto priori, et ejus successoribus in dicto prioratu, in una somma vini super dicto arpento vinee, pro decima, seu loco ejusdem solvenda, quolibet anno, in tempore vindemiarum arreragia vero de quibus sit mencio in libello dicti prioris eorum venerabilium virorum arbitrio et ordinacioni reservantes.

Quam sentencia dicte partes emologaverunt et ratam et gratam habuerunt et habebunt in futurum.

Et nos, ad relacionem dictorum venerabilium et discretorum virorum nobis factam, sigillum curie nostre presentibus duximus apponendum [1].

(1) Le sceau pendu à cet acte, numéros 20-21 de la planche VII, a été moulé sous le numéro 2294 de *Normandie*. C'est un sceau rond de 0,04 sur lequel figure au centre un évêque bénissant, vu de face, à mi-corps et tenant la crosse, sur champ fretté garni de quatrefeuilles. Au bas, un écu à trois orles l'un dans l'autre. De la légende on lit : .... MAGNUM CURIE EPI CENOMANENSIS. Le contre-sceau, rond lui aussi, mesuré 0,02 ; on y voit au centre une mitre vue de face avec ses fanons posés en chevrons ; elle est décorée de bandes ouvragées et de petites croisettes. Au-dessous, au milieu, un G accompagné

Datum die martis post festum beati Martini hyemalis, anno Domini millesimo ccc^{mo} septuagesimo.

CXCIII. — 1371, 19 Juillet. — HABERT LE NOURISSON ET JEANNE, SA FEMME, REÇOIVENT DE SAINT-VICTEUR UN EMPLACEMENT, AU CARREFOUR SAINT-JEAN, OU ILS S'ENGAGENT A BATIR, EN TROIS ANS, UNE MAISON ; ILS S'OBLIGENT A UN CENS DE VINGT SOUS.

Sachent touz presens et à venir que en notre court en droit establiz. Habert Le Nourriçon et Johanne, sa fame autorisée suffisamment de son dit mari en droit par devant nous quant en cest fait, recognurent et confesserent que religioux homme et honneste le priour de Saint Victour près Le Mans lour a baillé et octroié, et il ont prins et accepté agreeablement à eulx et à lours hoirs à touz joursmès, toutes les places o les courtilz qui furent feue Thomasse Lasceline et feue Margot, sa fille, sises en la parroisse de Saint Jehan du Mans ou Kareffour de Saint Jehan aboutant au chemin alant du pont Perrin à Saint George, d'un bout, et la riviere de Sarte, d'autre bout, jouteant au fossez de Merdereau, d'un cousté, et les chouses feu Joulain, d'autre cousté, si comme il disoient.

Et fut faite ceste baillée pour le pris de vint soulz tournois monnoie courante et un chappon bon et suffisant, le tout de rente perpetuel, laquelle rente les diz prenours promettent et sont tenuz chacun pour le tout sans division de partie rendre et paier audit priour à ses successeurs et à ceulx qui aront cause d'eulx c'est assavoir dix soulz et le chappon au jour de Noel et dix soulz à la Saint Jehan Baptiste chacun an desores en avant sans plege en prendre. Et promettent onquore les diz prenours faire et edifflier ès dites chouses une meson bonne et competente, dedens trois ans prouchains à venir à lours propres coux et despens et

de chaque côté par une fleur de lis et trois petites croisettes. La légende, qui est complète, porte : † S PARVUM QURIE CENOM.

Ce sceau, que M. Hucher avait publié avant nous *(Musée du Mans*, n° 490), porte le blason et l'initiale de Gontier de Balgnoux ; son usage fut donc limité à l'époque de l'épiscopat de cet évêque (1368-1383).

icelle maison maintenir en bon estat et suffisant. Et ne pourront les diz prenours vendre, aliener ne mettre hors de lours mains ycelles chouses, ne charger de plus grans rentes que elles sont à present, sans l'assentement du dit priour ou de ses successours....

Ce fut donné et jugé à tenir et à enteriguer, par le jugement de notre court du Mans, ou jour de semadi avant la Magdelaine, xixe jour de juillet, l'an de grace mil troys cenz soixante et onze.

J. VALLÉE.

CXCIV. — 1373, 22 Avril. — PERROT DE MELLE ET JEANNE, SA FEMME, ONT REÇU DE SAINT-VICTEUR UN EMPLACEMENT AU CARREFOUR SAINT-JEAN, OU ILS S'ENGAGENT A FAIRE CONSTRUIRE, EN UN AN, UNE MAISON, ET A PAYER UN CENS DE DIX-HUIT SOUS.

Sachent touz presens et à venir que, en notre court, en droit establi Perrot Le Melle et Johanne, sa fame autorisée suffisamment de son dit mari en droit par devant nous quant en cest fait, parroissien de Saint Benoist du Mans, confessent que le priour de Saint Victour près Le Mans lour a baillé, et ilz ont prins et acepté agreablement à eulx et à lours hoirs à touz jours mès, les places qui furent feu Estienne Collet, sises ou kareffour de Saint Jehan, ou flé dudit priour, jouste le four à ban dudit priour, d'une part, et les choses Lucas Dolé, d'autre, et aboutant de Saint Jehan d'un bout. Item, o tout ce, quatre piez de terre, sis jouste les courtilz desdiz prenours et les chouses dudit four et aboutant aux choses Habert Guilloie, d'un bout.

Et fut faite ceste baillée pour le pris de dix et huit soulz tournois monnoie courante de rente perpetuel laquelle rente les diz prenours promettent et sont tenuz chacun pour le tout sans division de partie rendre et paier audit priour et à ses successours et à ceulx qui aront cause de lui au jour de Noel et de la Saint Jehan Baptiste moitié à moitié chacun an desores en avant.....

Et promettent les diz prenours faire oudit lieu une meson bonne et competente à six estaches, dedenz un an prouchain venant, à lours propres coux et despens......

Ce fut donné et jugé à tenir et à enteriguer, par le jugement de nôtre court du Mans, ou jour de vendredi après Pasques, xxii° jour d'avril, mil trois cenz soixante et treze.

J. Vallée.

CXCV. — 1373, 22 Avril. — Robin Bodier et Thomasse, sa femme, ont reçu de Saint-Victeur un emplacement, rue Bretonnière, ou ils s'engagent a élever en deux ans une maison. Ils payeront un cens annuel de vingt-quatre sous.

Sachent touz presens et à venir que en notre court establi Robin Bodier et Thomasse, sa fame autorisée de lui souffisamment en droit par devant nous quant en cest fait, parroissien à present de Saint Benoist du Mans, confessent que religieux homme et honneste le priour de Saint Victour du Mans lour a baillé et otroié, et ilz ont prins et accepté de lui agreablement à eulx et à lours hoirs et à ceulz qui aront cause d'eulx à tous joursmès, les places et les courtilz qui furent feu Thomas Le Metaier, sises en la rue de la Bretonnière, ou flé dudit priour, entre les chouses Guillaume Crepin, d'une part, et les chouses feu Jehan Faisant, d'autre ; aboutant à l'ayve de Sarte, d'un bout, et au chemin alant du pont Perrin à Saint George, d'autre, si comme ils disoient.

Et fut faite ceste baillée pour vint quatre soulz tournois monnoie courante de rente perpetuel laquelle rente lesdiz prenours prometient et sont tenuz chacun pour le tout sans division de partie rendre et paier audit priour et à ses successours et à ceulz qui aront cause de lui au jours de Noel et à la Saint Jehan Baptiste moitié à moitié chacun an desores en avant . . . .

Et prometient lesdiz prenours faire et ediffier ès dites chouses une meson bonne et compettente à six estaches, dedenz deux anz prouchains à venir, à lours propres coux et despenz . . . .

Ce fut donné et jugé à tenir et à enteriguer, par le jugement de notre court du Mans, le vendredi après Pasques, xxii° jour d'avril, l'an de grace mil trois cenz sexante et treze [1].

J. Vallée.

CXCVI. — 1374, 10 Juillet. — Perrot Héclart et Jeanne, sa femme, pour deux sous, six deniers de cens, ont reçu du prieur de Saint-Victour un courtil, situé rue Saint-Jean de la Chevrerie.

Sachent touz presens et avenir que en notre court en droit establiz Perrot Heclart et Jehanne, sa fame auctorisée de lui suffisamment en droit par devant nous . . . . à ce qui s'ensuit, recognurent et confesserent de lour bonne volenté et d'un commun assentement que religioux homme et honneste frère Nicolas prieur de Saint Victour près Le Mans lour a baillé et octroié, et ilz ont prins et acepté agreablement à eulz et à lours hoirs à touz joursmès, un courtil, sise en la rue de Saint Jehan de la Chevrerie, ou flé audit priour: aboutant au pavement de Saint Jehan, d'un bout, et . . . . . . Raoul Memet autrement Poriet, d'un cousté, et aux chouses dudit priour, d'un bout, et d'un cousté si comme ilz disoient.

Et fut faite ceste baillée pour le pris . . . . deux soulz six deniers de cenz lesquelx deux soulz six deniers de cenz lesdiz preneurs promettent et sont tenuz chacun pour le tout rendre poler audit priour à ses hoirs et successours et à ceulz qui aront cause de lui, au jour de la Saint Jehan chacun an . . . . .

Ce fut donné et ajugé à tenir . . . . par le jugement de notre court du Mans, le lundi x° jour de juillet, l'an de grâce mil trois cenz soixante et quatorze.

J. Vallée.

(1) Cet acte possède un fragment du sceau 30-31 de notre planche VIII.

CXCVII. — 1374, 27 Juin. — JEAN LAISE ET MACÉE, SA FEMME, ONT REÇU DU PRIEUR NICOLE FOURNEL, UN EMPLACEMENT, A LA BRETONNIÈRE, OU ILS S'ENGAGENT A FAIRE ÉDIFIER, EN UN AN ET DEMI, UNE MAISON. ILS DEVRONT UN CENS ANNUEL DE VINGT SOUS ET D'UN CHAPON.

Sachent touz presens et avenir que, en notre court, en droit establiz Jehan Loaise et Macée, sa fame auctorisée de lui suffisamment en droit par devant nous quant à ce qui s'ensuit, recognurent et confesserent de lour bonne volenté et d'un commun assentement que religioux homme et honneste frère Nicole Fournel priour de Saint Victour près Le Mans, lour a baillé et octroié à eulz et à lours hoirs à touz journsès une place de terre, où il souloit avoir meson, aveques une planche de courtil, ou flé audit priour, sise à La Bretonniere, entre les chouses Robin Bodier, d'une part, et les chouses feu Jehan Loustelier, d'autre part; aboutant au chemyn comme l'en vet du pont Perrin au Petit Saint George, d'un bout, et à l'ayve de Sarte, d'autre bout; laquelle place fut feu Jehan Perre, autrement Fesant, si con..ne ilz disoient . . . . .

Et est faite ceste baillée pour le pris de vint soulz tournois monnoie courante et un chappon, le tout de rente perpetuel, laquelle rente lesdiz prenours promettent et sont tenuz chacun pour le tout rendre et poier audit jour à ses successours et à ceulz qui aront cause de lui au jour de Noel et de la Saint Jehan moitié à moitié chacun an desores en avant . . . . .

Et promettent lesdiz prenour y faire ediffier une meson bonne et suffisante, dedenz un an et demi et la meintendre de suffisant estage. Et ledit priour lour en promet faire avoir lettre de l'abbé et du couvent du Mont Saint Michel . . . . .

Ce fut donné et adjugé à tenir et à enteriguer par le jugement de notre court du Mans le mardi après Saint Jehan Baptiste xxvii° jour de juign l'an de grace mil troiz cenz soixante et quatorze [1].

(1) Cet acte possède le sceau figures 30-31 de notre planche VIII.

CXCVIII. — 1374, 26 Juillet. — ACTE PAR LEQUEL L'ABBÉ DU MONT RATIFIE L'ABANDON FAIT A JEAN LAISE D'UN EMPLACEMENT A BATIR, A LA BRETONNIÈRE ET LES DIVERSES DISPOSITIONS DE L'ACTE NUMÉRO CXCVII.

Noverint universi quod nos abbas et conventus monasterii Montis Sancti Michaelis in periculo maris, ordinis Sancti Benedicti, Abrincensis diocesis, habuimus et recepimus ac penes nos retinuimus litteras sanas et integras formam que sequitur continentes . . . . .

[*Ici l'acte numéro* CXCVII.]

Quas quidem litteras, utilitate nostri monasterii pensata, nos laudamus approbamus ac etiam ratificamus, et omnia et singula in eis contenta per nos et successores nostros in perpetuum teneri et observari sine aliqua contradictione . . . .

In cujus rei testimonium nostrum magnum sigillum quo unico in talibus utimur presentibus litteris duximus apponendum.

Actum et datum in Capitulo nostro anno Domini millesimo trecentesimo septuagesimo quarto, die vicesima sexta mensis jullii.

CXCIX. — 1374, v. s., 13 Avril. — LE PRIEUR NICOLE FOURNEL, AYANT, MOYENNANT LE PAIEMENT DU TIERS D'UN CENS DE CINQUANTE SOUS, ABANDONNÉ A GERVAIS GUÉRIN LE TIERS DE CERTAIN HÉRITAGE, PASSE AVEC LAURENT MAUDET UN NOUVEAU CONTRAT, PAR LEQUEL CELUI-CI SE MET AU LIEU ET PLACE DU PREMIER PRENEUR.

Universis presentes litteras inspecturis officialis Cenomannensis salutem in Domino.

Cum alias frater Nicolaus Fournel, prior prioratus Sancti Victurii Cenomannensis, utilitate pensata sui dicti prioratus, tradidisset, et tradicionis nomine concessisset Gervasio Guerin et ejus uxori terciam partem rerum immobilium et hereditarum, declaratarum in litteris quibus hec presentes sunt annexe et cum condicionibus in ipsis litteris declaratis, habendam, tenendam et perpetuo possidendam, pro tercia parte quinquaginta solidorum Turonensium monete currentis reddenda et solvenda de cetero, prefato priori et ejus successoribus in dicto prioratu, ipsique conjuges hujusmodi terciam partem ipsarum rerum emphitheosi accepissent ab ipso priore, ut in dictis litteris presupponitur ipsique quitaverant unus alterum, mutuo consensu, de hujusmodi acceptione et traditione, prout legitime constat per litteras super hoc confectas.

Noveritis quod in nostra presencia personaliter constituti prefatus prior, ex una parte, et Laurencius Maudet, ex altera, faciunt inter se pacta et convenciones que tales sunt : videlicet quod idem prior tradit et, tradicionis nomine, concedit eidem Laurencio, ipseque Laurencius accipit gratanter et recipit illam partem dictarum rerum quam acceperat et tenebat idem Gervasius, in modo et forma consimilibus quibus idem Gervasius dictus res acceperat absque agmentacione aliqua neque diminucione, promisitque et promittit idem prior dictas res sic per ipsum traditas garantizare et liberare erga prefatum Gervasium et alios quoscumque faciendo denaria consueta et curaturas facturas erga religiosos viros abbatem et conventum monasterii Montis Sancti Michaelis, quod ipsi per suas litteras hujusmodi tradicionem laudabunt, approbabunt et ratificabunt.

Et prefatus Laurencius eidem priori et suis successoribus in dicto prioratu promisit et promittit reddere et solvere dicto priori annuatim de cetero terciam partem prefate summe quinquaginta solidorum Turonensium monete currentis ad terminos festi Nativitatis Beate Marie Virginis et crastinam diem Nativitatis Domini.

Et non habebit dividi nec separare illa tercia pars illarum rerum inter heredes ipsius Laurencii quin unicus heres ipsam terciam partem teneat et possideat et terciam partem dictorum quinquaginta solidorum ad dictos terminos solvere teneatur....

Et nos ipsos priorem et Laurencium, coram nobis, presentes et consencientes ad premissa et eorum observacionem condampnamus in his scriptis respective.

In cujus rei testimonium, sigillum curie nostre presentibus duximus apponendum [1].

(1) Voir figures 20-21 de notre planche VII.

Datum decima tercia die mensis aprilis, anno Domini millesimo CCCLXX° quarto.

CHAUVIÈRE.

CC. — 1376, 2 Juin. — SAINT-VICTEUR ABANDONNE, POUR UN CENS DE SOIXANTE SOUS, A THEVENIN PORCHER ET A EDELINE, SA FEMME, UN FOUR, SITUÉ AU CARREFOUR DU PONT-PERRIN ; LES PRENEURS S'ENGAGENT A Y ÉLEVER UNE MAISON ET A FAIRE LE PAIN DES MOINES, MOYENNANT L'ABANDON DE DEUX MICHES ET D'UNE PINTE DE VIN.

Sachent touz presens et avenir que en notre court en droit establiz Thevenin Porcher et Eudeline, sa fame de lui auctorisée suffisamment par devant nous quant en cest fait, sourmectent eulx et touz lours biens à la juridiction de notre court, quant en cest fait confessent que religioux homme et honneste le priour de Saint Victour du Mans lour a baillé, et ilz ont prins pour eulx et pour un de lours hoirs et pour le plus vivant d'eulx troys, un four, si comme il se poursuit, avecques touz les droiz, proutiz et esmolumens acoustumez et qui y sont et appartenent, tant des boulengers comme des mesnagers ; sis au quarrefour du pont Perrin, en la parroisse de Saint Jehan du Mans, pour soixante soulz tournois monnoie courante de annuel rente, laquelle rente les diz preneurs promiectent et sont tenuz, chacun pour le tout, rendre et paier audit priour à ses successours, et à ceulx qui auront cause de lui, au jour de la Saint Jehan Baptiste et de Noel, moitié à moitié, chacun an ledit temps durant sanz plaige en prendre, sauf qu'ilz ne paieront riens de ladite rente des six premieres années qui commenceront à Noel prouchain avenir.

Et en outre, promectent lesdiz preneurs, pour eulx et pour lour dit her, faire audit priour et à ses successours ce qui s'ensuit, c'est assavoir qu'il seceront les farines dudit priouré et feront les levains et la pâte, et icelle porteront au four à tous lours coux. Et feront le pain et ycelui cuiront et rendront en la despence dudit priouré, et, ce fait, lesdiz preneurs auront, pour chacune fois qu'ilz auront rendu ledit pain en ladite despence, une miche blanche et une noyre et une pinte de vin et l'en emporteront et en feront ce qu'il voldront.

Et promectent faire une meson et un four en ladite place, dedenz Noel prouchain avenir . . . .

Ce fut donné et jugé à tenir et à enterigner, par le jugement de notre court du Mans, ou jour de lundi après Penthecouste, second jour de juign, l'an de grace mil troys cenz soixante et seize.

CHOLET.

CCI. — 1376, 4 Août. — LE PRIEUR NICOLE FOURNEL AYANT, POUR UN CENS DE VINGT SOUS ET D'UN CHAPON, ABANDONNÉ A JEAN LAISIE ET A MACÉE, SA FEMME, UN EMPLACEMENT PROPRE A BATIR, A LA BRETONNIÈRE, CEUX-CI, POUR SOIXANTE LIVRES TOURNOIS, ONT ABANDONNÉ L'EMPLACEMENT EN QUESTION, AVEC LES CONSTRUCTIONS QU'ILS Y AVAIENT FAITES, A ROBERT PÉCHOIS ET A AGNÈS, SA FEMME.

Sachent touz que come Jehan Laisie et Macée, sa fame, eussent japieça prins et accepté à eulx et à lours hoirs, et à ceulx qui aront cause d'eulx à tousjoursmès, de religieux home et honneste frère Nicole Fournel, prieur du prieuré de Saint Victour près Le Mans, une place de terre, où il souloit avoir maison, avecques une planche de courtil, sis ou flé dudit prieur, au lieu appellé La Bretonnière, entre les chouses Robin Bodier, d'une part, et les chouses Jehan Lostellier, d'autre part; aboutant au chemin par lequel l'en vait du pont Perrin au petit Saint George, d'un bout, et à l'ayve de Sarte, d'autre bout, laquelle place fut feu Jehan Perre; et eust esté ycelle baillée pour le pris de vint soulz tournois monnoie courante et un chappon, le tout de rente perpetuel à estre paiée au jour de Noel et de la Saint Jehan Baptiste moitié à moitié chacun an, si comme plus applain puet apparoir par lettres de notre court sur ladite baillée; laquelle baillée a depuis esté confirmée de l'abbé et couvent du Mont Saint Michiel ou peril de la mer, sicomme il appert par lettres sellées de lours seaulx, sur ce faites.

En notre court en droit establiz lesdiz Jehan Laisie et Macée, sa fame, de lui autorisee suffisamment par devant nous quant en cest fait, recognurent et confessèrent qu'ilz, tant pour la somme de soixante livres tournois monnoie courante à eulx paiee et dont ils se tindrent pour bien paiez en droit par devant nous, comme pour ce que Robert Pechois et Agnès, sa fame, paroissiens à present de .... Saint Jehan de La Chevrerie, et lours hoirs, soient tenuz de fere rendre et paier audit priour et à ses successours les vint soulz tournois, et ledit chappon de rente, dessusdiz audiz termes chacun an yceulx Jehan Laisie et sa fame ont cessé, quitté et delaissé audiz Robert Pechois et sa fame ladite place et courtil, avecques la maison et autres ediffications, qu'ils ont depuis faites ès dites chouses, ainssi à eulx cessées, comme dit est, o le font perpetuelment et hereditaument à touz-joursmès et à en faire toute leur plenière volenté, par titre de cest fait ....

Ce fut donné et jugé à tenir et à enteriner, par le jugement de notre court du Mans, ou jour de lundi après la Saint Estienne, IIIe jour d'aoust, l'an de grace mil troys cens soixante et seize.

DE VENÇAY.

CCII. — 1377, 31 Août, Le Mans. — SAINT VICTEUR, MOYENNANT UNE RENTE DE TROIS SOUS, EN OUTRE DE DEUX SOUS DE CENS, A ABANDONNÉ A RENAUD BELIN ET A JEANNE, SA FEMME, UNE PIÈCE DE COURTIL ; LES PRENEURS S'OBLIGENT A Y BATIR UNE MAISON EN SIX ANS.

A toux ceulx qui ces presentes lettres verront Guy Le Vavassour, prestre garde des seaulx des contraz de la court du Mans, salut.

Savoir faisons que par devant Jehan Vallée et Pierre de Vençay, clercs, tabellions jurez de ladite court, furent presens Regnaut Belin et Jehenne, sa femme, de la paroisse de Saint Jehan du Mans, à laquelle femme le dit Regnaut donna autorité, quant à faire ce qui s'ensuit : lesquelx cognurent et confesserent que religieux home et honneste le priour de Saint Victour près Le Mans lour a baillé et octroié, et que ilz ont prins pour eulx et pour lours hoirs à touzjoursmès, une pièce de courtil, sis entre les places feu Estienne Collet, d'un cousté, aboutant au chemin sicomme l'en vait à Saint Jehan, d'un bout, et à la meson Perrot Heclart, d'autre bout ; et joignant aux places feu Jumeau, d'autre cousté, sicomme il disoient.

Et fut faite ladite baillée pour troys soulz tournois monnoie courante de rente perpetuel, laquelle rente lesdiz prenours ont promis rendre et paier audit priour à ses successours au jour de la Saint Jehan Baptiste, chacun an, dèsores en avant sans plege en prendre.

Et seront tenuz faire lesdiz prenours en oultre ladite rente deux soulz de cens audit terme chacun an dès ores en avant, reservé audit priour et à ses successours justice et seignourie ès dites chouses comme seigneurs de fié.

Et ont promis lesdiz prenours faire oudit lieu une maison dedens six ans prouchains à venir à ses propres coux et despens.

Et ne pourront lesdiz prenours charger lesdites chouses de plus grant rente que elles sont à present sans l'assentement dudit priour. Et recognurent en surquetout lesdiz prenours de ceste meisme obligacion avoir donné et passé audit priour lettres de la court à l'official du Mans . . . . . .

En tesmoign de ce, nous, à la relacion desdiz tabellions, avons mis le seel desdiz contraz à ces presentes lettres.

Ce fut donné au Mans, le lundi après la décolacion Saint Jehan Baptiste, darrenier jour d'aoust, l'an de grace mil trois cens soixante dix et sept.

CCIII. — 1370, v. s., 5 Mars. — ROBERT ET JEAN PECHOIS, DE LA PAROISSE DE SAINT-VINCENT, MOYENNANT SOIXANTE-HUIT FRANCS D'OR, VENDENT A HUBERT BAIART ET A GILETTE, SA FEMME, UNE MAISON A LA BRETONNIÈRE, CHARGÉE D'UNE RENTE DE VINGT SOUS ET D'UN CHAPON.

A touz ceulx qui ces presentes lettres verront, Guy Le Vavassour, prestre, garde des seaulx des contraz de la court du Mans, salut.

Savoir faisons que par devant André Cholet et Jehan Aleton, tabellions jurez de la dite court, furent presens Robert Pechoys et Jehan Pechois, parroissiens de Saint Vincent ; lesquieulx cognurent et confesserent qu'ils ont cessé, quitté et delessé et onquores cessent, quittent et delessent de lour comun assentement et de lour bonne volenté à Habert Baiart et à Gilete, sa fame, paroissiens de Saint Jehan près du Mans une meson, sicomme elle se poursuit, avec une planche de courtil, ou fié au prieur de Saint Victeur, au lieu appellé la Bretonnière, entre les choses Robin Bodier, d'une part, et les choses Jehan l'Ostelier, d'autre part ; aboutant au chemin alant du pont Perrin à Saint George, d'un bout, et à l'ayve de Sarte, d'autre bout, laquelle meson fut feu Jehan Perre, sicomme ilz disoient, à tenir poursuir et exploicter desdiz Habert Baiart et sa fame, de lours hers et de ceulx qui aront cause d'eulx, celle dite meson et courtil, ainsi à eulx cessiée, comme dit est, o le fons perpetuelment et hereditaument à touz jours mès et à en fere toute lour plenière volenté par titre de cest fait . . . . . .

Et est faite cette cession pour la somme de soixante huyt frans d'or, du coign du roi nutre sire, paiez et comptez audiz Peschoys et s'en tindrent à bien paiez et contens par devant lesdiz tabellions, et partant lesdiz Peschois ont promis chacun pour le tout, la dite cession et les choses qui y sont contenues garantir, delivrer et deffendre aux diz Baiart et sa femme, à lours hers et à ceulx qui aront cause d'eulx, de tous empeschemens, de toutes obligations envers touz et contre touz selon droit, en faisant des diz Baiart et sa fame et de lours hers vint soulz tournois monnole courante et un chappon de rente perpetuel audit priour de Saint-Victour à la Saint Jehan Baptiste et à Noel, moitié à moitié chacun an, et un denier de cens à ladite feste de Saint Jehan audit priour chacun an sanz plus en fere et sanz nulle autre reddevance . . . .

Ce fut donné et jugé à tenir et à enterigner, par le jugement de la dite court du Mans, ou jour de lundi après *Letare Jerusalem*, v° jour de mars, l'an de grace mil trois cenz soixante dix et neuf.

CCIV. — **1381, 17 Décembre.** — LE PRIEUR NICOLE DE LONGUEVILLE, MOYENNANT UNE RENTE DE TROIS SOUS, A ABANDONNÉ A JEAN CLÉMENT ET A JEANNE, SA FEMME, UN EMPLACEMENT PRÈS LE PRESBYTÈRE DE SAINT-JEAN.

Saichent touz presens et à venir que, en notre court du Mans, en droit par devant nous personnelment establiz, Jehan Clémens et Jehenne, sa femme, auctorisée souffisamment de son dit seigneur en droit par devant nous quant en cest fait, de la parroisse de Saint Benoist, recognurent et confessèrent que religioux homme et honneste frère Nicole de Longueville, priour du priouré de Saint Victour lèz Le Mans, lour a baillé et octroyé, et ilz ont prins pour eulx et pour lours hoirs, à touz joursmès une place, sise en la parroisse de Saint Jehan, ou fié du dit priour, devant le presbytère de Saint Jehan, joignant à la place et au courtil Thomas Le Bariller, d'autre bout, et fut féu Macé Le Bourgeois et jadis Robin Brequeil.

Et fut faite ceste baillée pour troys soulz tournois monnoie courante de rente perpetuel . . . . . . au jour de Noel chacun en dèsores en avant sanz plège en prendre . . . . .

Ce fut donné et jugé à tenir et à enteriner, par le jugement de notre dite court, le mardi après la Saint Gervaise d'yver, XVII° jour de decembre, l'an de grace mil trois cenz quatre vins et un.

CCV. — **1382, 12 Juin.** — CERTIFICAT DE NOTAIRE ÉTABLISSANT QUE DANS LA CATHÉDRALE DU MANS, ÉLOI BOUDET A ÉTÉ PUBLIQUEMENT SOMMÉ DE COMPARAITRE LE 18 JUIN, DEVANT LE CHAPITRE DU MONT.

In nomine Domini. Amen.

Per hoc presens publicum instrumentum universis pateat evidenter, quatenus anno a nativitate Domini millesimo ccc^{mo} octuagesimo secundo, die jovis post festum Sancti Barnabe, videlicet duodecima mensis junii, circa horam vesperarum, indictione quinta, pontificatus sanctissimi in Christo patris ac domini nostri domini Clementis, divina Dei providentia pape, sexti, decimo quarto, in mei notarii publici ac testium infrascriptorum presentia personaliter existens religiosus et honestus vir frater Nicolaus de Longavilla, prior prioratus Sancti Victurii prope Cenomannum ordinis Sancti Benedicti, a monasterio Sancti Michaelis in periculo maris Abrincensis diocesis dependentis, ad personam fratris Egidii Boudeti, socii sui monachi dicti monasterii dixit et incitavit, prout in quadam littera sigillo reverendi in Christo patris ac domini abbatis dicti monasterii, ut prima facie apparebat, sigillata eidem priori directa continebatur, quod ad dictum monasterium in capitulo dicti monasterii in festo Sancti Auberti proxime venturo[1], prout tenetur accederet, alioquin ipse reputaretur pro contumace, et alias contra ipsum procederetur ut esset de jure faciendum.

Et super necessariis pro hujusmodi viatico sibi peccuniam obtulit . . . . eidem priori respondit quod ad dictum capitulum non accederet et quod appellaverat, ab abbate et conventu predicti monasterii . . . . . . , sedem apostolicam.

Super quibus, dictus frater Nicolaus a me notario publico infrascripto petiit sibi fieri publicum instrumentum.

Fuerunt hec in ecclesia Cenomannensi anno, mense, die, hora, indictione et pontificatu quibus supra. Presentibus ad hoc venerabilibus. . . . . . Laurencio Baulavere, decano, Johanne Lecanti, scolastico, et Olivario Mareschall, canonicis ecclesie Cenomannensis, et pluribus aliis testibus.

CCVI. — 1382, 20 Juin, le Mont-Saint-Michel. — LETTRES PAR LESQUELLES GEOFFROY II DE SERVON, ABBÉ DU MONT, NOTIFIE AU PERSONNEL DE L'ÉGLISE DU MONT L'EXCOMMUNICATION DONT ÉLOI BOUDET A ÉTÉ L'OBJET.

Gaufridus, miseratione divina, abbas monasterii Sancti Michaelis

(1) La Saint Aubert, dont il est ici question, ne figure pas dans les listes des saints de l'*Art de vérifier les dates*. Il s'agit de la fête de l'évêque d'Avranches, premier fondateur de l'abbaye du Mont-Saint-Michel, laquelle avait lieu non pas le 10 septembre, anniversaire de sa mort, mais le 18 juin, date de l'invention de son corps. (Voir dom Huynes, *Histoire de l'abbaye du Mont*, I, 12.)

in periculo maris ordinis Sancti Benedicti Abrincensis diocesis, priori nostro claustrali, cantori et sacriste dicti monasterii nostri presbyteroque parrochialis ecclesie dicti Montis et eorum cuilibet salutem in Domino.

Cum ex parte et litterarum nostrarum virtute quo ad hoc fratri Nicolao de Longavilla, priori nostro Sancti Victurii prope Cenomannum directarum per ipsum priorem dictum intimatum et preceptum fuisset fratri Egidio Boudeti, monacho et subdicto nostro presbitero ac expresse professo in dicto monasterio nostro, tunc ipsius prioris consocio, quatenus ad capitulum nostrum, in festo Sancti Auberti inde proxime sequenti in monasterio nostro celebrandum, cum dicto priore personaliter accederet, necessaria pro hujusmodi viatico eidem offerendo, alias reputaremus contumacem et contra ipsum via juris procederemus ; et quia non venit libet sufficienter expectatus, ut moris est, ipsum non comparentem nec excusationem mittentem, reputavimus contumacem et ipsum contumacem a nobis reputatum ob hoc in hiis scriptis excommunicamus.

Inde est quod vobis et vestrum quilibet insolidum altero vestrum ad hoc alterum non expectante, nec pro alio se excusante, mandamus quatenus vos religiosi in dicto monasterio, eciam in capitulo, et choro, et vos presbiter in dicta ecclesia omnibus et singulis diebus dominicis et festivis ipsum fratrem Egidium excommunicationem publice nuntietis et ab hujusmodi nunciatione non cessetis quousque meruerit a nobis absolvi, quo facto reddite litteras sigillatas.

Actum et datum, in dicto capitulo, die veneris post festum beati Auberti, anno Domini millesimo ccc^{mo} octuagesimo secundo.

CCVII. — 1382, 20 Juin, le Mont-Saint-Michel. — LETTRES PAR LESQUELLES GEOFFROY II DE SERVON, ABBÉ DU MONT, NOTIFIE L'EXCOMMUNICATION DU FRÈRE ÉLOI BOUDET AUX OFFICIALITÉS DE DIVERS DIOCÈSES.

Venerabilibus et circunspectis viris dominis officialibus Avinionensi, Parisiensi, Abrincensi et Cenomannensi, aut eorum cuilibet, Gaufridus, miseracione divina humilis abbas monasterii Sancti Michaelis in periculo maris ordinis Sancti Benedicti dicti Abrincensis diocesis, salutem in Domino sempiternam.

Cum ex parte nostra et litterarum nostrarum virtute, quo ad hoc fratri Nicholao de Longuavilla, priori nostro Sancti Victurii prope Cenomannum, directarum, per ipsum priorem dictum intimatum, et preceptum fuisset fratri Egidio Boudeti, monacho et subdito nostro presbitero ac expresse professo in dicto monasterio nostro, tunc ipsius prioris consocio, quatenus ad capitulum nostrum in festo Sancti Auberti inde proxime sequenti, in monasterio nostro celebrandum cum dicto priore personaliter accederet, necessaria pro hujusmodi viatico eidem offerendo, alias ipsum reputaremus contumacem, et contra ipsum via juris procederemus.

Et quia non venit libet sufficienter expectatus, ut moris est, ipsum non comparentem, nec excusationem mittentem, reputavimus et reputamus contumacem, et ipsum contumacem a nobis reputatum ob hoc [in his scriptis] excommunicamus.

Inde est quod in juris subsidium vos et vestrum quemlibet suppliciter requirimus et rogamus quatenus per quoscunque subditos vestros ipsum Egidium sic excommunicatum faciatis et mandatis in ecclesiis et locis vobis subditis excommunicatum publice nunciari.

Actum et datum die veneris post dictum festum ob dictam et pro pluribus aliis sic continuatur in capitulo monasterii predicti, anno Domini millesimo ccc octuagesimo secundo.

CCVIII. — 1382, 19 Août. — LETTRES PAR LESQUELLES L'OFFICIAL D'AVRANCHES PRESCRIT LA PUBLICATION DES LETTRES RELATIVES A L'EXCOMMUNICATION D'ÉLOI BOUDET.

Officialis Abrincensis universis presbiteris, clericis, et aliis subditis nostris quibuscunque salutem in Domino sempiternam.

Vobis et vestrum cuilibet precipimus et mandamus quatenus alter vestrum alterum, non expectans litteras reverendi patris domini abbatis Montis Sancti Michaelis quibus presentes sunt annexe, juxta ipsarum formam et tenorem excecucioni debite demandetis.

Actum et datum Abrinc., anno Domini millesimo ccc iiii^{xx} secundo, die xix^a mensis Augusti.

CCIX. — 1382, 23 et 24 Août — PROCÈS VERBAL DE PUBLICATIONS DES LETTRES RELATIVES A L'EXCOMMUNICATION D'ÉLOI BOUDET.

In nomine Domini. Amen.

Per hoc presens publicum instrumentum evidenter pateat universis, quod anno a nativitate ejusdem Domini millesimo ccc^{mo} octuagesimo secundo, indictione quinta, pontificatus sanctissimi in Christo patris ac domini nostri domini Clementis, divina providentia pape, septimi, anno quarto, die Sabbati ante festum beati Bartholomei apostoli, videlicet xxiii^a die mensis Augusti, in choro ecclesie monasterii Sancti Michaelis in periculo maris ordinis Sancti Benedicti, Abrincensis, diocesis, in exitu decantationis vesperarum ipsius diei, in presencia venerabilium et religiosorum virorum dominorum abbatis . . . . dicti monasterii ad divinum servicium celebrandum ibidem congregatorum meique publici notarii et testium infrascriptorum personaliter constitutus religiosus vir dominus Nicolaus de Piris . . . . . nens in suis manibus quamdam litteram sigillo dicti domini abbatis, ut videbatur, sigillatam ipsam palam et publice alta et intelligibili voce tam suo nomine quam prioris claustralis . . . . ipsorum prioris cantoris et sacriste presencium perlegit, ipsamque perfectam secundum ipsius formam et tenorem executioni debite demandavit presentibus discretis viris . . . . Philippo Fauquet clerico Abrincensis et Constanciensis diocesis una cum pluribus aliis testibus ad hoc vocatis et rogatis. Sequitur tenor hujusmodi littere [voir n° CCVI].

Postea, die, in medietate sequenti, videlicet dominica festi beati Bartholomei apostoli, xxiiii^a die dicti mensis augusti, anno, indictione et pontificatu predictis in ecclesia parrochiali . . . . . . populo ibidem congregato ad divina audienda, circa horam prime, dominus Petrus d'Avrenches, presbiter, deserviens in dicta parrochia, post offertorium misse per ipsum celebrandum dictam litteram suprascriptam executioni debite demandavit, secundum ipsius continentiam et formam, presentibus discretis viris, domino Roberto Le Coq, curato ipsius ecclesie, Guillelmo Martin et Radulpho Binguet, clericis, una cum pluribus aliis testibus ad hoc vocatis et rogatis.

Item ipsa die dominica, xxIIII° die mensis augusti, anno, indictione et pontificatu predictis, in ecclesia parrochiali de Ponteurson, populo ibidem congregato ad divina audienda, circa horam terciarum, personaliter constitutus discretus vir dominus Martinus Orcal, curatus dicte ecclesie de Ponteurson tenens in suis manibus quamdam litteram sigillo supradicti domini abbatis, ut poterat apparere, sigillatam, cum quadam littera hujusmodi littere annexe, sigillo curie et signo officialis Abrincensis, ut videbatur, sigillata et signata; ipsas litteras, in medio misse post offertorium, palam et publice, alta et intelligibili voce legit et galice exposuit et secundum ipsius formam et tenorem executioni debite demandavit.

Duarum litterarum tenores secuntur in hec verba [*voir n° ccvII*].

Tenor annexus [*voir n° ccvIII*].

De quarum executionis diligenter ipse curatus petiit a me . . . . Putoys nomine dicti *Egidii Boudeti* petiit copiam sibi fieri, quam dictus curatus sibi tradidit.

Super quibus omnibus et singulis premissis frater Johannes . . . . in decretis, prior prioratus de Genecio, petiit, nomine omnium et singulorum quorum interest, vel interesse poterit in futurum, sibi fieri publicum instrumentum.

Acta fuerunt . . . . . . mense, indictione, pontificatu et locis quibus supra presentibus, ad executionem in dicta ecclesia de Ponteurson factam Guillelmo Nemeri et Roberto Fabri una . . . . . ad hoc vocatis et rogatis.

CCX. — 1382, v. s , 15 Janvier. — GERVAIS AUDERON ET PEROTTE, SA FEMME, MOYENNANT UNE RENTE DE SEIZE SOUS RACHETABLE PENDANT TROIS ANS, POUR HUIT LIVRES, ONT ABANDONNÉ A HABERT BAIART DEUX QUARTIERS DE VIGNES, CHARGÉS, AU PROFIT DE SAINT-VICTEUR, DE SIX DENIERS DE CENS.

Sachent touz présens et à venir que en notre court du Mans en droit par devant nous personnelment establiz Gervaise Auderon et Perrote, sa femme auctorisée suffisanment de sondit seignour par devant nous quant en cest fait, d'une partie, et Habert Baiart, parroissien de Saint Jehan de la Chevrerie, d'autre partie, confesserent qu'ilz ont fait ensembles entr'eulx conventions et promissions qui telles sont : c'est assavoir que lesdiz Gervaise et sa femme ont baillé et octroyé audit Habert Baiart, à lui et à ses hers à touz jours mès, c'est assavoir une pièce de vigne, contenant deux quartiers ou environ, sise en la parroisse de Saint Jehan, ou flé au priour de Saint-Victour, jouste la plante de Saint Martin, d'un cousté, et la ruelle sicomme l'en vait au pressouer de Chasteaugaillard, d'autre cousté ; aboutant aux choses Jehan Le Queu, d'un bout, et au champ au priour de Saint Victour, d'autre bout ; à tenir, poursuir et exploicter dudit prenour de ses hers et de ceulx qui aront cause de lui, celle dite pièce de vigne ainsi à lui baillée, comme dit est, o le fons, perpetuelment et hereditaument à tous jours mès et à en faire toute leur plenière volenté par titre de ceste baillée.

Et est faite ceste baillée pour le pris de saize soulz tournois monnoie courante de rente perpetuel, laquelle rente ledit prenour promet et est tenu rendre et paie aux diz baillours à leurs hers et à ceulx qui aront cause d'eulx au jour de Noel chacun an dès ores en avant sans plege en prendre . . . . . .

En faisant dudit prenour et de ses hers six deniers de cens audit priour en oultre ladite rente chacun an sans plus en faire et sanz autre reddevance est faite ceste baillée en telle manière et condicion que toutesfoiz que ledit prenour ses hers, ou ceulx qui aront cause de lui, rendront et paieront aux diz baillours à leurs hers, ou à ceulx qui aront cause d'eulx, dedens troys ans prouchains à venir, la somme de huit livres tournois monnoie courante avec les arrerages, si aucuns en estoient deuz de temps passé et de la rente pour tant comme il seroit escheu de l'année en laquelle le retroit seroit fait, que ladite rente cherra et sera rabatue tantost dès l'ors et en demourera ledit prenour et ses hers lesdites choses quittes et deschargées à touz jours mès . . . .

Ce fut donné et jugé à tenir et à enteriguer, par le jugement de notre dite court, le xv⁰ jour de janvier, l'an de grace mil trois cenz quatre vins et deux.

CHOLET.

CCXI. — 1384, v. s., 26 Janvier. — LES DEUX GERVAIS PIOGER ET LEURS FEMMES, POUR UNE RENTE DE QUARANTE SOUS ET D'UN CHAPON, ONT REÇU DE SAINT-VICTEUR LA PROPRIÉTÉ D'UNE MAISON.

Sachent touz presens et à venir que en notre court du Mans en droit par devant nous personnelment establiz Gervaise Piogier l'aisné, paroissien de la chappelle Saint Aubin, et Jehenne, sa femme, Gervaise Piogier le jeune et Agnès, sa femme, lesdites femmes suffisamment auctorisées de lours diz mariz par devant nous quant en cest fait, recognurent et confessèrent que religioux home et honneste frère Nicole de Longueville, priour du priouré de Saint Victour près Le Mans, lour a baillé et octroié, et ilz ont prins à eulx et à lours hoirs à tousjoursmès, c'est assavoir une place, sicomme elle se poursuit, ovecques la maison qui y est à present, laquelle contient quarante piez de longeur et vint piez de laise, jousteant la maison à la Ballonne, d'un cousté, et d'autre cousté, aux choses dudit priouré ; aboutant du bout devant un pavé et d'autre bout aux choses dudit priouré.

Et est faite ceste baillée pour le pris de quarante soulz tournois monnoie courante et un chappon bon et suffisant, tout de rente perpetuel, laquelle rente lesdiz prenours promettent et sont tenuz chacun pour le tout rendre et paier audit priour et à ses successours au jour de la Saint Jehan Baptiste et de Noel, moitié à à moitié, chacun an dèsores en avant, sans plege en prendre.

Et ne pourront lesditz prenours lours hoirs ne ceulx qui aront cause d'eulx vandre, aliener ne mettre hors de lours mains les dites choses ne charger de plus grant rente que elles sont à present, sans l'assentement dudit priour ou de ses successours.

Et ne pourront avoir veue lesdiz prenours sur les choses dudit priouré par les coustez, ne par le darrière d'icellui hostel. Et recognurent en surquetout lesdiz prenours de ceste mesme obligacion avoir donné et passé audit priour lettres de la court à l'official du Mans, voulans et octroians que d'icelles lettres de cestes ensembles et de chacune par soy ledit priour et ses successours puissent user et exploicter contre lesdiz prenours contre lours hoirs et en lours biens . . . . . .

Ce fut donné et jugé à tenir et à enteriner, par le jugement de notre dite court, le jeudi xxvi° jour de janvier, l'an de grace mil trois cens quatre vins et quatre.

CHOLET.

CCXII. — 1385, 28 Décembre. — GUILLAUME GOUPIL, POUR TROIS SOUS DE RENTE, REÇOIT LA PROPRIÉTÉ D'UN JOURNAL DE TERRE, SITUÉ A ROUILLON.

Sachent touz presens et avenir que en notre presence en droit par devant nous personnelment establi Guillaume Goupil, clerc paroissien de Saint Benoist du Mans, sourmect soy et ses biens en notre povair et juridiction, quant en cest fet de tenir tout ce qu'il s'ensuit : recognut et confessa, de sa bonne et pure volenté, sans nul pourforcement et oucore cognoist et confesse que religioux et honeste homme frere Nicole de Longueville, prieur du priouré de Saint Victur du Mans, li a baillé, et il prent perpetuelment et hereditalment à touz jours mès par heritage pour lui et pour ses hoirs, une pièce de terre contenant un journeil de terre ou environ, comme il se poursuit, sis en la parroisse de Roullon, ou fé dudit priour : joignant d'un cousté et d'autre aux chouses dudit prenour, aboutant d'un bout aux chouses Jehan Balaine et d'autre bout auxdites chouses de la mère dudit prenour, comme ilz dient ; à avoir à tenir, à poursuir et à expleter ladite terre dudit prenour et de ses hoirs et de ceulx qui aront cause de lui à mès touz jours dès ores en avant pesiblement sans le contredit ne impediment dudit bailleur ne de ses successeurs.

Et est faite ceste presente baillée pour le pris de troys souix de tournois ou de monnaie courant, de annuel et perpetuel rente ; laquelle rente ledit prenour est tenu gré et promet pour lui et pour ses hoirs, faire rendre et poier à mès touz jours, dès ores en avant, chacun an audit bailleur et à ses successours oudit priouré, ou à ceulx qui aront cause de lui, au terme de la Saint Jehan Baptiste, sans plege en prendre . . . .

Et nous, à sa requeste, toutes et chacunes les chouses dessusdites avons ajugié à tenir et enteriner, par le jugement de notre court du Bourt Nouvel, et seellé et confirmé du seel duquel nous usons en ladite court, en tesmoign de verité [1].

Ce fut fet et donné ou jour de juedy prouchain la Nativité Notre Seigneur, l'an de grace mil troys cens quatre vigns cinq.

CCXIII. — 1388, 6 Juillet. — JEAN PESCHART, DE SAINT-ÉTIENNE DE SILLÉ-LE-GUILLAUME, APRÈS AVOIR ÉTÉ FERMIER A MOITIÉ D'UNE FERME A SILLÉ, EN DEVIENT PROPRIÉTAIRE POUR TROIS GÉNÉRATIONS, MOYENNANT UNE RENTE DE VINGT SOUS.

Sachent touz presens et avenir que comme Johan Peschart autrement Lelillé, parroissien de Saint Estienne de Sillé le Guillaume, eust ja plessa prins pour luy et pour sa fame et pour un heir né et procréé d'eulx deulx en mariage, et au plus vivant des dessusdits, à mès tourjours de honestes hommes abbé et couvent de l'abaye de Mont Saint Michiel ou peril de la mer, c'est assavoir un estre, appartenant audit moustier, sis en la parroisse de Saint Estienne dessusdite en la diocèse du Mans, apelé la grange Saint Michiel, contenant quatre journeulx de terre, ou environ, oveques mesons et estraigez, à moitié des fruiz et des queilletes, par

---

[1] Cet acte possède encore son sceau qui a été moulé sous le numéro 1765, de *Normandie* et que M. de Farcy a dessiné sous le numéro 24-25 de notre planche VII. Il consiste en un écu rond de 0,04, où figure au centre, sur un fond fretté, une fleur de lys accostée de deux petites couronnes, et accompagnée à gauche d'une petite étoile. De la légende on ne lit plus que : .... REGIS AD CAUSAS DE BURGO NOVO.

Le contre-sceau de 0,02 est semblable comme blason et comme légende.

Dans la série des sceaux de Bourgnouvel, ce sceau doit prendre place après ceux de 1302 à 1316, publiés par M. Hucher dans le *Bulletin de la Société d'Agriculture* (XVI, 407); il doit se substituer au bois donné dans le même recueil (XIX, 425), dans l'article de M. Trouillard, *Etude sur Bourg-Nouvel*. (Ibid., 405-427.)

ainssin que ledit prenours, ou qui ara cause de luy, sera tenu chacun an labourer bien et profetablement les chouses dessusdites et semer en baillant de la partie de l'abbé et couvent dessusdiz la moitié des semences, si comme nous avons plus à plain veu estre contenu ès lettres de juge compétent sur ce faictes en notre court de Bourc Nouvel.

En droit, par devant nous personnelment establiz ledit Johan Peschart, autrement Lelillé, d'une part, et religioux et honeste homme mestre Pierre Le Roy, abbé de l'abaye du Mont Saint Michiel ou peril de la mer, d'autre part, confesserent toutes et chacunes les chouses dessusdites estre vrois et recognurent en sourquetout les dites parties eulx avoir ensembles convenances et promissions qui tèles sont : c'est assavoir que ledit Johan Peschart a prins pour luy et pour Michelete, sa fame, et pour un heir, né et procrié d'eulx deulx en mariage et au plus vivant d'eulx trois, et encoure prent dudit monsieur l'abbé, tant en son nom comme [au] nom du couvent, dudit moustier et ledit religioux, li a baillé en perpetuelle baillée, pour luy et pour les dessusdiz et aux plus vivans d'eulx trois, comme dessus est dit, c'est assavoir ledit estre, oveques toutes les appartenances dessus dites, apelé la Grange Saint Michiel, dependant dudit moustier à avoir à poursuir à tenir et explecter dudit Johan Peschart et de sa fame et de lour heir, comme dessus est dit, et au plus vivant d'iceulx, et à chacun pour le tout et en faire toute leur plenière voulenté par titre de ceste presente baillee.

Pour le prix de vint soulx tournais monnaye courant de annuelle et perpetuelle pension estre renduz et paier chacun an, dès ores en avant, dudit Johan et de sa fame et de lour heir desus dit, aux diz abbé et couvent, ou à qui aroit cause d'eulx, à la priourté de Saint Victour au Mans dependant dudit moustier, aux festes Nativitez notre Seigneur et Saint Johan Baptiste moytié à moitié sans plus riens en faire et sans nulle autre redehvance par ainssin que ledit Johan Peschart ou ceulx qui aront cause de luy dessus diz seront tenuz maintenir les mesons et habergemens de la dite baillée en bon estat et compectent, à lours propres coulx et despens. Et o tout ce, promet ledit prenours pour luy et pour sa fame, et pour le heir d'eulx deulx desus dit, que emprès le decès du darrain des trois desus diz, que ledit estre, oveques toutes les appartenances d'iceluy, demourent quites et de li mès au dit moustier, sans ce que le tenement de ceste presente baillée porte prejustice aux diz religioux, non obstant coustume ou us de païs contraire à ce.

Et ne pourra ledit Jehan prenours ne sa fame ne lour heir, ne autre ou non d'eulx en nulle manière chargier ne encombrer les dites choses inmobles de la dite baillée de nulles rentes leés ne autres redebvances, plus que el sont tenues faire ou temps de dapte de ces presentes lettres en aucune manière, ne ouster ne faire ouster, ne aporter hors du leu desusdit des materes des mesons d'iceluy leu, sans le quemandement des diz religioux.

Et ainssin que ledit Peschart sera tenu porter ou faire porter et delivrer ceste obligation franche, quitte et delivré à ces propres coulx et despens audit abbé et religioulx au Mont Saint Michiel.

Et ledit monsieur l'abbé promet, tant pour luy comme pour son couvent dudit moustier, faire faire et bailler et delivrer franche et quitte à ces propres coulx et despens audit Johan, ou à ceulx qui aront cause de luy, lettres obligatoires contenant la fourme de ces presentes ou maillour (sic) passées et cellées des seaulx de l'abé, couvent et chappitre du Mont Saint Michiel franches et delivrées de toutes chouses.

Et quant à tout et chacunes les chouses desus dites tenir, enteriguer et acomplir ce sont obligez et obligent les desus diz c'est assavoir ledit Johan pour luy pour sa fame et pour lour heir rendre et paier chacun an aux termes desusdits et au leu aux diz religioux la rente desus dite et ledit monsieur l'abbé tant en son nom comme ou nom de son couvent desudit garantir, delivrer, defendre audit Johan et à sa fame et à lour heir desusdit de touz empeschemens de toutes obligacions charges et encombrances envers touz et contre touz.

Et nous tout ce que desus dit est les avon jugé à tenir et enteriguer, par le jugement de notre court desus dite.

Ce fut donné et passé le vi⁰ jour du mois de juillet, l'an de grace mil trois cens quatre vins et ouyt.

CCXIV. — 1388, 8 Novembre. — LE PRIEUR GEOFFROY JOUVIN, MOYENNANT UNE RENTE DE SIX SOUS ET D'UNE POULE, ABANDONNE UNE MAISON COUVERTE DE CHAUME A GUILLAUME DUBOUAIS ET A AGATHE, SA FEMME, QUI S'ENGAGENT A CONSTRUIRE A LA PLACE UNE MAISON.

Sachent touz presens et avenir que en notre court du Bourc Nouvel en droit par devant nous personnellment estabiiz religioux et honeste frère Gefroy Jouvin, priour de la priourté de Saint Victour près Le Mans dépendant de l'abaye de Saint Michiel ou peril de la mer, luy ce sourmetant en notre juridicion, quant à tenir tout yce qui s'enssieust, d'une part, et Guillaume Dubouais et Agate, sa fame, à present parroisse de Saint Johan de la Chevrerie, ladite fame souflsanment auctorizée quant à tenir tout yce qui s'ensieust : cognoissent et confessent de leurs bonnes et pures volentez, sans porforcemens, et chacun d'eulx pour le tout, eulx avoir fait et oucoure font entre eulx convenances et promissions qui teles sont :

C'est assavoir que lesdiz Guillaume et sa fame prennent pour eulx, et pour leurs hers à tourjours mès, dudit religioux priour de ladite priourté et ilz lour baille, c'est assavoir une meson, couverte de chaume, ovesques toutes les apartenances d'iceulle et une plesce de courtil, contenant journée d'un homme beschours ou environ, au desrière de ladite meson, sise toute ceulle chouse en ladite parroisse de Saint Johan, en rue Montaise, aboutant d'un bout au pavement de ladite rue et de l'autre bout au ruisseau, apelé Merdecu, cousteant d'un cousté les chouses Johan de la Barre et de l'autre cousté aux chouses Johan Dorison, sicomme ils disoient, à avoir, à tenir, poursuir et explecter des diz espoux prenomés, de lours hers et de ceulx qui aront cause d'eulx et en fere toutes lours plenières volentez, par titre de ceste presente baillée,

Laquelle baillée est faite pour le pris de six soulz tournais monnale courante et une poulle bonne et competente, le tout de rente estre faite, rendue et paiée franche, quite et delivré desdiz prenours et de ceulx qui aront cause d'eulx audit priour et à ces successours ou dit priouré chacun an, dès ores en avant, à la feste de Touzsains, sans plege en prendre et o tout ce sanz plus riens en fere, et par ainssin que lesdiz prenours seront tenus fere et edifflier, et fère ou lieu desus dit une bonne et compétente sus six estaachez, dedens un an quatre desdites estaiches et le residu dedens doulx ans prochains venans, aux propres coulx et despens des diz prenours.

Et promet ledit bailleur fere avoir et delivrer à ces propres coulx et despens auxdiz prenours lettres obligatoires par decret cellées de ceaux de l'abé et couvent de l'abbaye desus dite, contenant la fourme et baillée dessus decleirée, et lesdiz prenours fere avoir et delivrer audit bailleur, ou à qui aura cause de luy, lettres de roy à lours propres coulx et deppens sus le contenu de la baillée desus dite . . . . . .

Ce fut donné et jugié à tenir et enterigner par le jugement de notre court desudite, ou jour de dymanche emprès la Toussaint, en l'an de grace mil trois cens quatre vings et ouyt.

CCXV. — 1390, 20 Avril. — LE LIEUTENANT DU SÉNÉCHAL D'ANJOU ET DU MAINE AYANT CONSTATÉ QUE SAINT-VICTEUR A LE DROIT D'AUBAINE, MET MACÉ FRANCBOUCHER, SON PROCUREUR, EN POSSESSION DES BIENS DE COLIN GIRARD.

Par devant nous Pierre Saynel, lieutenant ou Maine de monsieur le seneschal d'Anjou et du Maine, pour très excelente et puissante princesse madame la royne de Jherusalem et de Secille, duchesse d'Anjou et contesse du Maine, s'est aujourd'huy apparu Macé Francboucher, procureur sufflsamment fondé pour le priour et priouré de Saint Vitour du Mans ; auquél procureur nous avons donné congié d'user du droit dudit priour et priouré sur les biens meubles dont feu Colin Girart estoit vestu et saisi au temps qu'il ala de vye à trespassement et qu'il avoit en un estre, qui fut feu dam Le Bariller et depuis Alexis Chauvin, sis en la parroisse de Saint George du Plain, lesquelx biens avoient esté prins et saisiz en la main de madame la royne de Jherusalem et de Secille par aubenage, pour ce que ledit feu Colin estoit bastart, ou au mains qu'il n'y avoit aucun qui se fondast pour heriter dudit feu Colin.

Et est ce fait par ce que ledit procureur dudit priouré nous a imfourmez deuement, en la presence du procureur de madite dame au Mans, par les sermens de Jehan Huet, Colas Le Payslier et Michel Pilart et plusieurs autres dignes de foy d'avoir espaves ou flé et signourie d'icelui priouré, lors que le cas si est ouffert et que de ce ilz ont jouy et usé le temps passé et en sont en possession et saisine, telle que valoir et suffire doit.

Donné au Mans soubz notre seel, le xxe jour d'avril, l'an mil CCCIIII^{xx} et diz.

CCXVI. — 1390, 7 Octobre. — GUILLAUME LE VAVASSEUR A REÇU DE SAINT-VICTEUR, MOYENNANT UNE RENTE DE VINGT SOUS ET DE DEUX CHAPONS, UN EMPLACEMENT EN LA PAROISSE SAINT-JEAN.

Sachent touz presens et avenir que en notre court du Mans en droit par devant nous personnelment establi Guillaume Le Vavasseur, clerc de la parroisse de Saint Benoist du Mans, recongnoist et confesse de sa bonne volenté, sans nul pourcement, que il a prins, retenu et acepté, et encores prent, retient et acepte, pour luy et pour ses hers, de religioux et honeste le prieur de Saint Vitour près Le Mans dependant du moustier du Mont Saint Michel, c'est assavoir une place en laquelle souloit avoir une maison, sise en la parroisse de Saint Johan de la Chevrerie, près Le Mans, ou flé oudit priour, jouste la maison Johan de La Boulaye, d'un cousté, et la maison Regnaut Belin, d'autre; aboutant au pavement d'icelui lieu, d'un bout, et aux places dudit Boulaye, d'autre, si comme l'en dit. A tenir, poursuir, et explecter dudit Guillaume de ses hers, et de ceulx qui auront cause de luy, la devant dite place, o les appartenances d'icelle, pour vignt soulx tournois monnoie courante et deux chapons bons et competens, le tout de rente perpetuel ; laquelle rente ledit Guillaume sera tenu gré et promet pour luy et pour ses hers faire rendre et paier audit religioux et à ses successours oudit priouré, deci en avant par chacun an, à la Saint Johan et à Nouel, moitié à moitié, sans plege en prendre. Et de ceste maisme obligation a donné et passé ledit Guillaume audit religioux autres lettres de la court honnorable homme et discret l'official du Mans la fourme de cestes ou meillour contenans voulant et octroyant que de icelles lettres et de cestes ensembles et de chacune par soy ledit priour et ses successoure puissent user . . . . . .

Ce fut donné et adjugié à tenir et à enterigner par le jugement de nostre court dessusdite et seellé du seel, duquel nous usons en icelle en tesmoign de verité [1].

Donné le viie jour du moys d'octobre, et l'an de grace mil troys cens quatre vingt dix.

CCXVII. — 1392, 20 Mai. — LE PRIEUR GEOFFROY JOUVIN, MOYENNANT UNE RENTE DE VINGT SOUS, ABANDONNE A JEAN BÉRARD, LE JEUNE, TROIS JOURNAUX DE TERRE, SITUÉS A SAINT-PAVIN, DANS LE FIEF DE L'ABBESSE DU PRÉ, LAQUELLE EN PERÇOIT UN CENS DE SEIZE DENIERS.

Sachent touz presens et avenir que en notre court de Bourc Nouvel en droit par devant nous personnelment establiz religioux et honeste homme frère Gefray Jouvin, priour de la priourté de Saint Victour près Le Mans, dépendant de l'abbaye du Mont Saint Michiel, luy sourmetant en notre juridiction quant aux chouses qui s'ensieuvent, d'une part, et Johan Berart le Jeune et Guillemete, sa fame souflsanment auctorizée de son dit mari quant à tenir tout lce qui s'ensuist, parroissiens de Saint Pavin des Champs près Le Mans, d'autre part, recognurent et confessèrent eulx avoir fait ensembles, et encoure font convenances et promissions qui telles sont : c'est assavoir que les diz espoux, et

(1) Cet acte possède son sceau, figures 30-31 de la planche VIII.

chacun d'eulx pour le tout, prennent et acceptent pour eulx, et pour un de lours hers né et procreé d'eulx doulx en mariage prochain venant, emprès le decès d'eulx deulx, et au plus vivant d'eulx trois, dudit priour ; et ledit priour lour baille à rente et pension c'est assavoir une plesce de terre, oveques toutes les apartenances d'iceulle, apartenant audit priour à cause de ladite priourté, contenant troys journeulx de terre ou environ, sise en ladite parroisse de Saint Pavin des Champs, ou fié à l'albasce du Pré, au lou apelé Baurousel (?), entro les chouses Gevrèse des Meseretes, d'un cousté, et les chouses inmobles Philipot Hemeri, d'autre cousté ; et aboutant d'un bout aux vignes Gilet Peguyneau et de l'autre bout aux chouses Thomas Navayre, si comme ils disent ; à avoir, à tenir, à poursuir et explecter desdits prenours et de lour her et de chacun d'eulx et au plus vivant des desudits, comme dit est, et en faire toute lour plenières volentez par titre de ceste presente baillée.

Laquelle baillee est faite et acordée pour le pris de vint soulz tournais monnaie courante, de annuelle rente, et pension estre rendue et paiée desdiz prenours et de lour her desudit chacun an, dès ores en avant, audit priour et à ses successours oudit priourté, ou à ceulx qui aront cause d'eulx, aux jours de Pasques et de la Nativité Saint Johan Baptiste, moitié ad moitié, sans nulle exception pourpenser.

Et o tout ce, par oultre ladite rente, chacun ou nom dudit bailleur sèze deniers Mansois de cens à la Saint Romin, à ladite albasce du Pré, sans plus riens faire et par ainssin que ledit bailleur sera tenu baillir et faire avoir aux diz prenours lettres obligacions, contenant ladite baillée passées octroiées et cellées des seaulx de l'abbé et couvent du Mont Saint Michiel, à ses propres coulx et despens et lesdiz prenours et chacun d'eulx bailler et delivrer obligations contenant la fourme et baillée desudite à lours propres coulx et despens de la Court laye de monseigneur le comte du Mans audit bailleur, ou à ceux qui aront [cause] de luy, toutez foiz et le plus brief que ilx les pourront avoir et faire faire laquelle baillee desudite . . . .

Ce fut donné et jugé à tenir et à enteriguer, par le jugement de notre court desus dite, ou jour de lundi devant l'Asension Notre Seigneur, l'an de grace mil trois cens quatrevins et douze.

CCXVIII. — 1392, 11 Septembre. — LETTRES PAR LESQUELLES PIERRE DE SAVOISY, ÉVÊQUE DU MANS, DONNE POUVOIR A TROIS PRÊTRES DE PROCÉDER A LA RÉCONCILIATION DE LA CHAPELLE DE SAINT-VICTEUR, QUI AVAIT ÉTÉ POLLUÉE.

Petrus, miseracione divina Cenomannensis episcopus, dilectis nostris Guillelmo Anglici, Matheo Britonis et Stephano Forestarii, presbiteris, salutem.

Cum nobis a Sancta Sede Apostolica sit indultum ut ecclesias et cimiteria nostre diocesis poluta, per sacerdotes ydoneos reconciliari facere voleamus, igitur quo ad reconciliandam hac vice ecclesiam sive capellam prioratus Sancti Victurii, auctoritate nobis commissa, vobis et cuilibet vestrum concedimus facultatem.

Datum Cenomannis, nostro teste sigillo[1], die xi^a septembri anno Domini millesimo ccc° nonagesimo secundo.

MORDRET.

CCXIX. — 1393, n. s., 12 Avril. — QUITTANCE DE SIX LIVRES, AU PAIEMENT DESQUELLES LE PRIEUR DE SAINT-VICTEUR AVAIT ÉTÉ CONDAMNÉ, LORS DES GRANDS JOURS, TENUS A ANGERS EN 1388.

Je Jehan Giroperme, commis de per madame la royne de Jherusalem et de Secile à recevoir les amendes de ses grans jours tenuz à Angiers ès mois de septembre et octobre CCCIII^{xx} et huit, cognois avoir eu et receu du prieur de Saint Victour près Le Mans la somme de six livres tournois, en quoy ledit prieur fut mis en amende esdiz grans jours pour delés de certaine appellacion qu'il avoit faite contre le procureur de madite dame.

De laquelle somme de vi livres tournois desusdits je me tieng pour bien paié et content.

---

(1) La pièce ne possède plus son sceau ; son absence est d'autant plus regrettable, qu'on ne connaît ni empreinte, ni dessin du sceau de Pierre de Savoisy.

Tesmoing cette quittance, signée de mon saing manuel, le XIIe jour d'avril M CCCIII^{xx} et treze, après Pasques.

GIROPERME.

CCXX. — **1394, v. s., 20 Mars.** — GEFFROY DESSIART TENAIT DE SAINT-VICTEUR UNE MAISON, RUE BRETONNIÈRE, POUR LAQUELLE IL DEVAIT UNE RENTE DE QUARANTE SOUS ET DE DEUX CHAPONS ; MAIS CETTE MAISON, RUINÉE PAR LES ANGLAIS, N'AYANT PLUS DE VALEUR, LE PRIEUR GEOFFROY JOUVIN EN RÉDUIT LES CHARGES A QUINZE SOUS DE RENTE, PLUS DEUX SOUS DE CENS.

Sachent touz presens et avenir que, comme feu Gefray Dessiart et sa fame, ou temps que ils vivoint jadis, parroissiens du Crucifi de l'iglese du Mans, fussent tenuz et obligez au priour de la priourée de Saint Victour près Le Mans en quarante soulx tournays et deulx chappons de rente, chacun an, à cause et par reson de certaines choses inmobles et hereditaulx, c'est assavoir mesons, places, courtilz et autres apartenances, sises ou flé de ladite priourée, en la rue de la Bretonnière, en la parroisse de Saint Jehan de la Chevrerie, entre les chouses que tient à present Michiel Le Cousturier et Robin Bodier, une petite plasce entre deulx par le bout devant aboutant à ladite rue aboutant d'un bout à la rivière de Sarte et de l'autre bout au pavement de ladite rue.

Et par la fortune des Englays, du temps que le duc de Lenclastre chevaucha par mi le Maine, furent degastées les mesons et habergemens estans esdites plasces de feu et des ennemis desus diz, par ainssin que lesdites chouses sont demourées en ruyne et n'ont que trop poy vallu depluys le temps desus dit, ne ne vallent encoure, à paier la quarte partie du devoir desudit.

En notre court du Bourt Nouvel en droit par devant nous personnelment estabiz religioulx et honeste homme frère Gefray Jouvin, priour de la priourée desudite, d'une part, et Jehan Boujou Moreau, clerc bourjeys du Mans, d'autre part, heir, sicomme il dit, dudit Des Siart cognoissent et confessent eulx avoir fait ensembles convenances et promissions et encoure font qui teles sont : c'est assavoir que, pour ce que ledit priour n'avoit comme poy de proufiz des choses desudites ne nul devoir, il a baillé et encoure baille de nouvel par le bon conseil de Gervese Auderon, son seneschal, et de Macé Francboucher et autres, ses consaillers, audit Jehan Boujou et il prent pour luy et pour ses hoirs à tourjoursmès ceullez dites plasces et courtilz desudits, oveques toutes les apartenances d'iceulles, si comme el ce pouessent à avoir à tenir et explecter dudit prenours de ses hoirs, et de ceulx qui aront cause de luy à tourjours mès, perpetuelment et hereditaument et en faire toute sa plenière volenté par le titre de ceste presente baillée.

Laquelle baillée est faite pour le pris de quinze soulx tournais monnaie courrante de annuelle et perpetuelle rente, et doulx deniers de cens, à paier le tout chacun an, desores en avant, dudit prenours de ses hoirs, ou de ceulx qui aront cause de luy audit prieur et à ses successours en ladite priourée à la Toussays sans plus riens en faire ne mes *(sic)* obeissance comme à signour de fié . . . .

Ce fut donné et jugié à tenir et enterigner par le jugement de notre court desudite, ou jour semadi emprès *Oculi mei*, en l'an de grace mil troys cens quatre vins et quatorze [1].

CCXXI. — 1394, v. s., 20 Mars. — LE PRIEUR GEOFFROY JOUVIN, POUR UNE RENTE DE QUARANTE-CINQ SOUS ET D'UN CHAPON, ABANDONNE A PERROT D'ALENÇON UNE PLACE DE MAISON, SITUÉE EN LA PAROISSE SAINT-BENOIT.

Sachent touz presens et avenir que en notre court du Bourc Nouvel en droit par devant nous personnelment establiz religioux et honeste homme frère Gefray Jouvin, prieur de la priourté de Saint Victour près Le Mans dependant de l'abbaye du Mont Saint Michiel, d'une part, et Perrot d'Alensson, paroissien ad present de Saint Bennist du Mans, d'autre part, eulx et chacun d'iceulx se sourmetans en notre juridiction quant à tenir et enterigner tout yce qui s'ensieust, cognoissent et confessent eulx avoir fait et oucoure font ensembles entr'eulx convenances et promissions

---

(1) Cet acte possède un fragment de sceau, figurés 24-25 de notre planche VII.

qui teles sont ; c'est assavoir que ledit priour baille et octroaie à tourjours mès audit Perrot, et il prent pour luy et pour ces hoirs dudit priour à rente perpetuelle, c'est assavoir une plasce sicomme el ce pourssieust o la meson qui est dedens, laquelle plasce contient de lonc quarante et sept plez et demy et vint plez de lese, sise en la parroisse de Saint Benaist desudit ou flé . . . . . cousteant d'un cousté les chouses à Johenne la Ballonne et de l'autre cousté et d'un bout les chouses dudit bailleur, et de l'autre bout au pavement de ladite rue, à avoir, à tenir et pourssuir et explecter dudit prenours, de ses hers et de ceulx qui aront cause de luy, à tourjours mès, perpetuelment et hereditaument et en fere toute lour pleinières volentés par le titre de ceste presente baillée.

Laquelle baillée est faite pour le pris de quarante et cinq soulx tournais monnaie courante et un chappon bon et compectent, le tout de rente perpetuel, à rendre et paier chacun an audit prenours ou de ceulx qui aront cause de luy audit bailfour et à ses successours en ladite priourté chacun an dès ores en avant sans plege en prendre, c'est assavoir ledit chappon et la moitié de ladite rente à la feste de la Nativité Saint Johan Baptiste, et le residu à Nouel . . . .

Ce fut donné et ajugié à tenir et enteriner par le jugement de notre court desudite, le xx° jour du moys de mars, l'an de grace mil trois cens quatre vins et quatorze.

ERMENGE.

CCXXII. — 1395, 20 Décembre. — QUITTANCE DE CINQUANTE SOUS DÉLIVRÉE AU PRIEUR DE SAINT-VICTEUR PAR ANCELOT BÉRAUT, RECEVEUR DE L'ÉVÊQUE DU MANS.

Sachent tous que je Ancelet Beraut, receveur de reverent père en Dieu mons' l'évesque du Mans, cognois avoir eu et receu du prieur de Saint Victor, ou doyenné de la Quinte, la somme de cinquante soix, que il devoit à cause de la procuration et visitations tauxées en deniers ordennées estre levées, par octroy de notre Saint Pere le Pappe, ceste présente année ; dont je me tieng pour bien paié et comptent.

Tesmoing ceste lettre, scellée de mon seel et signée de ma main.

Donné le xx° jour de décembre, l'an M CCC IIII^{xx} et quinze.

BERAUT.

CCXXIII. — 1397, 24 Mai. — CE QUE MICHEL DUBREUIL TIENT DE SAINT-VICTEUR.

C'est ce que Michiel Dubreil tient de religieux et honeste homme monsieur le prieur de Saint Vitor c'est assavoir : un quartier de vigne, ou environ, sis en la parroisse de Saint Pasvin des Champs, ou cloux des rues de Bange, ou flé dudit monsieur le prieur, cousteant et aboutant, de un cousté et de un bout, à la rue au Bergier et cousteant et adboutant, de l'austre cousté et de l'autre bout, aux vignes Jehan Le Vavasseur, pour lequel quartier de vigne, ledit Michiel est tenu fere audit monsieur le prieur, au jour de la Nativité Saint Jehan Baptiste, un denier turnois de cenz.

Escript le jeudi après la Saint Ladre, l'an mil III^c IIII^{xx} diz et sept.

Escript ceste presente cedule enz tesmoing des chouses dessusdites de la main dudit Michiel et signée de son sing manuel, l'an et le jour desusdit.

M. DUBREIL.

CCXXIV. — 1397, 16 Septembre. — ACCORD ENTRE SAINT-VICTEUR ET GERVAIS LE BOUVIER, QUI SE RECONNAIT SUJET DU PRIEURÉ ET S'ENGAGE A LUI PAYER UNE RENTE DE SEIZE SOUS.

Sachent touz presens et avenir que comme contens et debat fut meu ou esperé à mouvoir entre le prieur du prieuré de Saint Victour près le Mans, d'une part, et Gervèse Le Bouvier, paroissien de Saint Jehan de La Chevrerie, d'autre part, sur ce que ledit prieur disoit contre ycelluy Gervese que partie de la maison où il demoure à present, appelée de La Taillaye, sise en la parroisse dessus dite en tant que en puet contenir et appartenir depuis le bouge dudit oustel et pressoir . . . . et tout ycelui ainsi qu'il se contient ovec le cloux de la Vigne, joignant ycelui oustel et les courtiz contiguz ledit oustel et un journeil de terre ou environ [sont de] son fié et seigneurie et ledit Bouvier le contredisoit par plusieurs raisons et en la parfin sont venuz lesdites parties à paix et à acort pour nourrir entr'eulx . . . . . . parfaicte amour en la manière qui s'ensuit :

En notre court du Mans en droit par devant nous personnelment establiz ledit prieur, d'une [part], et ledit Gervese Le Bouvier et sa fame, de lui suffisamment auctorisée quant ad ce qui s'ensuit, d'autre part, soumectent ycelles parties ou povair et juridiction de nostre court si mest . . . . . recognurent et confesserent de leurs bonnes et pures volentés, sans aucun pourforcement, qu'ilz ont fait ensembles entr'eulx les acors qui s'ensuivent : c'est assavoir que [ledit] Gervese et sa fame s'est aujourd'uy avouez subgié dudit prieur à seize deniers mansois de cens lui fere et continuer par chacun an ou à ses successeurs oudit prieuré au jour de la feste Saint Gervese d'yver et ont promis de continuer en celui devoir par raison desdites chouses ou temps avenir et ont cognéu yceulx Gervese et sadite fame ledit prieur avoir oudit lieu justice, comme à seigneur de fié puet et doibt appartenir.

Et pour tant que touche certaine fourme d'appel qui de la partie dudit prieur, ou d'autre personne pour lui, qui a esté fait sur ladite maison et vigne darrière, comme seigneur de fié par certain desavou que en avoit fait ledit Gervese de lui a promis ycelui Gervese l'en bouter hors à ses despens.

Et quant est des cousts mises et interests que ledit prieur a fait contre ledit Gervese, pour cause de ce ont esté d'assentement, qu'il en soit au dit et ordenance de Jehan Richier et de Macé Francbouchier et si aucun plait ou procès mouvoit, ou estoit meu, entre ledit prieur et le sire d'Assé à cause de ce, ledit Gervese et sadite fame promectent desdonmager ledit prieur et lequel prieur lui a promis l'en garantir en tant et pour tant qu'il devra et que raison donra.

Et ovec ce, ont promis ledit Gervese et sadite fame obeir au four et au moulin dudit prieur, comme à seigneur de flé, pour cause et raison desdites chouses.

Et lequel prieur est d'assentement que ledit applegement mis hors et ousté que ledit Gervese et sadite fame tiengnent lesdites chouses aux cens et devoirs dessusdiz . . . . . .

Ce fut donné et jugé à tenir à enterigner par le jugement de notre dite court en la presence de monsieur Pierre Hardi et de monsieur Jehan Le Pennetier de Jehan Richier et de Juliot Dolé, le xvie jour de septembre, l'an de grace mil trois cens quatre vigns et dix sept.

CCXXV. — 1398, v. s., 11 Mars. — CE QUE PERROT MAAN TIENT DE SAINT-VICTEUR.

C'est ce que je Perrot Maan advoue atenir de mon seignour le prieur de Saint Victor à cens : premierement une maison, sise au bout du pont Perrin, cousteant d'un cousté la rivière de Sarte, en laquelle il demeure, qui fut feu Philippot Louail, à xvi deniers de cens, paiez à la Saint Jehan Baptiste. Item, deux quartiers de vigne, sis en la parroisse de Saint Jehan, entre les vignes Robin Bodier, d'un cousté, et les vignes de Chateaux que tient Jehan Coaisnon, d'autre cousté, à xv deniers de cens faiz au jour de ladite feste de Saint Jehan Baptiste, par chacun an.

En tesmoign de ce, j'ay baillé cest cedule audit mon seignour le prieur, signée de ma main, donnée le mardi xie jour de mars, l'an mil cccIII^{xx} et dix huit.

MAAN.

CCXXVI. — 1400, 23 Mai. — CE QUE GUILLEUME BOUVERI TIENT A DOMFRONT DU PRIEURÉ DE SAINT-VICTEUR.

Ce sont les choses que Guillaume Bouveri tient en povair et seignourie du prieur de Saint Victour, de son feage de Donfront : c'est assavoir la moitié par indevis d'une place avec les murs d'environ, où souloit avoir une maison perigne, sise en ladite ville de Donfront, entre les maisons feu Jehan Pichon, d'un cousté, devers l'eglise et du bout du haut et de l'autre bout au chemin tendant du bas de la ville à l'eglise et de l'autre cousté l'appentiz dudit Bouveri, lequel est contre les murs de ladite perigne. Item, tient une chambre oudit appentiz, avec la place devant l'uis d'icelui, contenant en longe xv piez de longe ou environ et de lesse tant place que maison xxv piez ou environ, contre ycelles chouses . . . . , d'un cousté, et de l'autre cousté les maisons feu Geffroy Bellot et aboute d'un bout ledit chemin et de l'autre bout les chouses que lui et son frère tiennent à rente de Thebaut Boivin, par raison desquelles chouses dessusdites, il fait chacun an tant pour sadite chambre, que pour sa portion de ladite perigne, II deniers obole à la veille de Nouel. Item, tient à rente de Thebaut Boivin une chambre avec la place de audroit (sic), sis au dessus de ladite chambre . . . . par raison de laquelle chambre, il fait chacun an à ladite feste, ou nom dudit Thebaut Boivin, seigneur de La Rivière, II deniers tournois.

Et laquelle declaration il a fait signer du saign manuel de moy Jehan Blanchet, tabellion des contraz du Mans, le xxIII^e jour de moy, l'an mil quatre cens.

BLANCHET.

CCXXVII. — 1400, 23 Mai. — CE QUE JEAN BOUVERI TIENT A DOMFRONT, DU PRIEURÉ DE SAINT-VICTEUR.

Ce sont les chouses que Jehan Bouveri tient ou povair du prieur de Saint Victour en la ville de Domfront : c'est assavoir deux chambres en apentiz et l'estre, ou alée, devant lesdites chambres, aboutant d'un bout à la chambre de Guillaume Bouveri, près le grant chemin, et de l'autre bout à la chambre du haut, que tient ledit Guillaume Bouveri, et coustoie, d'un cousté, la chouse feu Jehan Pichon et, de l'autre cousté, la chouse feu Geffroy Bellot ; desquelles chambres il tient une à rente de Thebaut Bonin, seigneur de La Rivière, par raison de laquelle il fait chacun an à mondit seigneur, en nom dudit Bonin, II deniers tournois de cens, la veille de Nouel, et pour la moitié par indevis de la p...... contenuo en la declaration dudit Guillaume de laquelle, avec l'autre chambre, il fait II deniers obole tournois de cens à ladite feste.

Laquelle declaracion il a baillée pour monstrer, signée à sa requeste, de moy Jehan Blanchet, tabellion des contraz du Mans, le XXIII° jour de may, l'an mil quatre cens.

BLANCHET.

CCXXVIII. — 1400, 23 Mai. — CE QUE MICHEL JAROUSSEAU, TIENT A DOMFRONT, DU PRIEURÉ DE SAINT-VICTEUR.

Ce sont les chouses que Michel Jarouceau baille par declaration au priour de Saint Vitour du Mans, en son fié de Donfront.

Primo, un journel de terre, ajusteant la malladerie de Donfront, d'un cousté, et d'autre le chemin par lequel l'en vet au Coudray ; aboutant au grant chemin du Mans et d'autre bout à la terre au au signour de Baullahart ; de laquelle chouse, le dit Michel se avoue subget à dix et huit deniers chacun an, à la voylle de Nouel.

Item, ledit Michel desclere qu'il tient, à cause de sa mère qu'il gouverne, journée à doux hommes bechours de vigne, au lieu appellé La Bodinière, cousteant le grant chemin, par lequel l'en vet de Donfront à la chapelle Saint François et d'autre cousté nos vignes aboutant la vigne Jehan Aubert, en fesant v deniers à la voille de Nouel, chacun an.

Escript le XXIII° jour de moy, l'an mil et quatre cens.

Signé a la requeste dudit :

MICHEL BOUTAILLY.

CCXXIX. — 1400, 23 Mai. — CE QUE FOUQUET DE QUARREL TIENT A DOMFRONT, DU PRIEURÉ DE SAINT-VICTEUR.

Ce sont les chouses que Fouquet de Quarrel tient ou povair de monseigneur le prieur de Saint Victour, de son feage de Dontfront ; c'est assavoir une planche de terre contenant III saillons faiz à beufs, contenant journée à III hommes beschours ou environ cousteant le courtil et terre de mondit segnour d'un cousté et de l'autre cousté les chouses Guillaume de La Rivière et aboute à la grant rue de Donfront, d'un bout, et de l'autre bout à la terre Juliot Rivière ; par raison desquelles chouses, il fait chacun an II deniers tournois de cens à la veille de Nouel ; et laquelle declaracion il baille pour monstrer, signée à sa requeste, de moy Jehan Blanchet, tabellion des contraz du Mans, le XXIII° jour de may, l'an mil quatre cens.

CCXXX. — 1400, 23 Mai. — CE QUE GUILLAUME DE LA RIVIÈRE TIENT A DOMFRONT, DU PRIEURÉ DE SAINT-VICTEUR.

Guillaume de La Rivière c'est advoué subget de monsieur le prieur de Saint Vitour par raison d'une planche de courtil, cousteant d'un cousté les choses Fouquaut de Quarel et d'autre cousté les choses feu Juliot Mocereul et aboutant d'un bout aux choses Gillet Rivière et d'autre au chemin de Donfront et, par reson des dites choses, a cogneu estre tenu faire, par chacun an, II deniers de cenz à la veille de Noel à mondit segneur.

Et en tesmoing de ce, ge li en rens ceste declaration, signée à ma requeste de Jehan Blanchet, tabellion des contraz du Mans, le XXIII° jour de may, l'an mil IIII°.

TABLE ALPHABÉTIQUE

DES NOMS DE PERSONNES ET DE LIEUX, CONTENUS DANS LES CHARTES (1).

A

Aalart (la fontaine), à Domfront, 120.
Abbayette (prieuré de l'), 1, 20.
Abraham, 32, 153; Robert, 42.
Acé (Jean d'), 182.
Acon (Jean), 135.
Acunant (Hervé), 39.
Aeliz, 57, 81, 107, 132.
Agathe, 179, 182, 225.
Agnès, 120, 140, 178, 219, 220.
Aillehart (vigne d'), à Étival ou à Louplande, 140.
Aissaillie, épouse de Robert Borrovel, 39.
Alba Crux, près Souvré, 107.
Alberic, 3, 4, 13.
Alençon (Perrot d'), 232.
Aleton (Jean) 212.
Alexandre III, pape, 25, 26.
Aloes (pré des), au Mans, 173.
Alseis (Guillaume de), 16.
Alvers (Ranerus de), 16.
Amelis (Foulques), 18.
André, 16, 17.
Angers (Pépin, prévost d'), 20.
Angers (Saint-Aubin d'), 18.
Angevin (Geoffroy), 68, 159.
Angevinière (l'), au Mans, 161, 164.

Angleterre (rois d'), Guillaume 17; Henri, 27, 129.
Anjou (Geoffroy Plantagenet), 25, 22.
Ansault, 12.
Anthenaise (Savari d'), 29, 35, 82, 97; Simon, 35.
Ardents du Mans (les), XIII, XIV, 11, 61, 78, 90, 91, 95; Bernard, 12; Jean, 42, 43.
Ardents (pressoirs des), 158.
Ardevon (Roger de), 16.
Arenis (Étienne de), 114, 115, 117, 119.
Argentin, 34.
Argenton (d'), Benvenuta, 97; Hugues, 30, 35, 38.
Arnand, 9, 11.
Arpent au Chevalier (l'), à Bouillon, 120.
Artilleur (Colas l'), 195.
Arzillières (l'), 78, 95.
Ascelin (Geoffroy), 173, 174.
Asceline, 78, 79, 104.
Asinator (Garin), 19.
Asnebec (Bernard), 157; Hamelin, 156, 157; Jean, 134; Philippe, 39; Pierre, 134; Raoul, 39, 157; Sévin, 158.
Assé (d'), 182, 225.

(1) Les noms de lieux sont imprimés en italiques.

Assillé (Hugues d'), 102, 103.
Aubert (Jean), 238.
Auderon (Gervais), 219, 232.
Aumenil (Thomas d'), 138, 139, 141.
Aurantus, 13.
Auteville (Isabelle d'), XIV.
Auvray, 12 ; Guillaume, 31.
Avignon (official d'), 215.
Avranches (Aubert évêque d'), 214.
Avranches (official d'), 215, 216.
Avranches (Pierre d'), 217.
Avril (Jean), 199.

B

Bachelo (Robert de), 101.
Baciaco (Robert de), 107.
Baigneux (Gontier de), XIII, 201.
Bailleul (Guillaume de), 23 ; Pierre, 170 ; Simon, 23.
Balon, 16.
Balon (Guillaume, prêtre de), 16.
Balart (Habert), 212, 213.
Baleine (Jean), 221.
Ballonne (Jeanne la), 220, 223.
Bange (rue de), à Saint-Pavin, 231.
Baptesme (Garin et Pilochin du), 10.
Barbier (Pierre le), 174.
Barbou (Aubert), 13 ; Jean, 185.
Barre (Jean de la), 225.
Bariller, 237 ; Thomas, 213.
Barillère (la), 156.
Baristaut (Guillaume), 37.
Barthelemi, 38.
Baudouin, 13.
Baulavère (Laurent), 214.
Baullahart (de), 238.
Baurousel, 229.
Bauzant (Emeri), 157.
Bayeux (officialité de), 170.
Beaucousin (Guillaume), 169.
Béatrix, 15, 16, 34 ; *(fief)*, 157.
Beaulieu (abbaye de), XII, XIV, XV, 25, 152, 155, 156, 161, 165, 168, 192, 193, 198 ; Mathieu, abbé, 197, 198 ; Pierre, 31, 34, 38, 45.
Beaumont (Vicomté de), 70, 71, 73 ; Roscelin, 1.
Bec (Guillaume du), 39.
Becdelièvre (Herbert et Jean), 157.
Bégouin (Jean le), 118.
Becquet (Guillaume), 180, 191.
Belet (Garin), 39 ; Jeanne 157.
Belin, 12 ; Regnault, 210, 227.
Bellot (Geffroi), 237.
Belver (Hubert de), 113.
Bénaeste, 184.
Bénaiston (Denis), 149, 150.
Benedicte, 169.
Beneventa, 39, 60, 133.
Benjamin, 68, 134 ; Hubert, 50.
Benoist. 48.
Bérart, 153 ; Jean, 39, 218 ; Renaud, 32, 39.
Béraut (Ancelet), 233, 234.
Beregarius (Julien), 39.
Bernay, 100, 103.
Berruier (Guillaume), 150.
Bésillart (Robin), 39.
Biard (Jean de), 195.
Bigot (Le) Jean, 191 ; Robert 157, 158.
Billart (Robin), 39.
Binquet (Raoul), 218.
Biote (Gilot), 187 ; Jean, 180, 182.
Bissoel (Guillaume), 29.
Blanc (Adam le), 39.
Blanchart (Gérard), 155 ; Guillaume, 155, 157.
Blanchet (Jean), 237, 238, 239 ; Robin, 112.
Boched (Gilou), 39.
Bocher (Le), Gouin, 157 ; Juignet, 157 ; Seignor, 155; Tardif, 158; Vivien, 155.

— 243 —

Bodier (Robin), 205, 209, 212, 231, 236; Thomas, 203.
Bodinière (la), 238.
Bœuf (Le), Jean et Pierre, 39.
Boilleir (de), 141.
Boilou (Guillaume de), 14.
Bois (Du), Foulques, 29; *Guillaume*, 221.
Boittet (Garin), 91.
Boivin (Thibault), 237.
Bonus Scriptor (Raoul), 15.
Boot (Raoul), 19.
Boquede (Gilon), 84, 85, 87, 88, 92, 96.
Boquer (Hubert), 66.
Boquerel (Hugues), 111.
Bordellis (Hugues de), 130.
Borgoin (Foulques), 35.
Borrevel (Robert de), 39.
Bose (Guillaume du), 74.
Boterius, 23.
Boteron (Guillaume), 118.
Botier (Poelin), 39.
Botuu (Guillaume), 34.
Boudet (Gilles), 215, 216, 218.
Bouju (Jean), 231, 232.
Boulaye (Jean de la), 227.
Bourgeois (Macé le), 213.
Bournouel (Cour du), XII, 222, 223, 225, 231, 232.
Boutailly (Michel), 238.

Bouveri (Guillaume), 236, 237; Jean, 237.
Bouvier (Gervais le), 234.
Brains (de), Agnès, 129, 135; Guillaume, 129, 135; Jean, 133; Philippe, 132, 133.
Brecci (Hugues), 6, 10.
Brée (de), Garin 31; Jean, 67; Mathieu, 66, 67, 75; Nicolas, 39.
Breolier (Jean le), 183.
Brehes (Adam), 137.
Brejons (les), 193.
Brequeil (Robin), 213.
Brereris (vigne de), 145.
Breton (Le), Colin, 195; Jean 101; Mathieu, 230.
Bretonnière (la), 74, 79, 90, 105, 129, 130, 135, 203, 204, 209, 212, 231.
Breuil (du), Geoffroy, 53; Herbert, 105; Michel, 234; Olivier, 53, 54, 104, 105.
Broces (Don des), 156.
Broussin (De), Gui, XII, 83, 93; Guillaume, 93, 94, 127.
Brunet (Guillaume), 188.
Bruslon (Nicolas), 69.
Bruyère (Jean de la), 91.
Burel (Durand), 24, 33, 153.
Buron (Geoffroy), 158.
Burgericus, 24, 25.
Buscus (Ascelin), 156.

C

Caen (Moines de), 60, 62, 65, 66; Foucher, 20; Robert, 19.
Calamus (Robert), 19.
Calidum Mare, près la route de Saint-Georges-du-Plain, 85, 87.
Calopin (Pierre), 20.
Calvus (Raoul), 19.
Cambier (Jean Le), 191.
Camilly (Gauvain de), 20.

Cancavrier (Raoul de), 41, 43, 45, 48, 51, 53, 54, 60, 70.
Caprarius (André), 39.
Caresmer (vigne et terre de), 156.
Carnot (Gervais de), 38, 41, 42.
Castenai (Haubert de), 156.
Caucebof (Ruellon), 22.
Cavalle (Payen), 156.
Ceci (Raoul), 133.

— 244 —

Cécile, 158.
Célestin III, pape, 31.
Cementarius (Lambert), 154.
Ceraire (Amiot), 84, 87, 91, 93, 96, 97 ; Marguerite, 39, 74.
Cervelle (Étienne), 39.
Chaillère (Guillaume), 112.
Chalemel, 193.
Chalopin (Pierre), 23.
Chalos (Jean Le), 158.
Champagne (abbaye de), 84 ; M. abbé, 70, 71, 73.
Champagne (de) Geoffroy, 30 ; Gilles, 30, 31 ; Hamelin, 155, 158.
Champdodin (le), en Saint-Georges, 80.
Champlambert, en Étival, 103.
Chantre (Pierre Le), 90.
Chapelle (André), 39.
Chapin (Geoffroy), 39.
Chapun (Robert), 158.
Charbouel (Hodéarde), 128, 130.
Charbonneau (Guillaume), 105.
Charpentier (Jean), 178, 184 ; Thomas, 60.
Charupel (Jean), 147.
Charruel (Jean), 151.
Château-du-Loir (Hamelin de), 6.
Château - Gaillard (pressoir de), au Mans, 219.
Châteaux, 110, Aicher, prieur, 40 ; vignes, 236.
Châtelain (Jean), 177.
Chauvière, 208.
Chauvin (Alexis), 227.
Cherete (vigne de), en Étival ou Louplande, 140.
Cheremalem (?), 21.
Chevillé (Hugues de), 30, 35, 31, 89.
Chién (Guillaume Le), 39.
Choé (Geoffroy), 158.
Cholet, 209 ; André, 180, 212, 220, 221.
Chotard (Payen), 158.
Chouan (Philippe), 138.

Chuom (Étienne de), 104.
Cigogne (la), au Mans, 116, 153, 156, 157, 160.
Cigogne (vigne de la), 31.
Cirier (Geoffroy le), 155.
Clarté (Denis), chanoine du Mans, 194, 197, 200.
Clément VI, pape, 214, 217.
Clément, Jean, 213.
Clergesse (Julienne la), 103.
Clinchamp (Robert de), 16, 102.
Coaisnon (Jean), 236.
Coq (Robert le), 218 ; (Nicole le), xv.
Cocti Amalquin, 15 ; Bosilie 15 ; Guiard, 156 ; Guillaume, Hubert et Hugues, 15.
Cocus (Bernard), 20 ; Foulques, 36 ; Robert, 16.
Coeffort (hôpital de), au Mans, 129 ; maîtres 129, 131, 132, 135 ; Jean, 135.
Cognart (Robert), 18.
Cognet (vigne de), 75.
Coleno.· (Jean de), 91.
Colete, 158.
Colle (Jean de), 133.
Collet (Étienne), 242, 211.
Colleville (Robert de), 34, 48, 51, 60.
Collières (pont de), 193.
Coloines (Richard de), 156.
Colombiers (vigne de), 79.
Congnel (le), 117.
Conlie (Gervais de), 39.
Constance, 12.
Constantin, 3 ; Gaultier, 18.
Corage (Benoist Gervais et Marie), 133.
Corbeville (Hugues de), 155.
Cordel (Agnès) 125 ; Étienne, 118 140 ; Foulques, 54 ; Jean, 125, 185.
Cordier (Robin le), 188.
Cordouan (île) Gervais, 20, 30, 31 ; Payen, 31.
Corduanarius (Ernault), 158.
Cormarius (Gaultier), 17.

— 245 —

Cornel (Gaultier le), 18.
Cornu (Philippe), 110, 111.
Cosoart (Aiem), 39.
Coterel (Gaignard), 34, 153.
Coulaines, 106.
Coulpotin (Hervé de), 110.
Coupepié (pré de), 133.
Courbe de la Sarthe, 68, 142, 159, 161, 162.
Courcité (Jean de), 151, 183 ; Vincent, 183.
Coustellier (Geoffroy), 133.
Couture (abbaye de la), 68, 134 ; Richard, abbé, 21 ; Robert, 51 ; Geoffroy, prieur, 51.

Couture (Robert prêtre de la), 33, 34, 43, 44, 45, 46, 48, 60.
Crannes, (prêtre de), 160.
Crapaud, dans le Val Saint-Vincent, 74.
Crépin (Guillaume), 202.
Cristinou (l'ouche), 156.
Croiloisse (Pétronille), 119.
Cruchemale (Gérard), 157.
Cultellanus (Michel), 30.
Curtalart (Hélie de), 16.
Curtelleriis (Gaultier de), 48.
Cussi (Alberic de), 157.

D

Daguenet (Michel), 30.
Dallimeis (Renaud), 157.
Daniel (Barthélemy), 34.
Denerée, (Louis), 129.
Denis, 25, 98.
Denise, 104.
Désertine (Hamon et Olivier de), 33.
Dessiart (Geoffroy), 2.'.
Dinan (prieur de), 187.
Dolin (Foulques), 29.
Doisnel (Jean), 33, 34, 35, 38, 43, 44, 45, 46, 48, 51, 60.
Dol (archidiacre de), 59, 63.
Dolé (Julien), 236 ; Lucas, 202.
Dolicta (Raoul de), 18.
Domfront-en-Champagna, 14, 18, 22, 25, 26, 48, 49, 50, 54, 60, 64, 84, 119,
126, 136, 147, 148, 149, 195, 196, 235, 238, 239.
Domfront (prieur de), 164, 165, 166, 168.
Domfront (De) Béatrix, 49 ; Enguerrand, 48, 49, 50, 54 ; Foubques, 45 ; Osanna, 49 ; Richard, 24, 48, 49, 50.
Dorée (Rue), au Mans, 178, 188.
Dorison (Jean), 225.
Draper (Le) Auger, 16 ; Étienne, 157.
Drogon, 8, 11, 15, 16, 17, 29, 38.
Drouart, 18.
Drudi (Odilart), 6.
Dubled (Hugues), 3.
Duquère (Richard), 59.
Durand, 9, 11, 19 ; Gervais, 104.

E

Engelbert, 156.
Elinaln, 3.
Emma 13.
Engibault, 23.
Enjorran (Guillaume), 136, 137.

Eremburge, 12, 14, 73, 79, 104, 105.
Ermengarde, 60.
Ermeugé, 233.
Ernault (Mathieu), 145.
Ernold, 4, 13, 34.

— 246 —

Ernulfus, 49, 50.
Erraud (la croix). au Mans, 32, 153.
Esconnart (Renaud), 137.
Escorneverun (Guillaume), 158.
Esgare, 25 ; David, 157.
Espagne (D') Gosfride, 18 ; Robert, 158.
Essuix (Mathieu les), 67.
Etival (Julienne abbesse d'), 31.

Etival, 26, 37, 96, 112, 140, 141, 162 ;
    Gilbert (curé d'), 90 ; Four, 90.
Etival (D') Agnès, 91 ; Jeanne, 91, 92 ;
    Marthe, 91, 96, 97, 111, 112, 115, 116.
Eudeline, 187, 208.
Eustache, 25.
Évron (Geoffroi d'), 23.

F

Faisant, Jean, 212.
Falaise (Guillaume de), 156.
Farcy (P. de), xi, xii.
Fauquet (Philippe). 217.
Fay, 83, 94, 127.
Fay (Garin de), 32, 133.
Febvre (Le) Bernard, 15 ; Ernault, 23 ;
    Guillaume, 127, 128, 140, 158 ;
    Herbert, 39 ; Payen, 23 ; Robert,
    218 ; Robin, 127.
Fener (Le), Bigot, 158 ; Bôter, 157.
Fenitor (Guillaume), 30.
Fer (Julien Le), 39.
Ferrière (de la), Guillaume 150 ;
    Hubert, 98.
Ferron (Le) Durand, 134 ; Robert, 78, 104.
Ferté-Macé (la), 113.
Feugi», 196.
Feupier (Hamelin), 39.
Flaxidus, 17 ; Renaud (fils de), 17.
Foleterre, 150.
Folloore, 177.
Fontaine-au-Berger (l'ouche de la), 155.
Fontaine(De), Gilles, 164, 168 ; Joscion, 30.
Fontenay (Jean de), 51.
Foquelino (Philippe), 39.
Forblor (Durand le), 39.

Forest (de la), Guillaume, 70, 80, 96 ;
    Julien, 80 ; Lambert, 96 ; Odon, 39.
Forestier (Le), Etienne, 230 ; Hamelin,
    17 ; Hugues, 34, 39.
Forrel (Barthélemi), 39.
Fort (Vivien de), 39.
Fougerolles (de) 105 ; terre, 99.
Foullon (le), Reimbert, 157.
Foulques, 15, 18.
Four (Philippe du), 155, 158.
Fournel (Nicolas), 192, 193, 197, 199, 205, 206, 209.
Fournier (Jean), xiv.
Fraaut (Bernard), 39.
Frabaud, (Albéric), 16, 17.
Franc (Jean le), 180
Francboucher (Macé), 226, 232, 235.
France (rois de), Henri I, 10, 11 ;
    Louis VI, 22 ; saint Louis, 143.
François (Foulques), 4.
Frauxinus, au Mans, 9.
Freron (Robin), 151.
Fresne (Garnier du), 17.
Froger, 12.
Froter (le pré), au Mans, 89, 155, 177.
Fromenteux (champ), près la fontaine
    de Souvré, 55, 81.
Fulcrade, 18.
Fulcuin, 4.

G

Gagné, en Domfront, 119.
Gai (Roger le), 108.
Gaigné (Guillaume de), 148, 149.
Garin (l'Ouche de), 154.
Garnier, 3.
Garot (Payen), 98, 99 ; Raoul, 38, 73, 78.
Garret (Renaut), 156.
Gaudin (Geoffroy), 189, 190 ; Jean, 188, 189, 190 ; Jeanne, 189, 190 ; Perronelle, 198.
Gaussaut (Denis), 196.
Gautet (Richart le), 92.
Gay (Guillaume), 146.
Gébert, 22.
Geliot (Robert), 140 ; Gencelin, Richer, 157.
Genecio (Jean, prieur de), 218.
Genicio (Raoul de), 14.
Genis (Etienne), 39 ; Fulcade fils de, 155, 157 ; Geoffroy, 157 ; Jean, 155.
Geoffroy, 9, 11, 17, 35.
Gérard, 12, 13.
Germaine, 188.
Gervais, 27.
Gesmer (Esnault), 156 ; Odon, 30.
Gilemer (Guillaume), 180.
Gilèle, 151, 212.
Girart (Colin), 226.
Girold, 10.
Giroperne (Jean), 230.
Gode (le fief de), au Mans, 157.
Godehelde (vicomtesse du Maine), 1, 2.
Gomer (Jean), 38.
Gontier (Thomas), 175.

Gourdène (moulin de), au Mans, 63, 153.
Gorrau (Gilles de), 26.
Gosbert, 9, 11, 12.
Goslin, 3, 4, 9, 11.
Goujon (Geoffroy), 178.
Gouliot (Raoul), 175 ; Renaud, 162 ; Robert, 175.
Govières (Brun de), 156.
Goylan (de), 140.
Groa Decani, près la fontaine de Souvré, 65.
Grand (le) Fromond, 30 ; Jean, 34.
Gras (Gui le), 39.
Greffier (croix du), au Mans, 32, 153.
Grifer (Durand), 20 ; Guillaume, 16 ; Hervé, 16, 155.
Grigné (les vignes de), 32.
Grodulfus, 9, 11.
Gros (Jean le), 185.
Groussin (Guillaume), 129, 175.
Guarel (Guillaume), 16, 17.
Guarnaldus, 15.
Guatselinus, 3.
Guérin (Gervais), 206.
Guerrer (Jean), 107.
Guiard (Geoffroy fils de), 158.
Guillaume, 15, 17, 22, 27, 28, 29, 31, 37, 39, 41, 43, 44, 45, 46, 47, 52, 68, 114, 119.
Guillemette, 228.
Guilloie (Habert), 202.
Guimond, 34.
Guteriis (Guillaume de), 135.
Guy, 12, 13.

H

H., 69.
Halmes (Raoul), 30, 51.
Haloche (Guillaume), 64.

Halope (Guillaume), 125, 126.
Hamelin, 12, 13, 15, 19, 27 ; Jean, (fils d'), 155.

Hardi (Pierre), 236.
Harpin (Guillaume), 156.
Havart (Renaud), 156.
Haye (André et Gauvain de la), 23.
Héclart (Perrot), 204, 211.
Heldeman, 12.
Hemeri (Philipot), 220.
Henapier (Jeanne et Thibault le), 189.
Herbrannis (Hugues fils de), 16.
Hernulfe, 12.
Hersende, 7, 8, 9, 10, 30.
Herbert, 15.
Hervé, 12.
Heudeburgis, 80.
Hilaire, 89.
Hildebert, 5 ; Payen (fils de), 22.

Hildebart, 39.
Hilduin, 11.
Hodeart, 83.
Hodebort, 99, 101.
Hodeerius, 85.
Hodelin, 12.
Hodierna, 16.
Hommède (Jean), 183.
Hubert, 3, 4, 6, 10, 14 ; Robin, 187.
Huet (Jean), 227.
Hugolin, 4.
Hugot, 42.
Hugues, 4, 12 ; Guy (fils de), 20, 23.
Hunault, 12 ; Jean, 180.
Huisne (bouche d'), 87, 92.
Hurtelu (Guillaume), 30.

I

Ingelard, 3.
Ingelbert, 12, 13.
Innocent III (pape), 31, 38.
Isabelle, 102.

Ives, 15, 19, 25.
Ivré-l'Évêque, 150, 169.
Ivré (Philippe d'), 150.

J

Jansegelin (Robert), 17.
Jansel (Renaud), 22.
Jarnogonius, 18.
Jaronceau (Michel), 238.
Jarril (Jean), 38.
Jean, 12, 15, 18, 19, 29, 31, 32, 34, 38, 51, 92, 93.
Jeanne, 104, 133, 173, 174, 189, 198, 201, 202, 204, 210, 213, 220.
Jérusalem (?), 24.
Jérusalem (de), Foulques, 20 ; Reine, 226, 230, 231.
Jérusalem (pré de), 87.
Jeune (Le), Guillaume 3 ; Vautter, 15.
Jochart (Guillaume et Robert), 16.

Joscia, 118.
Joscion, 34.
Joulain, 221.
Jourdain, 28, 110.
Jousiau (Guillaume), 143.
Jouvin (Geoffroy), 225, 228, 231, 232.
Jugleor (Olivier), 156.
Juif (Vatin le), 157.
Julienne, 67, 87, 88, 92, 93, 104, 133.
Juliette, 172, 191, 196.
Jumeau, 211.
Jumeaux (pressoir des), au Mans, 157.
Jumièges (Théoderic abbé de), 7.
Jussie (de), Pierre, 178 ; Robin, 182.

L

Laguittier (Clément), 39.
Laisie (Jean), 205, 209, 210.
Lambert, 12, 79, 80.
Lamiote (Marie), 130.
Lancelin (Herbert), 119.
Lancher (Robin), 101.
Langle (Guillaume de), 17.
Langlois (Guillaume), 230.
Lasceline (Margot et Thomasse), 201.
Laumont (de), 126.
Laurent, 27.
Laval, 29.
Laval (Geoffroy de), 113.
Laveille (Raoul), 104.
Lazai (de), Landri, 158 ; Richard, 42.
Lecanté (Jean), 214.
Legrès (Denis), 196.
Lejardis, 104.
Lencastre (duc de), 231.
Lesmereor (Hubert), 157.
Letiays (Jean), 198.
Letort (Robert), 209.

Lévaré, 26.
Limegnés (Gaultier, 16.
Lochet (Jean), 135.
Loe (Garin de), 135.
Lornays (dime de), 164.
Lomel-Delpin (l'ouche de), 155.
Long (Guillaume le), 29, 169.
Longueraie, sur la Sarthe, 173.
Longueville (de), Nicole 213, 214, 215, 216, 220, 221 ; Pierre, 85.
Lonlay (Pierre abbé de), 177.
Loquet (Pierre), 39.
Lostellier, (Jean), 209, 212 ; Perrot, 195, 205.
Louail (Philipot), 236.
Loudon (de), 188.
Loupelande (de), 140.
Louvel (Bernard), 28, 98, 99 ; Étienne, 28.
Luarde, 12.
Luminier (dime de), 165.
Luminier (Geoffroy de), 119, 120.

M

Maan (Perrot), 236.
Macée, 205, 209.
Madrée (Jeanne la), 177.
Maeroliis (Oger de), 60, 61.
Mahelina, 104.
Maidreio (Haiscolt de), 22.
Maïence (Agnès), 111; Marguerite, 112, 115.
Maignan (Guillaume), 116, 118.
Mainart, 4 ; Guillaume, 39.
Maingoi, 12.
Maine (comtes du), xi, 226; Charles, 143 ; Geoffroy, xii, 22 ; Herbert, 4, 6 ; Hugues, 1, 2, 3, 4, 5, 30.
Maine(vicomte du), Hubert, 17; Raoul, 1, 2 ; Roscelin, 6.

Maine (cour du), xii, xiii, 189, 190 ; Sénéchal du, 226.
Mala Clavava (Albert), 12.
Maiart (Fromond), 155, 156 ; Robin, 49, 50, 64.
Mallabellas (vigne de), au Mans, 85, 87.
Maltot (Garin), 23.
Mancel (Foulques), 35 ; Oger, 20.
Manie (Gui de), 150.
Mans (Le), 25.
Mans (évêques du), Avesgaud, 6, 10 ; Denis, 149 ; Geoffroy, 106, 113, 120 ; Gontier, 201 ; Gui, 20, 22 ; Guillaume, 24 ; Hamelin, 31, 34, 37, 38, 50, 54, 56; Hildebert, 18; Hoel, 17; Hugues,

— 250 —

22 ; Maurice, 72, 80, 89, 96 ; Pierre, 181, 230 ; Robert 160.
Mans (du), Philippe, doyen, 25 ; R, 114 ; Officialité, 170, 200, 216 ; Chantre, 31 ; G. 114 ; Gaultier, 115, 117, 118 ; Pierre, 37, 39, 41, 43, 44, 45, 46, 47, 48.
Mans (hospice du), 34.
Marcé (écluse de), 9.
Marcé (de), 39 ; André 39 ; Herbert, 17 ; Hodierna, 16 ; Thécelin, 30.
Marcel, 27, 115, 118.
Mareschal (Olivier), 214.
Marguerite. 115.
Marie, 110, 180, 191.
Marmion, André et Renaud, 17.
Marmoutier (abbaye de), 28 ; Bernard, abbé, 98.
Martin, 24 ; Gaultier, 156 ; Guillaume, 218 ; Vital fils, 155.
Martine (Thomas), 130.
Mathieu, 108.
Mathilde (l'impératrice), 27.
Mauchien (Geoffroy), 27, 32, 53 ; Jean, 33, 34.
Maudet (Laurent), 207.
Mauger (Thomas), 179, 182.
Maurice, 25.
Mayenne (de), Geoffroy, 17 ; Haimon, 6.
Melée (Jean de), 54.
Melle (Perrot le), 202.
Mellier (Jourdain), 184, 185.
Melloto (Renaud de), 181.
Melna (Jean de), 27.
Memet, 204.
Mengui (Jean), 27.
Merdereau (fossé du), 184, 188, 201, 223.
Merlet, 137 ; Gesbert, 155.
Meseretés (Gevrése des), 229.
Métaier (Thomas Le), 203.
Meunier (le), Geoffroy, 30 ; Geslin, 158 ; Raoul 156 ; Vital, 158.

Michel, 20 ; Noël, (fils de), 135.
Michellette, 223.
Mignus (Simon), 39.
Milesse (la), 21.
Milesse (de la), Alberic, 156 ; Robert, 156, 158.
Milon (Dragon fils de), 6.
Mimans (Adèle et Gautier de), 16.
Minterius (Bernard), 17.
Moine (Geoffroy le), 29.
Mollenz (Hubert de), 155.
Montalleri, 167.
Montaud (vigne de), à Étival ou à Louplande, 140.
Montbaut, à Étival, 96.
Montcu, au Mans, 2.
Montenay, au Bas-Maine, 26.
Montenay (Hugues de), 19.
Monte-Savonario (Goscelin et Raoul de), 18.
Montfort, 2, 15, 61, 155 ; Mathieu (archiprêtre de), 39, 41, 43, 44, 45, 46, 47, 53.
Montoise (rue), au Mans, 27, 51, 131, 132, 135, 151, 154, 172, 174, 191, 225.
Montollain (Geoffroy de), 156.
Montollon, 111, 115, 118.
Mont Renaud, au Mans, 193, 197.
Montrond, 9, 11.
Mont-Saint-Jean (Gautier de), 24.
Mont-Saint-Michel, 70, 71, 87 ; Bernard; abbé, 21, 23 ; Geoffroy, 192, 214, 216, Hildebert, 5 ; Jean, 233 ; Jourdain, 29, 30, 59, 61, 64, 110, 111 ; Raoul, 73, 78, 94 ; Raoul, prieur, 14 ; Robert, 26, 27 ; Roger 19 ; Suppo, 7, 8 ; Théoderic, 7.
Morant (Jean), 39.
Morel, 43.
Morin (vigne de), 93.
Morin, 12 ; Guillaume, 87.
Motagii (pré de), 76.
Morterdun, 28.
Mortier (le), 28, 35.

Moulins (Raoul des), 31.
Moureul (Juliot), 238.

Moysant, 28.
Mucelotes (Hugues de), 158.

N

Nanteri (fief de), 155, 156, 158.
Nantol (H. de), 62.
Navaron (Juliote), 174; Michel, 172, 174.
Navayre (Thomas), 229.
Nemeri (Guillaume), 218.
Nicol (Robert fils de), 157.
Nicolas, 161.
Nicole, 138.
Nochel, 140.

Nocé (Hugues de), 156.
Nœvriis (Gervais de), 37.
Noge (Richer), 156.
Normand (Hugues) 3 ; Raoul, 29, 35.
Nosca (l'ouche de), au Mans, 186.
Notier (Gilet), 186.
Nourisson (Habert le), 201.
Novella, 29, 85.
Novoforo (Engelhart de), 155.

O

Odeline, 38.
Odon, 9.
Oldeburga, 17.
Orcal (Martin), 218.
Orgues (curé d'), 31.

Orri (Odon fils d'), 16, 17.
Orthe (d'), Garin, 157 ; Hébert, 18.
Ortolan (Aufred), 20.
Outillé (fief d'), 112.

P

Pailleir (Hervé de), 110.
Paillier (Jean et Juliot), 145.
Painfetiz (Raoul), 17.
Paluel (Guillaume de), 193.
Pannecières, 32, 153, 156.
Parc (Guy du), xv.
Parcheminier (Raoul le), 16.
Parhes (Robert), 16.
Paris (officialité de), 170, 215.
Parmentier (Robin), 156.
Parrati (Robert), 12.
Pas (Jean du), 99.
Passavant (Guillaume de), 24.
Passegaret (Gaultier), 16.
Passelevé (Michel), 155.
Pastun (Renaud), 177.
Pasturel (Auger), 155.

Paumier (Mathurin le), 39.
Payen, 18, 19.
Payenne, 103.
Payslier (Colas Le), 217.
Peau de Lièvre, 84.
Pechois (Jean), 212 ; Robert, 210, 212.
Peeche (Hubert), 157.
Peison (Gaultier), 17.
Pelleterre (Eremburge), 158.
Peloquin, 153.
Pelvart (Landri), 158.
Pennetier (Jean), 236.
Perer (Auxels), 83.
Perio (Jean), 23.
Perre (Jean), 205 ; Roger, 212.
Perrote, 219.
Peschart, (Jean), 222, 223, 224.

— 252 —

Petineria, au Mans, 161.
Petit (le), Jean. 30 ; Payen, 157.
Pétronille, 67.
Philippe, 81.
Philippe, 25.
Pichon (Jean), 236, 237 ; Robin, 39.
Piele (Garin), 157.
Pierre, 12, 23, 31.
Pilart (Michel), 227.
Pincerna, 21.
Pioger (Gervais). 230.
Piris (Nicolas de), 217.
Pistor (Garin), 22 ; Geoffroy, 31.
Planches (clos des), au Mans, 89.
Plessis (du), Foulques, 18 ; G., 187 ; Pierre, 38.
Pomaz (Etienne), 30
Pommereul (dîme de), 166.
Ponceau de la rue Montoise (le), 27.
Pont (Odeline du), 156.
Pont-Issoir (four du), 89.
Pontlieue (Gaultier de), 51.
Pontorson (curé de), 218.
Pont-Perrin (le), au Mans, 70, 71, 73, 201, 203, 205, 208, 209, 212, 236.
Pont-Perrin (Guillaume du), 158.

Popeline (Robert), 133.
Porcher, Geoffroy, 33, 34 ; Thevenin, 208.
Pordelizia, 78.
Porterie (clos de la), au Mans, 200.
Portier (Jean le), 30.
Pougeois (Jean), 190.
Pouhier (Thomas), 185, 198.
Pré (le), 160, 161, 229.
Pré (Saint-Julien du), 31, 33, 63, 74, 104, 108, 152, 155, 160, 200, 220 ; Hadvise, abbesse, 32, 33, 34 ; Julienne, 38, 43, 59, 68 ; Martine, 77 ; Thomasse, 158, 159.
Préaux (Colin de), 150, 160.
Proteise (Thibault), 34.
Pruillé (de) Gaudin, 111 ; Pierre, 90.
Pucer, dans le fief de Saint-Pierre de la Cour, 103.
Pucelle (Odard), 157.
Puis (du), Guillaume, 137 ; Mitault, 32, 153.
Putois, 218.
Pyrrannière (la), en Etival ou Louplande, 110.

Q

Quadrigaria (Marie), 160.
Quarrie, Ernault, 53, 54 ; Fouquet, 238, 239 ; Odin, 106, 107.
Quentin, 13.
Queu (Jean Le), 210.

R

Reginaldus, 15 ; Robert, 20.
Raimond, 13.
Rainannis, 12.
Rainsand (Dreux, fils de), 17.
Raoul, 12, 13, 16, 17, 23, 39 ; Anseisus, fils de, 16.
Redon (abbé de), Hervé, 38, 41, 43, 45, 47, 52, 53 ; Jean, prieur, 38, 41, 43, 45, 47, 52, 53.
Refoul (Tousche de). 141.
Renardière (la), au Mans, 62, 102.
Renaud, 4, 6, 8, 10, 12, 13 ; Garin, 30.

— 253 —

Rensart (Dreux, fils de), 16.
Riboule, Foulques, 32, 153 ; Geoffroy, 75 ; Hubert, 74.
Richard, 13, 23, 60, 62.
Richedouet (moulin de), 70, 71, 73, 76, 108.
Richedoit (Pierre de), 33, 34.
Richer (Jean), 235, 236.
Richœudis, 82.
Riloup (Martin), 134.
Riol (Raoul), 39.
Ripara (ulme de), 165 ; vigne de, 87.
Riredorée, 184.
Riviere (de la), Gilet, 239 ; Guillaume, 238, 239 ; Juliot, 239.
Robert, 13, 19, 98.
Roche (de la), Payen et Pierre. 39 ; Raoul, 179, 182.
Roches (les), 140.
Roë (Guillaume de), 39.
Rogedos, 39.
Roger, 22, 98 ; Garin, fils de, 18 ; Jean, fils de, 158.

Roaut (Brice), 106.
Roorte (Jean de), 38, 42, 45, 47.
Roscio (de), Hamelin et Philippe, 133, 133, 134.
Rossel (Hubert), 98, 99, 109.
Rosset (Hugues et Payen de), 10.
Rosselin, 3, 4.
Rouen (archevêque de), 19.
Rouen (Foubert et Richard, archidiacre de), 19.
Rouillon, 55, 155, 193.
Rouillon (Raoul de), 17.
Roussel (Geoffroy), 131, 132, 135.
Roux (le) Gaultier, 157 ; Hamon, 22.
Roy (le), Jean, 223 ; Thibault, 151 ; Thomas, 200.
Royer (Geoffroy le), 198.
Ruigni, 14.
Ruillus, ruisseau au Mans, 9.
Rullié, 184.
Rusticus (Garin), 51.

S

Sachespis (fief de), au Mans, 156.
Sablé (de) Geoffroy, 120 ; Guy, 31, 39 ; Jean, 120 ; Michel, 38, 42, 47 ; Pierre, 31, 39 ; Robert, 42.
Saint-Aubin (chapelle de), 32, 153.
Saint-Benoît, 159, 162, 184, 188, 221 ; Robert, prêtre de, 156.
Saint-Benoît (Hamelin de), 157.
Saint-Berthevin, 26.
Saint-Christophe (Dreux de), 18.
Saint-Cyr (Robert de), 31.
Saint-Denis, 20.
Sainte-Croix, 111.
Sainte-Gemme (Renaud de), 39.
Sainte-Marie (moinne de), 13.
Sainte-Sabine (Robert de), 157.
Saint-François (chapelle de), 238.
Saint-Georges-du-Plain, 85, 86, 88, 203, 227.

Saint-Gervais, 9.
Saint-Gildas-du-Bois, Maurice, abbé de, 38, 41, 43, 47, 52, 53.
Saint-Gilles-des-Guérets, 91, 95.
Saint-Julien-en-Champagne, Gervais, curé de, 55.
Saint-Jean-de-la-Chèvrerie, au Mans, 15, 26, 33, 55, 69, 89, 143, 121, 122, 123, 124, 135, 157, 180, 183, 191, 201, 204, 208, 225 ; Haimericus, curé de, 121.
Saint-Jean (moulins de), 30, 61, 63, 153.
Saint-Lazare, 38, 113, 114, 115, 117, 183, 179, 184 ; Guillaume, prieur de, 84.
Saint-Lô, 151.
Saint-Malo, Pierre, évêque de, 32 ; P. archidiacre de, 32.

Saint-Martin (prieuré de), 98, 102, 103, 104, 108.
Saint-Martin (tour de), 180.
Saint-Martin (de), Geoffroy, 101, 105 ; Jean, 100 ; Richard, 55, 58 ; Robin, 58.
Saint-Médard (Robert de), 18.
Saint-Michel (grange de), 222.
Saint-Nicolas du Mans, 119.
Saint-Ouen du Mans, 151, 154.
Saint-Pavin, 138, 169, 191, 228, 234.
Saint-Pavin (Robert de), 157.
Saint-Pierre-la-Cour, 118, 119 ; doyen de, 37, 103.
Saint-Rigomer (l'ousche de), 154.
Saint-Saturnin (prieur de), 192 ; Jean, 193, 197.
Saint-Sépulcre, 88, 101.
Saint-Vincent (abbaye de), 2 ; Guillaume, abbé, 48.
Saint-Victeur, A., prieur de, 29 ; Galien, 56, 58, 60, 61, 65, 66 ; Geoffroy, 16, 146, 147, 225, 228, 231 ; Guigmundus, 26, 28 ; Guillaume, 20, 22, 23, 115, 118 ; Jean 186 ; Jodoin, 107 ; Jourdain, 184, 185 ; Nicolas, 102, 103, 197, 199, 204, 205, 206, 209, 213, 214, 215, 216, 220, 221 ; Pierre, 85, 93, 93, 94 ; Renaud, 32, 34, 38, 41, 43, 45, 48, 49, 51, 52, 53, 54, 76 ; Thomas, 138, 139, 141, 148, 149, 160, 162, 164, 168, 171, 174, 175.

Saint-Victeur (monastère de), I, VIII.
Salomon (Guillaume), 20, 22, 23.
Sarra, 68.
Savigny (Renaud de), 38, 41, 42.
Savoisy (Pierre de), 230.
Seant (Guillaume), 39.
Sedilia, 91, 151.
Seignoret (Renaud), 57.
Semsel (Odon), 39
Seonis (Geoffroy de), 51.
Servon (Geoffroy de), 214.
Setusa (Herbert), 19.
Sevillé (de), Emma, 15 ; Ermengarde, 14, 15 ; Geoffroy, 14, 15 ; Guillaume, 84 ; Hugues, 14, 15 ; Fouquet, 153.
Sillé, 24, 36, 222 ; doyen de, 111 ; Goscelin, 19.
Sillé (de), Bérard, 18 ; Foulques, 42 ; Guillaume et Hugues, 17 ; Robin, 39.
Sylvestre (Garin), 30, 31, 34, 38, 43, 44, 45, 46, 48, 54, 60 ; Robert, fils de, 158.
Soler (Herbert), 22, 155, 158.
Sordon (Louise et Hildeburge de), 15; Mathurin, 15, 16.
Sourré, 107, 109.
Souvré (de), Jean, 55, 57, 65, 66, 81, 103, 101, 102, 107 ; Foulques, 81 ; Gilles, 81 ; Mathieu, 57, 81.
Suart (Guillaume), 148, 149.
Sutor (Picard), 10.

T

Taillaye (la), 234.
Talevas, 150.
Talvasière (la), 32, 74, 138, 139, 153, 161.
Tanator (Gombert), 19.
Tennie, 66, 68, 155.
Tanière (la), 110 ; chapelle de, 26.
Tealt (l'ouche), 156.
Tertre (Hugues du), 83.

Teterel (Richard), 39.
Théophanie, 134.
Thibault, 18.
Thomas, 42 ; Etienne, 19.
Thomasse, 203.
Thorigné (Robert de), 25, 26, 27.
Tineton (Alberic, Odon et Robert), 39.
Tirel (Guillaume), 155, 157.
Tondeur (Thomas le), 184.

Tort (Roger le), 157.
Toucheronde, au Mans, 29.
Tours (Hugues, archevêque de), 22 ; Jean, 69.
Tours (Rocherius, archidiacre de), 108.
Tronchet (abbé du), 59.
Tronchet (Hugues du), 21, 155.
Tropafroment (pressoir de), 157.

Tabœuf (Ascoline). 105 ; Durand, 74, 79, 104, 105, 106.
Turgis (Bertrand), 180, 182.
Turpin, Guillaume, 134 ; Simon, 31.
Turstin, 4.
Tassé (Herbert de), 48, 52, 96.
Tymon (Gaultier), 80.

U

Usages, 156.

Usages (Garin d'), 29, 31, 33, 34, 38.

V

Vaige (Renaud de), 95.
Val Auberon (le), 84.
Val Auberon (Guillaume de), 148, 149.
Vellés (Jean), 100, 195.
Valdes (dîme des), 165.
Vallequarta (Pierre de), 23.
Vallier (Jean), 193, 197, 203, 204, 210.
Valor (Guiard), 157 ; Guillaume, 20, 22, 23, 155, 157 ; Robin, 31, 39,
Vaulahart, 167.
Vauroual, 200.
Vavasseur (Le), Gui, 180, 210, 214, 227 ; Jean, 234.
Vedobris, 5.
Vençay (de), 210
Venette (Guillaume de la), 178.
Vercor, (Hamelin le), 39.

Vernes, 157.
Vernis (De), Guillaume, 17 ; Thibault, 80.
Verse, 111.
Vieuville (La), 23 ; abbé de la, 59, 63.
Vieux-Pont, 1.
Vigne (col de la), 235.
Villain, 157.
Villarenton, 26.
Villicus (Odin), 139 ; Vivien, 17.
Villiers (dîme de), 145,
Vital, 14.
Villefevre (Yves de), 194, 197, 200.
Vivien, 16, 23.
Vivoin (prieuré de), 98.
Voisin (l'abbé), vii.

W

Walbert (Adelin, fils de), 19.
Wandelbert, 12.

Waultier, 12.

ERRATA

Planche V, lire : *vers 1060*, au lieu de vers 1050.
Page 30, ligne 26, lire *1200*, au lieu de 1207.
— 30, — 27, ôter la virgule après *septimo*, la mettre avant.
— 31, — 34, lire *1217*, au lieu de 1207.
— 58, — 9, ajouter *loci* après supradicti.
— 60, — 2, lire *Cenomannis*, au lieu de Cenomanno.
— 67, — 19, ajouter *de cetero* après vince.
— 72, — 8, ajouter *octabas Nativitatis Domini et infra*, après infra.
— 73, — 8, lire *Cysterciensis* au lieu de cysteriensis.
— 73, — 9, — *Cenomannis* — Cenomanno.
— 78, — 25 et 31, lire *Le Ferron* au lieu de Le Ferron.
— 80, — 21, lire *inspecturis* au lieu de inspecturis.
— 123, — 17, enlever la virgule après *prioratus* et la placer après sui.
— 128, — 14, lire *confessent* au lieu de confessons.
— 128, — 17, — *hoirs* — hommes.
— 190, — 21, — *habendi* — hujusmodi.
— 190, — 21, — *extorto* — excorto.
— 200, — 2, — *Vaurouzée* — Vaurouzeé.
— 200, — 6, ajouter *sex* après par.
— 201, — 14, lire *nostra* au lieu de curia.
— 200, — 19, — *arpento* — arpente.
— 201, — 15, — *kareffour* — Kareffour.
— 202, — 21, ajouter *au paravant* après aboutant.
— 204, — 15, lire *sis* au lieu de sise.
— 204, — 22, ajouter *et* après rendre.
— 205, — 23, lire *priour* au lieu de jour.
— 207, — 19, — *deveria* — denaria.
— 207, — 28, — *separari* — separare.
— 207, — 31, — *observacioni* — observacionem.
— 208, — 12, — *sourmectant* — sourmectent.
— 210, — 24, rayer les mots qui suivent *festum* et toute la ligne 25.
— 221, — 15, lire *sourmectant* au lieu de sourmect.
— 221, — 17, — *voulenté* — volenté.
— 221, — 24, ajouter *de la mère* après chouses.
— 221, — 25, lire *Johan* au lieu de Jehan.
— 221, — 26, — *aus* — aux dites.
— 221, — 26, ajouter *dite* après la.
— 221, — 31, placer une virgule après teur.
— 221, — 33, lire *grés* au lieu de grè.
— 223, — 18, ôter la virgule après *religieux*.
— 224, — 6, ajouter *meson* après competente.
— 225, — 11, lire *soumectant* au lieu de soumectent.

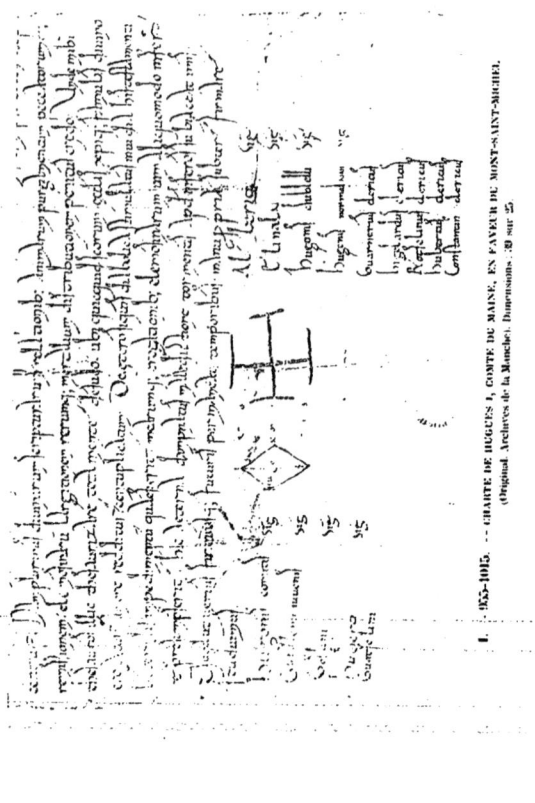

1. 1055-1015. — CHARTE DE HUGUES I, COMTE DU MAINE, EN FAVEUR DU MONT-SAINT-MICHEL.
(Original. Archives de la Manche. Dimensions. 29 sur 25.)

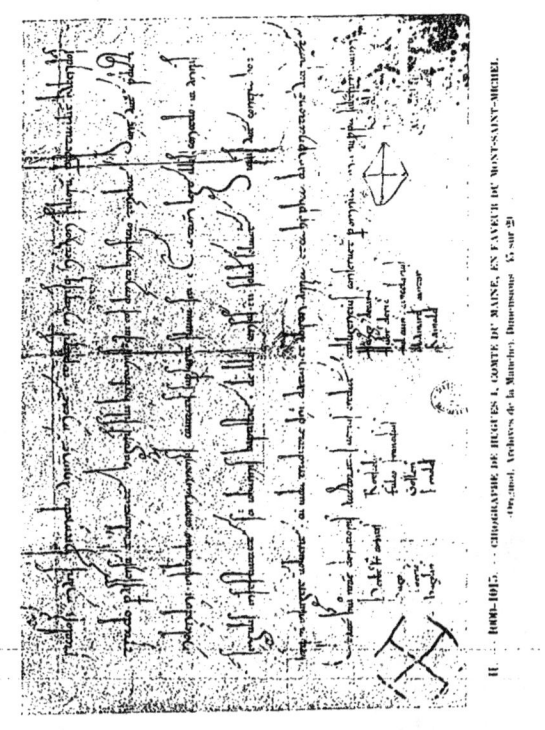

II. 1066-1015. — CHOGRAPHE DE HUGUES I, COMTE DU MAINE, EN FAVEUR DU MONT-SAINT-MICHEL.
Original, Archives de la Manche, Domesnone 15 sur 21

III — 1011. DIPLÔME DE HUGUES I, COMTE DU MAINE, EN FAVEUR DU MONT-SAINT-MICHEL.
(Original, Archives de la Manche). Dimensions: 54 sur 37.

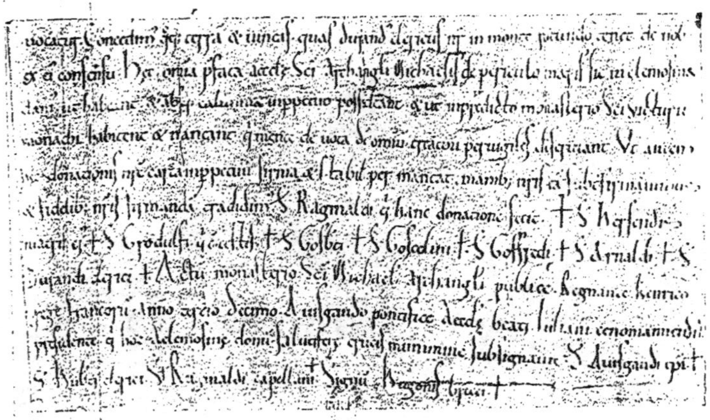

IV. — Mars 1040. — DON DU MONASTÈRE DE SAINT-VICTEUR AU MONT-SAINT-MICHEL

(Original. Archives de la Manche). Dimensions : 34 sur 21.

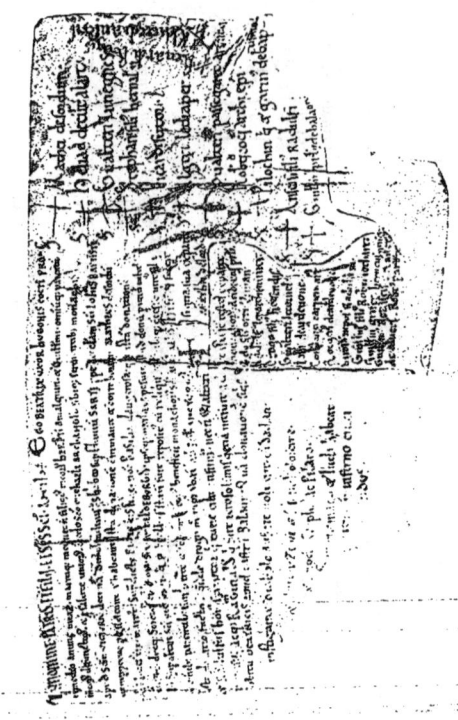

V. — Vers 1050. — CHARTE PORTANT DON A SAINT-VICTEUR DES MOULINS DE SAINT-JEAN AU MANS
(Original. Archives de la Manche). Dimensions : 32 sur 19.

in nomine patris et filii et spiritus sancti. Simon de Baillolio parrochianus de veteri villa, quod michi aliquociens p. vim a sco nicturno subtra xerat, se nunqm ulteri' id facturum sup altare sci michaelis per brachiu̅ sci andree confirmauit. Eo q̅m ea antecessores sui q̅m ipse deliquerant, petita absolutione parte ab abbate b̅nardo et a monachis absoluerunt.

S. Simonis hui' carte confirmator
S. Guillelmi fris ej'
S. hamonis
S. Oliueri
S. Gauguerini filii andree d' haia
S. engelbaldi

hi st testes.

VI. — 1132-1149. — NOTICE DE L'ENGAGEMENT PRIS
PAR SIMON DE BAILLEUL
(Original. Archives de la Manche). Dimensions : 21 sur 21.

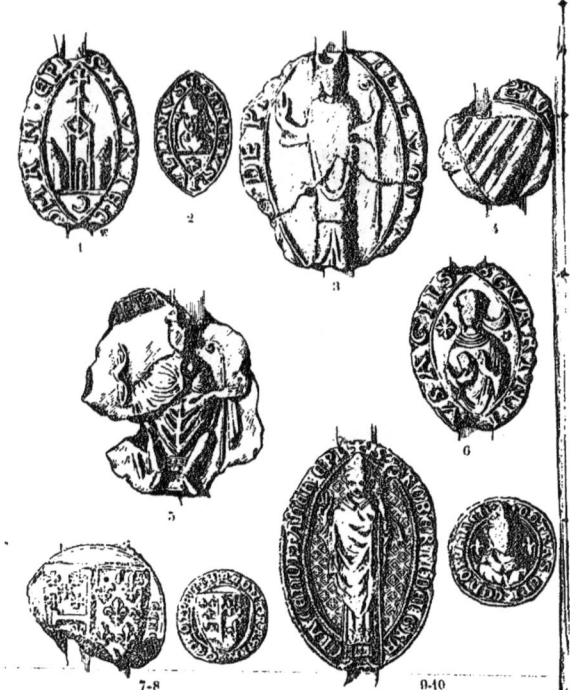

VII.

1. — 1267-1295, Sceau de l'Official du Mans.
2. — 1254-1295, Contre-sceau de l'Official du Mans.
3. — 1248, Sceau de l'abbaye du Pré.
4. — 1278, Sceau de Jean de Souvré.
5. — 1224, Sceau du Chapitre, du Mans.
6. — 1240, Sceau de Garin d'Uages, official de l'évêque du Mans.
7-8. — 1282, Sceau et contre-sceau de la Cour du Mans.
9-10. — 1301, Sceau et contre-sceau de Hebert de Clinchamps.
11-12. — 1243, Gautier, chantre du Mans.
13. — 1243, Sceau d'Étienne de Arcuis.
14-15. — 1343-1328, Sceau et contre-sceau de l'Official du Mans.

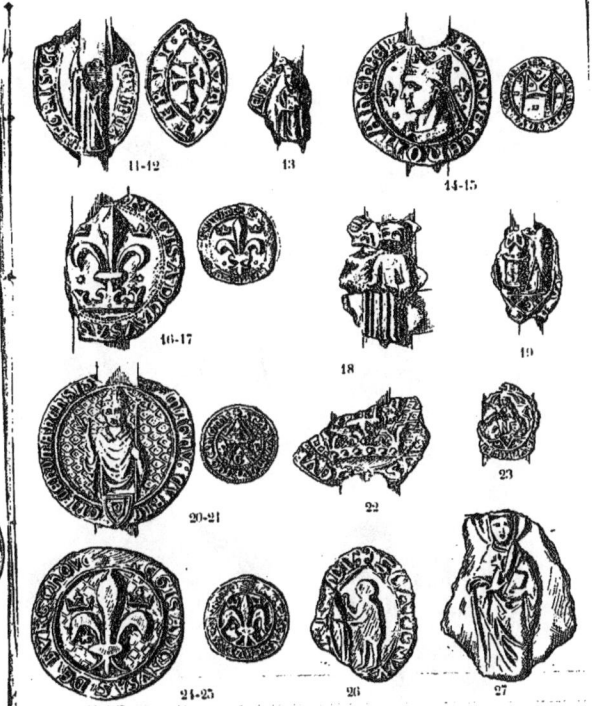

16-17. — 1355-1366, Sceau et contre-sceau de la Cour du Mans.
18. — 1311, Sceau de Thomasse, abbesse du Pré.
19. — 1309-1314, Sceau de l'Official du Doyen du Mans.
20-21. — 1370-1374, Sceau et contre-sceau de l'Official du Mans, pendant l'épiscopat de Gontier de Baigneux.
22. — 1370-1377, Sceau de la Cour du Mans.
23. — 1311, Sceau de la Cour de Nantes.
24-25. — 1385-1391, Sceau et contre-sceau de la Cour de Bourg-Nouvel.
26. — 1281, Sceau de Saint-Lazare du Mans.
27. — 1388, Sceau de l'abbaye de Beaulieu, au Mans.

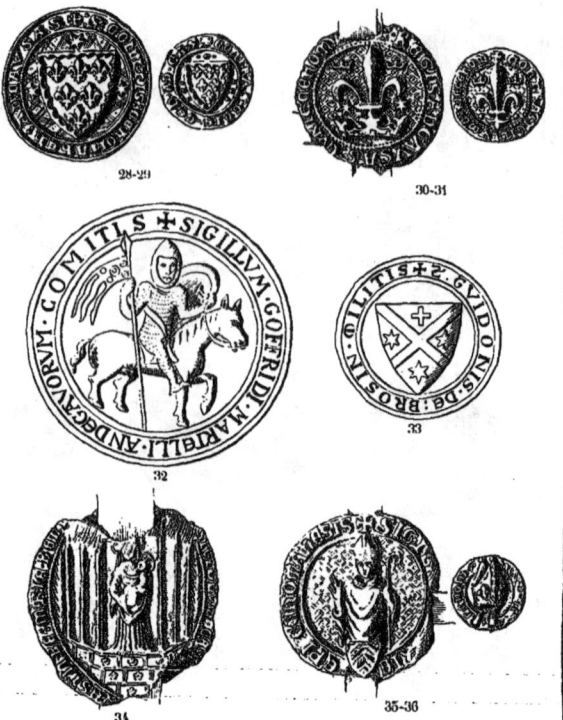

VIII.

28-29. — 1224-1225, Sceau et contre-sceau de la Cour du Maine.
30-31. — 1370-1390, Sceau et contre-sceau de la Cour du Maine.
32. — 1129-1135, Sceau de Geoffroy Plantagenet.
33. — 1226, Sceau de Guy de Brousain.
34. — 1408, Sceau de l'abbaye de Beaulieu.
35-36. — 1398-1439, Sceau et contre-sceau de l'Officialité du Mans à l'époque d'Adam Châtelain.
37-38. — 1434-1457, Sceau et contre-sceau de la Cour du Maine.

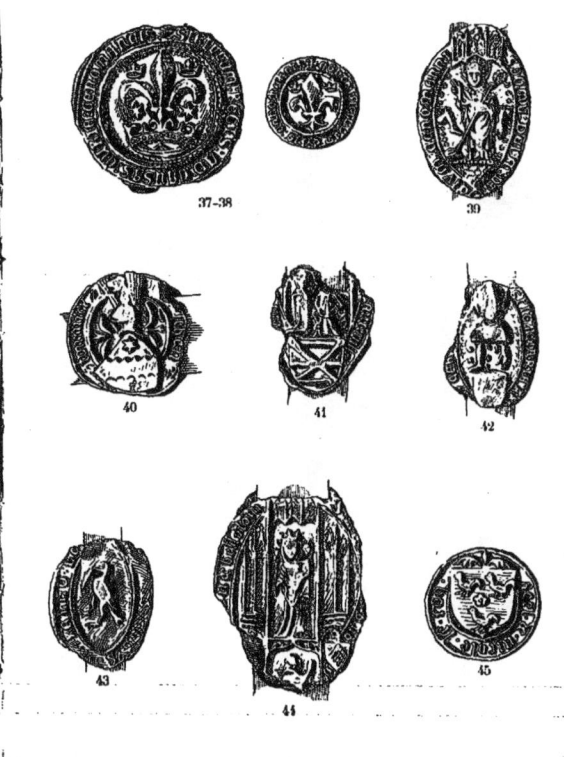

37-38. — 1410-1456, Sceau des Ardents du Mans.   42. — 1471, Sceau des Ardents du Mans.
40. — 1456, Sceau de Jean Fournier.   43. — 1480, Sceau de l'abbaye de Beaulieu.
41. — 1457, Sceau d'Isabelle d'Auteville, abbesse du Pré   44. — 1480, Sceau de Guy du Parc, abbé de Beaulieu.
45. — 1318, Sceau de Nicole le Coq.